FBOOK
工厂三精管理系列

U0656365

工厂成本费用
精细化、精益化、精进化
管理手册

周常发◎编著

电子工业出版社
Publishing House of Electronics Industry
北京·BEIJING

内容简介

本书致力于构建工厂成本费用精细化、精益化、精进化的管理体系。通过问题清单、细则、办法、方案、制度等多种形式，为工厂成本费用的"三精管理"提供全面、翔实、清晰的解决措施，满足现代工厂自动化、智能化、信息化的需求，助力工厂发展。

本书详细介绍了工厂"三精管理"模式、直接材料成本、直接人工成本、生产制造费用、管理费用、采购成本、研发成本、质量成本、设备管理费用、环境与安全生产费用、物流与仓储费用、外协外包服务费用等多个方面的内容，形成了一套切实可行的工厂成本费用"三精管理"体系。本书内容可以帮助读者提升工厂成本费用管理水平。

本书适合在工厂中从事成本费用控制工作的管理人员、培训师、咨询师及高校相关专业学生阅读。

图书在版编目（CIP）数据

工厂成本费用精细化、精益化、精进化管理手册 /
周常发编著. -- 北京：电子工业出版社，2025.9.
(工厂三精管理系列). -- ISBN 978-7-121-51002-1

Ⅰ. F406.72-62

中国国家版本馆CIP数据核字第2025Y2B769号

责任编辑：刘伊菲

印　　刷：三河市鑫金马印装有限公司
装　　订：三河市鑫金马印装有限公司
出版发行：电子工业出版社
　　　　　北京市海淀区万寿路173信箱　　邮编：100036
开　　本：787×1092　1/16　印张：23.75　字数：422千字
版　　次：2025 年 9 月第 1 版
印　　次：2025 年 9 月第 1 次印刷
定　　价：69.00元

工厂生产制造的盈利能力与其成本费用控制直接相关。在收入固定的情况下，成本费用的高低直接决定了工厂的利润空间，低成本往往意味着更大的竞争优势。

一个能够精细、精益、精进管理成本费用的工厂，往往能在产品质量、服务水平和客户满意度上达到更高的标准，从而提升工厂品牌形象和市场认可度。

在经济不景气或市场波动时，良好的成本费用控制可以使工厂更好地抵御外部风险。对成本费用的关注会促使工厂不断优化生产流程、提高资源利用效率，减少生产中不必要的浪费。

有效的成本费用控制可以提高工厂的盈利能力，让工厂的产品定价策略拥有更大的灵活性，为工厂的持续发展和扩张提供资金支持。

本书从成本费用的精细化、精益化、精进化三个维度，通过33个问题清单、10个管控制度、15个管控办法、2个管理规定、8个实施细则、28个管理方案，全面解析了工厂应该如何进行成本费用控制，并通过设计具体可行的、拿来即用的、能落地执行的各种规范，把成本费用控制落实到每件事情、每个岗位、每个环节、每个流程、每个人员。

本书对工厂的直接材料成本、直接人工成本、生产制造费用、管理费用、采购成本、研发成本、质量成本、设备管理费用、环境与安全生产费用、物流与仓储费用、外协外包服务费用等，分别进行了详细的成本费用控制设计，给出了制度、办法、规定、细则、方案，让工厂的财务人员、生产人员、管理人员、采购人员、研发人员，可以拿来即用，还可以根据工厂自身的实际情况不断改进、不断修订，最终成为工厂成本费用控制的一整套解决方案。

　　本书与《工厂生产计划精细化、精益化、精进化管理手册》《工厂生产设备精细化、精益化、精进化管理手册》《工厂生产现场精细化、精益化、精进化管理手册》《工厂质量管控精细化、精益化、精进化管理手册》共同组成了工厂精细化、精益化、精进化管理的"三精系列"。

　　本系列丛书在编写过程中得到了6家生产制造企业（工厂）相关人员的支持，他们把一线的经验、做法和管理方式、方法融入本系列丛书，增强了本系列丛书的实用性、实务性，在此一并表示感谢！

　　本书不足之处，敬请广大读者指正！

目 录

>>>

06 第6章
工厂采购成本控制"精益化"

07　第 7 章
工厂研发成本费用"精进化"

08　第 8 章
工厂质量成本费用"精益化"

09

**第 9 章
工厂设备成本费用"精细化"**

10

**第 10 章
工厂环境与安全生产成本费用"精进化"**

11

第 11 章
工厂物流成本费用"精益化"

12

第 12 章
工厂外协外包服务费用"精益化"

第1章

工厂成本费用"三精管理"之道

1.1　工厂成本费用"三精管理"的目标

1.1.1　管理精细化：提质增效

成本费用管理的精细化是工厂提升成本效益、增强市场竞争力的重要手段，工厂成本费用的精细化管理至少应该关注以下5项内容。

1.预算的精细化

对工厂的各项成本费用进行精确预算，包括原材料成本、人工成本、设备折旧等，对超出预算或异常的成本费用及时进行处理。

2.控制的精细化

控制生产制造各个环节的成本和费用，制定明确的控制标准；制定详细的成本费用控制流程和规范，明确各个环节的职责和要求；通过系统化、标准化的管理，确保成本费用控制工作的有序进行。

3.审查的精细化

审查工厂的各项支出，找出不必要的费用，并采取措施进行精简和优化。

4.风险的精细化

控制工厂的财务风险，合理规划资金的使用和投资，优化资金流动，降低财务成本。

5.分析的精细化

定期进行成本分析，识别成本构成，找出成本节约的潜在机会并及时发现成本预算、成本控制中的各种问题。

1.1.2　管理精益化：降本增利

工厂成本费用精益化管理主要是通过一系列的管理和运营策略，降低生产成本，从而提高工厂的盈利能力和市场竞争力。工厂成本费用的精益化管理至少要关注以下7项内容。

1.降低采购费用

优化采购流程，降低采购成本，提高采购效率；寻找可替代的原材料，精确计算采购量，节约采购成本。

2.降低能耗成本

建立完善的能源管理体系，对能源消耗进行实时监控和管理；替换老旧、低效的设备，采用先进的节能设备和技术，提高工厂能效。

3.降低库存费用

合理规划仓库布局，优化货物存放位置、物流通道和装卸设备；利用仓储管理系统、物联网技术等信息化手段，实现仓库数据的实时更新和共享；控制退货、换货等额外成本。

4.降低维修费用

控制设备维修和维护成本，控制备品、备件和耗材成本；对于一些特殊设备或技术要求较高的维修工作，可以考虑外包给专业的维修服务提供商，降低成本的同时还可以保证维修服务质量。

5.降低安全成本

合理降低安全成本，采用先进的技术手段，如监控摄像头、安全警报系统等，及时发现和应对安全事件，提高安全管理的效率和响应速度，避免因为安全事故给生产带来不必要的损失。

6.降低质量成本

平衡质量目标与质量成本，采用先进的生产设备和技术，降低人为因素对质量控制的影响；加强员工培训和技能提升，减少人为因素对质量的影响，及时发现和解决质量问题，减少返工，降低废品产生率，降低成本。

7.降低研发成本

制定研发经费的使用范围和规范，控制研发材料成本、研发设计费用、工艺技术费用、技术改造费用等。

1.1.3　管理精进化：持续改进

成本费用控制的持续改进，有利于及时发现问题，及时纠正问题，堵住成本费用的漏洞，提高工厂的盈利能力。工厂成本费用的精进化管理至少要关注以下5项内容。

1.体系精进化

工厂需要建立一套完整的成本费用控制精细化管理体系，不断提升成本费用的控制水平。

2.制度精进化

加强各种成本费用控制制度的建设，落实到具体的岗位、事项和人员，逐步形成完善的成本费用控制标准和规范。

3.技术精进化

采用数字化技术、自动化设备、智能制造技术等，进行技术创新，提高生产效率和质量，降低成本费用。

4.意识精进化

增强员工的成本意识和节约意识，形成全员节约的意识文化；建立持续改进的工厂文化，鼓励员工不断寻找降低成本的方法。

5.监管精进化

不断细化成本费用监测、监管机制，定期对成本费用进行监测并形成报告，及时发现成本费用的异常情况和问题，并采取相应的措施进行调整和改进。

1.1.4　工厂成本费用"三精管理"落地实施方案

工厂成本费用的精细化、精益化和精进化管理将帮助工厂识别和消除浪费，优化生产流程，实现持续改进。通过这一管理理念，工厂可以实现成本的精确控制和管理，提升市场竞争力。

本方案可以帮助工厂将"三精管理"进行落地，实现成本费用的节约。

工厂成本费用"三精管理"落地实施方案

一、目标

识别和消除浪费，优化生产流程，精确控制成本，提高产品质量和生产效率，帮助工厂实现成本的精确管理，提升市场竞争力，提供更具成本效益的产品或服务，构建高效、精益和持续改进的成本费用管理体系。

二、现存问题

1.缺乏全面性。"三精管理"侧重于特定方面的管理，如精益化、精细化和精进化。因此，有可能会忽视其他重要的成本费用方面的管理，如供应链成本、设备维护成本等。

2.实施难度较大。实施"三精管理"需要深入理解和改变工厂的文化、流程和工作方式。这可能需要时间和资源，并可能遇到员工的抵触情绪，对变革造成阻力。

3.缺乏绩效评估。在"三精管理"中，对成本费用管理的绩效评估和指标跟踪至关重要。然而，有时可能缺乏适当的评估方法和指标来评估成本管理的效果。

4.忽视员工参与。在成本费用管理中，员工的参与和意识非常重要。然而，在"三精管理"中，有时可能会忽视员工的参与和反馈。员工是现场操作的主体，他们对潜在的成本节约和改进机会有宝贵的见解。

5.持续改进的挑战。精进化是"三精管理"中的一个重要原则，强调持续改进和学习。然而，持续改进并不能一蹴而就，可能面临挑战，可能会出现改进疲劳、优先级冲突、资源限制等问题。

三、方案设计与执行

1.精细化管理落地实施措施。

（1）成本分类与分析。对工厂的成本进行详细分类，如直接材料成本、直接人工成本、间接费用等。然后对每个成本项目进行仔细分析，了解其组成和影响因素。

（2）成本控制措施制定。根据成本项目分析的结果，制定具体的成本控制措施，包括制定成本预算、设定成本控制目标、制定节约成本的具体策略等。确保制定的措施与精细化管理的目标相一致。

（3）绩效评估与指标跟踪。建立适当的绩效指标和评估体系，用于跟踪成本费用的绩效和改进进展。例如，可以设定每月、每季度或每年的成本目标，并定期评估和分析实际成本与目标之间的差距。

（4）过程改进和优化。通过持续的过程改进和优化活动，寻找降低成本和提高效率的机会。采用一些常见的工具和方法，如价值流分析、流程再造、质量管理工具等，来识别和消除浪费，改进工作流程和操作方式。

（5）员工参与和培训。鼓励员工参与成本费用的精细化管理，激发他们的创新思维和贡献意识。提供培训和学习机会，帮助员工理解成本管理的重要性，并培养他们在成本控制方面的技能和意识。

（6）持续改进和监控。持续改进是精细化管理的关键。定期评估成本管理的效果，进行反馈和调整，推动持续改进的循环。建立一个持续监控和改进的机制，以确保成本费用精细化管理的持续有效性。

2.精益化管理落地实施措施。

（1）浪费识别与分析。通过价值流分析等方法，识别和分析生产过程中存在的各种浪费，如库存过剩、等待时间、不必要的运输等，了解浪费的根本原因和对成本的影响。

（2）流程优化与改进。根据浪费的分析结果，制定和实施改进措施，优化生产流程以消除浪费。例如，可以简化工艺流程、减少不必要的环节、优化资源利用等，以提高生产效率和降低生产成本。

（3）质量管理与问题解决。强调质量管理，减少产品和生产过程中的缺陷和错误。通过实施质量控制措施，如严格的检查和测试流程、改进供应商管理等，降低质量问题导致的成本和损失。

（4）进行现场5S管理。采用5S管理法来组织和管理工作场所。确保工作区域整洁有序，设立标准和规范，提高工作效率和品质。

（5）员工参与和培训。鼓励员工积极参与精益化管理，培养员工的问题识别和问题解决能力。建立一个积极的工厂文化，鼓励员工提供改进建议和创新思维。

（6）持续改进和监控。持续改进是精益化管理的核心。建立一个监控和评估体系，定期跟踪改进活动的效果，并进行调整和改进。持续寻找新的改进机会，推动精益化管理的不断演进。

3.精进化管理落地实施措施。

（1）目标设定与计量。明确精进化的目标，如降低特定成本项目的百分比、提高利润率等。制定可量化的指标来衡量精进化的效果，并确保与精进化管理的目标相一致。

（2）数据收集与分析。收集和分析成本数据，了解成本的构成和影响因素。通过深入分析，识别出潜在的成本节约机会和改进点。

（3）成本优化与效率提高。根据数据分析的结果，制定具体的成本优化和效率提高策略，包括优化供应商、改进生产工艺和流程、优化资源利用等，确保优化措施对成本产生实质性的影响。

（4）制订行动计划并实施。制订详细的行动计划，明确责任和时间表。将成本优化和效率提高的策略转化为具体的实施步骤，并落实到各个部门和团队；确保相关人员理解和支持精进化管理的重要性。

（5）绩效监控与持续改进。建立有效的绩效监控体系，跟踪实施结果并评估绩效。定期审查和分析数据，评估目标达成情况，并进行持续改进；根据监控结果进行必要的调整和优化，确保精进化管理的持续有效性。

（6）培训与知识分享。为员工提供培训和知识分享的机会，帮助员工理解精进化管理的概念和方法；通过培训和知识分享，增强员工的意识，激发员工积极参与精进化管理并贡献改进建议。

四、成果预测

1.通过"三精管理"，可以消除浪费、优化流程和提升资源利用，显著降低工厂成本，同时更加精确地控制和管理成本，避免不必要的开支，持续推动成本的降低和效率的提高。

2.通过"三精管理"，可以识别和消除各种浪费和瓶颈，优化流程和操作，提高工厂的生产效率和资源利用率，同时进一步细化和优化各项工作和活动，提高工作效率和质量，不断提升企业的竞争力。

3.通过"三精管理"，强调质量控制和问题解决，可以减少缺陷和错误，提高产品和服务的质量，进一步提高质量管理水平，不断提升客户满意度。

4.通过"三精管理"的综合效果，可以提高工厂运营效率、降低成本、提高质量，提升产品或服务的竞争力，有助于扩大市场份额，增加工厂利润，实现可持续发展。

1.2　工厂成本费用构成

1.2.1　直接材料成本

工厂直接材料成本是指在产品制造过程中直接用于生产产品的原材料成本、辅助

材料成本、包装材料成本和运输材料成本等的总和。直接材料成本的详细构成如图1-1
所示。

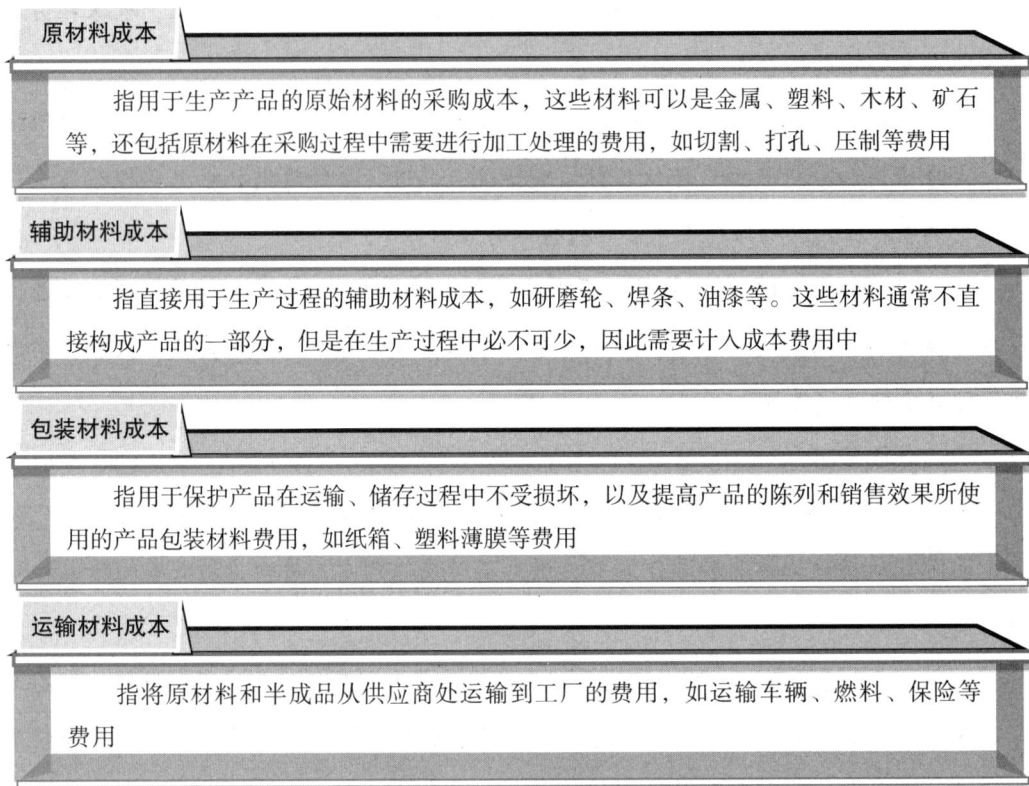

原材料成本

　　指用于生产产品的原始材料的采购成本，这些材料可以是金属、塑料、木材、矿石
等，还包括原材料在采购过程中需要进行加工处理的费用，如切割、打孔、压制等费用

辅助材料成本

　　指直接用于生产过程的辅助材料成本，如研磨轮、焊条、油漆等。这些材料通常不直
接构成产品的一部分，但是在生产过程中必不可少，因此需要计入成本费用中

包装材料成本

　　指用于保护产品在运输、储存过程中不受损坏，以及提高产品的陈列和销售效果所使
用的产品包装材料费用，如纸箱、塑料薄膜等费用

运输材料成本

　　指将原材料和半成品从供应商处运输到工厂的费用，如运输车辆、燃料、保险等
费用

图1-1　直接材料成本的详细构成

　　在计算直接材料成本时，还应全面考虑其他影响因素，以便对产品的直接材料成
本进行全面的分析和计算。在计算原材料成本时，需要考虑到原材料的采购价格、质
量、数量及运输成本等因素；在计算辅助材料成本和包装材料成本时，需要考虑到两
者的种类、使用数量及单位价格等因素；在计算运输材料成本时，需要考虑到运输距
离、运输方式、货物数量及燃料价格等因素。

1.2.2　直接人工成本

　　工厂直接人工成本是指直接用于生产产品的员工的薪资、福利、社保等费用的总
和。直接人工成本的详细构成如图1-2所示。

基本工资

指直接用于生产产品的员工的基本工资，通常是按小时、日、周或月支付的

加班工资

指员工在规定的工作时间之外工作获得的额外的加班工资，加班工资通常是按照工作时间和工作量计算的

奖金和津贴

指工厂为了激励员工，增强他们的工作动力而发放给员工的奖励或补贴。奖金和津贴一般根据员工的表现和生产效率来发放，也可以根据工厂的业绩来发放

社会保险

社会保险通常包括养老保险、医疗保险、工伤保险、失业保险和生育保险等，以保障员工的生活质量和基本权益

假期福利

指员工可以享受到的带薪假期、病假、事假等福利，这通常是工厂为员工提供的一项额外福利，也需要计入工厂的直接人工成本

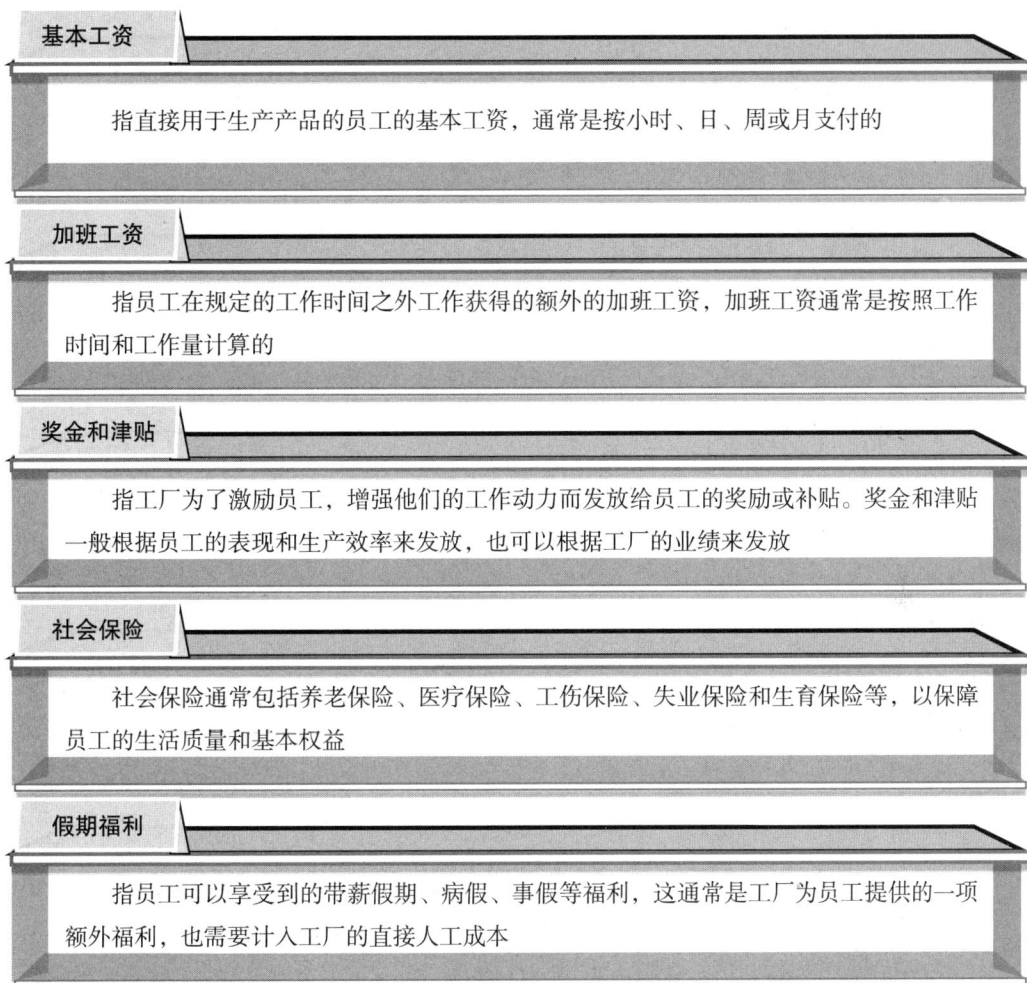

图1-2 直接人工成本的详细构成

1.2.3 生产制造费用

生产制造费用是指在生产过程中，不直接用于产品制造，但与产品制造密切相关的间接费用，包括固定资产折旧、设备维修和保养费用、租金和管理费用、杂项费用，以及其他与产品制造相关的费用。生产制造费用的详细构成如图1-3所示。

固定资产折旧

指固定资产（如机器设备、建筑物等）随着使用时间的增加和磨损而失去价值导致的损失，工厂需要将这部分折旧成本计算到制造费用中

设备维修和保养费用

指工厂为了保证设备的正常使用和生产效率，对设备进行定期的维修和保养而产生的费用

租金和管理费用

指工厂租赁生产厂房和设备所产生的费用及与产品制造相关的管理费用，包括管理人员的薪资、办公室设备和用品的费用、保险费用等

杂项费用

包括电费、水费、燃料费用等能源成本，以及与生产过程相关的公用事业费用，如清洁费用、垃圾处理费用等

其他费用

用于产品质量控制和检验的费用及在产品制造过程中与研发和创新活动相关的费用等，包括实验室设备、检验人员的薪资、研发人员的薪资、研究设备和材料的费用等

图1-3 生产制造费用的详细构成

1.2.4 管理费用

管理费用是指与工厂的管理和运营活动相关的费用。这些费用通常属于生产制造费用的一部分，不直接用于产品的制造，但是与产品制造密切相关，包括管理人员的薪资和福利、行政人员的费用、办公设备和用品费用、信息技术费用、培训和发展费用、工厂设施维护费用、保险费用、会议和差旅费用。管理费用的详细构成如图1-4所示。

管理人员的薪资和福利

主要包括工厂的高级管理层、部门经理、主管和其他管理人员的薪资、奖金、津贴和福利费用

行政人员的费用

主要指涉及工厂行政职能的人员的薪资、福利和培训费用,如人力资源、财务、采购和行政助理等人员的费用

办公设备和用品费用

包括办公室设备(计算机、打印机、传真机等)、办公家具和用品(桌椅、文件柜、纸张等)的购买、维护和更新费用

信息技术费用

指与工厂管理系统、企业资源规划(ERP)系统、生产计划系统等相关的费用,以及其他信息技术基础设施费用,包括软件许可、硬件设备、网络和数据储存费用等

培训和发展费用

指用于培训和发展工厂员工的费用,包括内部培训、外部培训、研讨会、工作坊和员工发展计划等费用

工厂设施维护费用

指用于工厂建筑、设备和设施的维护、保养和修理费用,包括保安服务、清洁服务、园艺和维修工作等费用

保险费用

主要指涉及工厂运营所需的各种保险费用,如财产保险、责任保险、工伤保险和雇主责任保险等费用

会议和差旅费用

指与工厂管理层和员工参加会议、培训和业务差旅相关的费用,包括差旅费、交通费、住宿费和伙食费等

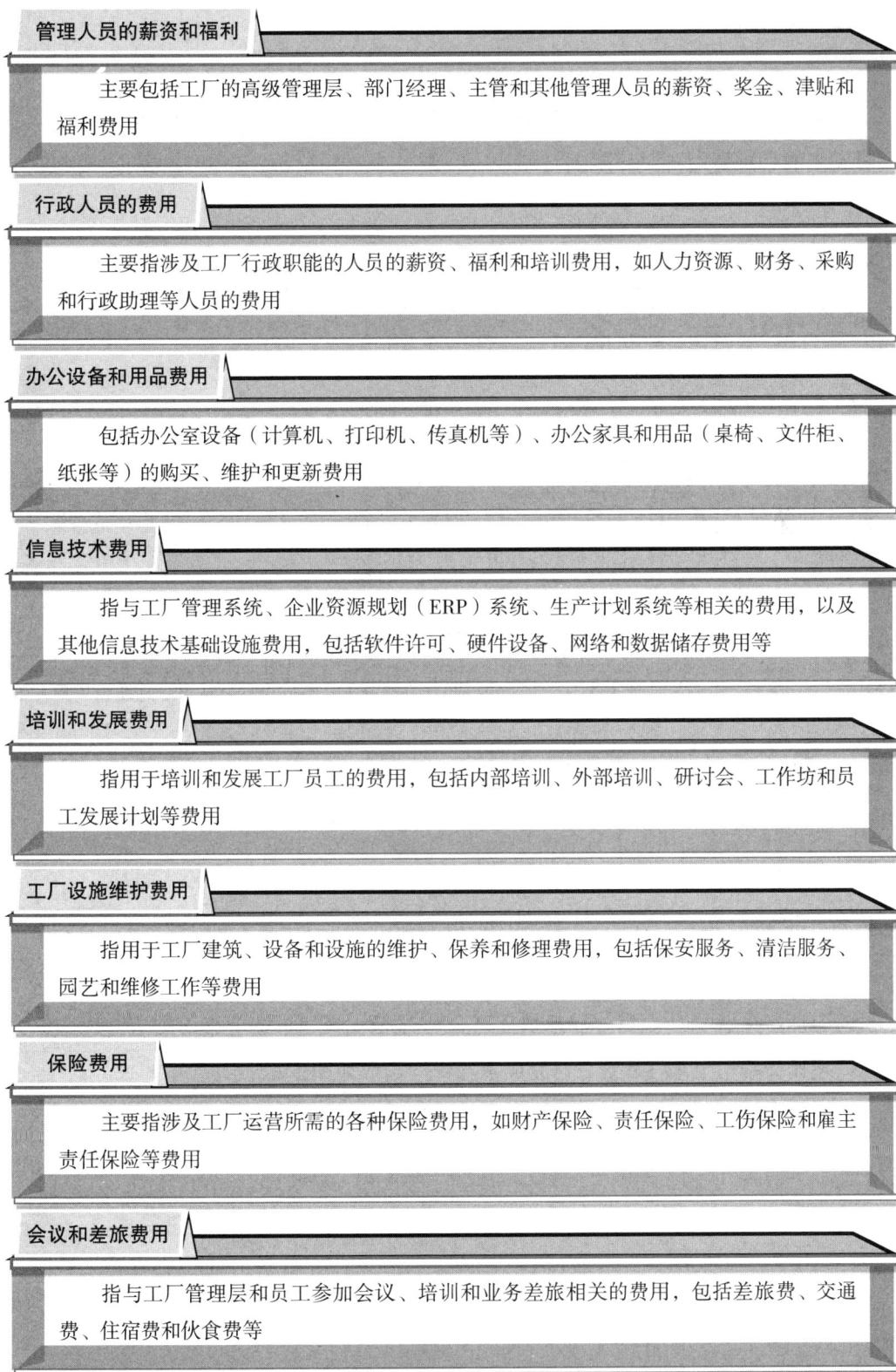

图1-4 管理费用的详细构成

1.2.5　采购成本

采购成本是指为维持工厂的正常生产运转，采购人员采购原材料等相关生产必需品时发生的各项费用，具体包括订购成本、维持成本和缺料（缺货）成本。采购成本的详细构成如图1-5所示。

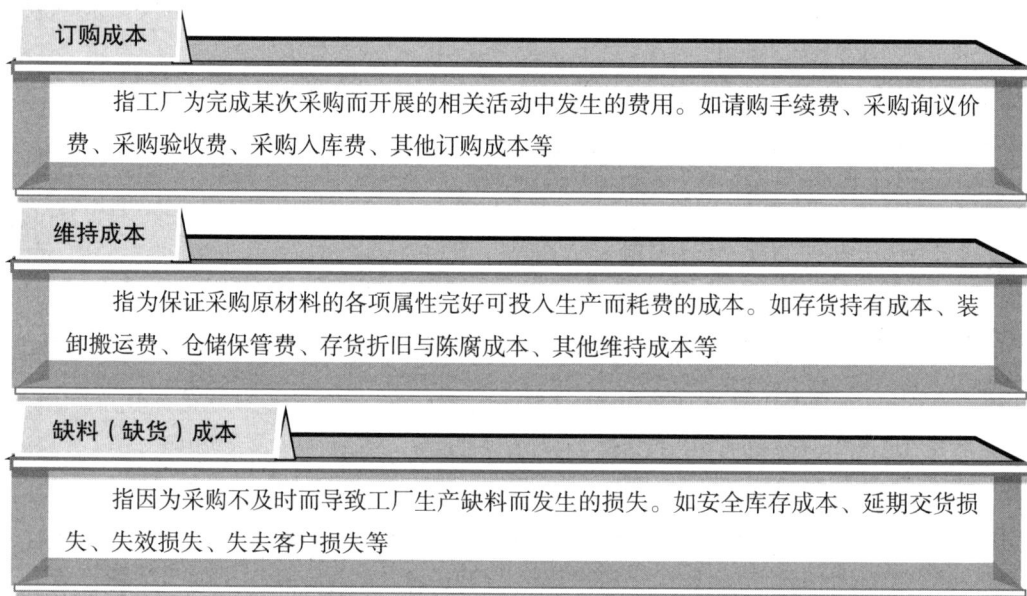

订购成本
指工厂为完成某次采购而开展的相关活动中发生的费用。如请购手续费、采购询议价费、采购验收费、采购入库费、其他订购成本等

维持成本
指为保证采购原材料的各项属性完好可投入生产而耗费的成本。如存货持有成本、装卸搬运费、仓储保管费、存货折旧与陈腐成本、其他维持成本等

缺料（缺货）成本
指因为采购不及时而导致工厂生产缺料而发生的损失。如安全库存成本、延期交货损失、失效损失、失去客户损失等

图1-5　采购成本的详细构成

1.2.6　研发成本

研发成本是指工厂在进行项目研究时，研究和开展项目所产生的相关费用，主要包括研发设计费和工艺技术费。研发成本的详细构成如图1-6所示。

研发设计费

指工厂在进行项目研发时所产生的费用，如研究人员和项目相关人员的工资、项目所耗费的原料成本等

工艺技术费

指在项目研发过程中需要的相应技术或工艺等的相关费用。如技术改造费、工装模具费、工艺技术人员的工资等

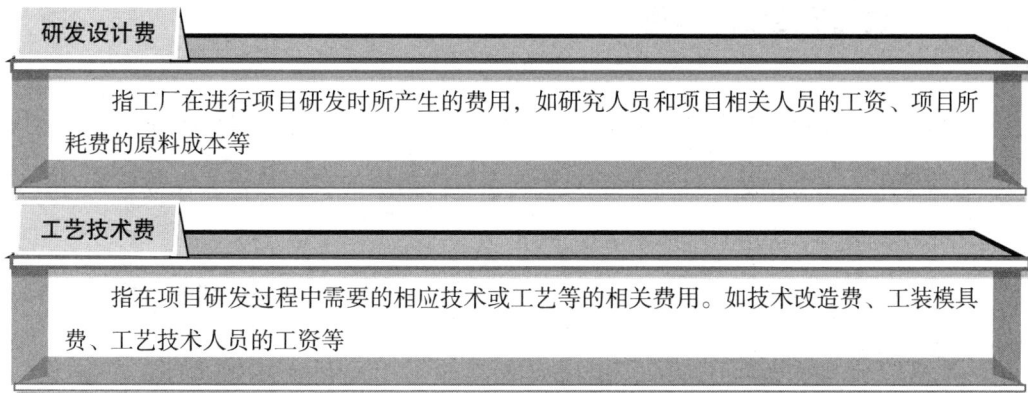

图1-6　研发成本的详细构成

1.2.7　质量成本

质量成本是指为保证产品的质量，对产品质量进行预防、鉴定及内部和外部损失所造成的费用，主要包括预防成本、鉴定成本、内部损失成本和外部损失成本。

（1）预防成本：包括质量管理人员工资及福利费、质量管理活动费、质量培训费、质量改进措施费、质量评审费等。

（2）鉴定成本：包括检验和测试部门的办公费用、质量检测人员工资及福利、检测试验费、检测设备费等。

（3）内部损失成本：包括废品损失费、停工损失费、返工返修费、降级损失费等。

（4）外部损失成本：包括索赔费、保修费用、退货损失费、折价损失等。

1.2.8　设备管理费用

设备管理费用是指工厂在生产制造过程中对用于生产的外购机械设备，从购买、保养到维修等环节所发生的成本费用，主要包括设备综合管理费用和设备维修费用。

（1）设备综合管理费用：包括规划设计、维护保养、制造或购置、故障维修、安装调试、改造更新等费用。

（2）设备维修费用：包括维修费、人工费、维护保养费、外来修理费、备品备件费、能源费、材料费等。

1.2.9　环境与安全生产费用

环境与安全生产费用是指为确保工厂在生产过程中符合环境保护和安全生产要求而产生的费用，主要用于环境保护措施和安全管理措施的实施及相关设备和培训的支出。环境与安全生产费用的具体构成如下。

（1）环境保护费用：包括废水处理、废气处理、固体废物处理和噪声控制等环境保护设施的建设、运行和维护费用。

（2）安全设施和装备费用：用于购买、安装和维护安全设施和装备的费用，如火灾报警系统、灭火设备、安全防护设施（防护栏、安全网等）及紧急救援设备等的费用。

（3）安全培训和教育费用：用于员工安全培训、教育和意识增强的费用，包括安全规程和操作程序培训、急救培训、防火培训等的费用。

（4）安全巡查和检测费用：用于定期对工厂设施、设备和工作场所进行安全巡查和检测的费用，包括设备检修、检验费用和安全评估等费用。

（5）环境与安全管理系统费用：用于建立、实施和维护环境管理体系和安全管理体系所需的费用，包括体系认证、培训和审核等的费用。

（6）安全保险费用：涉及工厂安全风险的保险费用，包括工业保险、责任保险和雇主责任保险等的费用。

（7）突发事件应急响应费用：用于应对可能发生的突发事件或事故的应急响应措施产生的费用，包括应急物资储备、应急演练、应急预案编制等的费用。

（8）环境与安全监测费用：用于对环境影响和安全风险进行监测和评估的费用，包括环境监测设备、安全风险评估和职业健康监测等的费用。

1.2.10　物流与仓储费用

物流与仓储费用是指在产品生产运输过程中进行运输、仓储、现场管理所需要的费用，具体包括运输费用、仓储费用、现场物流费用。

（1）运输费用：包括人员费用、物资损耗费用、管理费用、货物运输费用等。

（2）仓储费用：包括货物保管费、相关员工工资和福利、仓库固定资产折旧费等。

（3）现场物流费用：包括人工费用、设备费用、储存费用、呆废料处理费用等。

1.2.11　外协外包服务费用

外协外包服务费用是指由于工厂技术不完善或设备不齐全等内部因素导致产品的生产需要其他企业辅助完成时所发生的一系列费用，具体分为外协费用和外包费用。外协费用包括加工费、耗用材料费和往返运杂费等；外包费用包括外包服务费用、谈判成本费用和违约费用等。

02

第 2 章

工厂直接材料成本"精益化"

2.1 原材料及辅助材料成本控制

2.1.1 原材料及辅助材料成本控制问题清单

原材料及辅助材料成本控制问题清单如表2-1所示。

表2-1 原材料及辅助材料成本控制问题清单

序号	问题	具体描述
1	采购计划不合理	1.采购计划不合理，原材料库存不足，出现缺料，影响生产计划 2.采购周期过长、频繁变更采购计划等，影响生产进度和成本
2	库存设置不合理	1.库存过高，资金被大量占用，增加了资金成本、仓储成本 2.库存过低，导致生产线停产或延迟交货的情况
3	材料质量不稳定	1.存在大批量的质量问题，导致产品的质量不稳定，生产效率降低 2.质量问题导致重复采购或废品率增加，生产成本增加 3.质量问题可能会导致生产线停机，影响生产进度和交货期
4	供应商管理不善	1.供应商质量不稳定，出现不良品率高、不符合规格要求等问题 2.供应商提供的材料价格波动大，导致采购成本不稳定 3.供应商供货能力不足，导致材料供应不及时，影响生产计划的执行
5	材料使用不合理	1.在生产过程中使用材料时出现过多的浪费，导致成本增加 2.使用材料时出现误用，导致生产效率降低和成本增加 3.操作不当或其他原因导致材料的损耗增加，导致成本增加

2.1.2 原材料及辅助材料选择与采购控制方案

本方案可以解决以下问题：一是原材料及辅助材料采购流程不明确、不清晰；二是工厂不知如何构建供应商评价体系；三是工厂对原材料及辅助材料的采购质量管理与控制不善。

原材料及辅助材料选择与采购控制方案

一、目标

确保工厂生产所需的原材料和辅助材料库存充足且质量可靠，有效地控制采购成本，提高采购效率，降低库存积压和损失风险。

二、现状及问题

1.采购部没有得到足够的重视。采购部在工厂中的地位和作用没有得到充分的认识和重视，导致采购过程出现各种问题。

2.缺乏规范化的采购流程。采购流程不规范，导致在采购过程中出现混乱和延误，采购效率低下。

3.供应商管理不善。工厂在选择供应商时没有进行充分的调查和评估，导致采购的原材料和辅助材料质量不稳定，无法满足生产需求。

4.采购价格不合理。工厂在采购原材料和辅助材料时没有确定合理的价格，导致采购成本过高，工厂无法承受。

5.采购合同制作不当。工厂在采购原材料和辅助材料时没有制作合理的采购合同，导致出现了违约和纠纷等问题。

三、方案设计与执行

1.设计合理的选择标准。

选择合适的原材料和辅助材料对于提高工厂的生产效益和工厂形象都具有重要的意义。工厂在选择原材料和辅助材料时，需要综合考虑各种影响因素，以确保选择的材料符合质量要求、成本控制、生产效率和可持续性等方面的要求，具体考虑因素如表2-2所示。

表2-2　原材料和辅助材料选择考虑因素

因素	说明
成本	原材料和辅助材料的成本是影响选择的最主要因素，工厂需要考虑材料的采购成本、储存成本、加工成本和废料处理成本等，以确保选取最经济实用的方案
质量	材料的质量对最终产品的质量和性能有着直接的影响，工厂需要选择符合标准的高质量原材料和辅助材料，以确保产品的可靠性和稳定性
可获得性	工厂需要考虑材料的供应稳定性和供应链风险。如果材料在市场上很难获得或价格波动较大，那么工厂可能需要考虑寻找可替代的材料

因素	说明
可持续性	随着环境问题的加剧，工厂需要考虑选用可持续的原材料和辅助材料。选择的材料应该是环保的、可再生的或者是能够减少对环境的损害
技术要求	不同的产品需要不同的原材料和辅助材料，工厂需要考虑产品的技术要求，包括产品的功能、形状、尺寸等，以确保选择的材料能够满足要求
安全性	一些原材料和辅助材料可能存在易燃、易爆等安全隐患，工厂需要对材料的安全性进行评估和测试，确保生产过程的安全性和可持续性
库存管理	根据生产计划和需求预测，控制库存水平，降低库存成本，同时确保库存能够满足生产需要

2.建立完整的采购流程。

（1）制定采购管理制度。工厂应该制定完善的采购管理制度，明确采购的权限、责任和管理流程等。制度中应该包括采购计划的编制、采购招标、供应商评审、合同签订、交付验收和付款等方面的内容。

（2）编制采购计划。工厂应该根据自身生产和经营需要，编制详细的采购计划，包括采购的品种、数量、质量要求、交货时间和采购方式等，采购计划应该与生产计划和库存管理计划相协调，以确保采购活动的有效性和及时性。

（3）选择合适的采购方式。工厂应该根据采购计划和采购品种的不同特点，选择合适的采购方式。常用的采购方式包括询价、招标、竞争性谈判、单一来源采购等。

（4）严格执行采购流程。工厂应该严格执行采购流程，按照采购计划、采购方式和采购管理制度的要求进行采购活动。对于采购招标活动，应该公开、公正、公平地进行，保证采购结果的真实性和公正性。对于采购合同的签订，应该严格按照相关法律法规和采购管理制度的要求进行。

（5）建立供应商管理制度。工厂应该建立供应商管理制度，明确对供应商的评价、筛选、合作、监督和奖惩等方面的要求。工厂应该根据供应商的表现和工厂的需求，对供应商进行评估和排名，以确定合适的供应商。同时，与供应商建立良好的合作关系，保持沟通和协调，以确保供应商的质量和服务得到持续改进和保证。

（6）建立采购档案。工厂应该建立完整的采购档案，包括采购计划、采购招标文件、供应商报价、评审记录、合同文本、交付验收记录、付款凭证等，以便进行采购活动的监督和评价。

3.构建供应商评价体系。

（1）确定评价指标和标准。工厂需要明确对原材料及辅助材料的需求，并制定相应的评价指标和标准，以便对供应商进行评价。常见的评价指标包括质量、价格、交货期、服务、环境和社会责任等方面。

（2）筛选供应商。在建立供应商评价体系时，工厂需要筛选出潜在的供应商，并收集它们的基本信息和相关证明文件，包括工厂注册证、营业执照、ISO认证等。

（3）进行评价。在评价过程中，可以采用定期走访、电话调查、问卷调查等方式，对供应商进行评价。对于重要的供应商，应定期走访并进行现场检查，以确保其符合工厂的要求和标准。评价过程应根据评价指标和标准，量化供应商的表现，并记录评价结果。

（4）制订改进计划。根据评价结果，制订相应的改进计划，对于存在问题的供应商，工厂应与其进行沟通和协商，以确保问题得到解决。

（5）跟踪和监控。采用现场检查、电话调查等方式定期跟踪和监控供应商的表现，以确保供应商的质量和服务得到持续改进和保证。

4.加强质量管理控制。

（1）供应商审核和选择程序。选择合适的供应商对于质量控制至关重要。工厂应建立一套严格的审核和选择程序，包括审核供应商的质量管理制度和流程，对供应商的生产设备和工厂进行检查，并了解其质量保证措施和检验设备。

（2）采购规格和标准。对原材料和辅助材料的规格和标准进行详细的制定和说明，包括物理和化学性质、质量指标、检测方法、容许范围等。要确保所有供应商都了解这些规格和标准，并将其视为必须遵守的标准。

（3）采样和测试程序。对原材料和辅助材料的外观、物理性质和化学成分进行检验，并对重要指标进行定期检查。测试程序需要有详细的记录，以便进行追溯。

（4）收货检查。工厂应在收货时进行检查，以确保收到的物料符合规格要求。检查程序应包括外观检查、数量检查、物理和化学性质测试等。

（5）异常管理程序。建立处理异常情况的程序，包括记录异常情况、调查原因、采取纠正措施并评估效果等。

（6）建立反馈机制。建立与供应商的反馈机制，及时向供应商反馈质量问题，并要求其采取有效的纠正措施，以确保问题不再发生。工厂需要在供应商的质量问题解决之前暂停采购。

（7）制订质量管理培训计划。对供应商进行培训，以确保它们了解并遵守相关的质量管理制度和标准。同时，还应定期对采购人员进行质量管理方面的培训。

（8）供应商定期审核。定期对供应商进行质量审核，以确保它们的质量管理制度和标准得到有效执行，并根据审核结果采取相应的改进措施。

5.规范采购合同管理。

（1）采购合同应由专业的法务人员起草，内容应该包括采购物品的品名、规格、数量、质量标准、价格、交货期限、付款方式、违约责任、争议解决方式等，合同内容必须清晰明确，避免出现歧义和漏洞。

（2）采购部负责审核采购合同，并征得法务部、财务部等相关部门的意见和批准。在审核和批准过程中，需要注重对合同内容进行审查，确保合同内容的合法性、合规性和合理性。

（3）采购合同应该由双方在法定代表人或授权代表的见证下签订，并在合同约定的时间内履行。在履行过程中，需要对合同内容进行跟踪和监控，以确保合同的全面履行，并及时处理合同中出现的问题和争议。

（4）采购合同应进行归档和管理，以确保合同的安全性和完整性。同时，需要建立采购合同管理系统，对采购合同进行分类、编号、存档、备份和检索，以便采购部和其他相关部门进行查询和统计。

6.加强采购过程监督。

（1）加强对采购过程的监督和审计，建立采购监督和审计制度，对采购过程进行定期或不定期的审计，及时发现和纠正采购过程中的问题。

（2）规范采购人员的行为。对采购人员实行采购物资质量保证制度，对采购物资的质量实行"谁采购、谁负责"的终身负责制。

（3）加强对采购过程的监督。在采购过程中定期或不定期对采购人员进行监督，包括对采购计划、采购合同、采购价格、采购方式、采购过程的变更情况等进行监督。

（4）加强对运输过程的监督。财务部需要对每次运输的费用进行详细的记录和核算，包括运输费、保险费、货物损失和损坏费用等，以便计算总体运输成本。

四、持续改进

1.根据历史数据优化选择标准。在收集和分析历史数据的基础上，可以对选择标准进行调整和优化。如果某个特定的原材料导致了过多的质量问题，那么可能需要重新评估选择标准并更改其限制条件。

2.定期审查供应商评价体系。定期审查和更新供应商评价体系，并根据供应商表现和反馈更新评价标准和方法。

3.优化采购流程。针对交货时间长、物流不畅等采购流程中会出现的问题，可以对采购流程进行优化。

4.引入新的技术和工具。引入新的技术和工具可以帮助改进原材料及辅助材料选择与采购控制方案，提高质量控制的效率和准确性。

5.实施质量改进计划。对于出现的质量问题，应该制订具体的质量改进计划，并监控实施情况。改进计划应该针对特定问题并根据实际情况进行调整。

6.持续培训和教育。为员工提供持续培训和教育，以提高他们的技能和知识，并使他们能够更好地执行方案中的任务和职责。

五、成果预测

1.通过选择合适的原材料和辅助材料，建立质量控制体系，对采购的原材料和辅助材料进行质量检验和监控，可以有效保障产品质量，减少质量问题的发生，提高客户满意度。

2.通过建立供应商管理体系，实行材料的集中采购，选择具有竞争力的供应商，控制采购成本，同时优化库存管理，降低库存成本，可以实现成本的有效控制和优化，提高工厂的盈利能力。

3.通过建立供应商评估和管理体系，选择可靠的供应商，加强协调和沟通，可以降低供应链风险，提高供应链的效率和稳定性。

4.通过选择合适的原材料和辅助材料，避免生产中的质量问题和延误，同时优化库存管理，降低库存风险，提高库存周转率，可以提高生产效率和管理水平，降低生产成本。

5.通过建立质量控制和供应商管理体系，能够提高产品质量和供应链管理水平，增强工厂的市场竞争力，提高工厂形象和信誉度。

2.1.3　原材料及辅助材料库存及使用管理规定

本规定可以解决以下问题：一是工厂的原材料和辅助材料库存数量不合理；二是原材料及辅助材料入库、在库及出库管理不规范；三是原材料及辅助材料没有具体使用标准。

原材料及辅助材料库存及使用管理规定

第1章　总则

第1条　为了确保工厂在生产过程中原材料和辅助材料充足，避免因库存过多造成的浪费和库存增加，以及原材料和辅助材料的合理使用，防止因不当使用或管理而导致的生产故障和质量问题，特制定本规定。

第2条　本规定适用于工厂原材料及辅助材料库存及使用管理。

第2章　材料入库管理

第3条　原材料及辅助材料在入库前，质量管理部应对其数量和质量按照订单要求和检验标准进行严格检查，并对检验结果进行记录。具体检查项目有以下五个。

1.外观检查。仓库管理人员应该检查原材料及辅助材料的包装是否完好，外观是否有破损、变形、污染等情况，以避免因为包装破损或者污染导致物料的质量问题。

2.数量检查。仓库管理人员应该检查原材料及辅助材料的数量是否与送货单、采购订单等文件相符，以避免因为数量的误差导致的物料缺少或者生产计划延误等问题。

3.标识检查。仓库管理人员应该检查原材料及辅助材料的标识是否清晰明确，包括物料名称、规格型号、生产日期、质量等级、生产厂家等信息。

4.质量检查。仓库管理人员应该对原材料及辅助材料进行质量检查，以确认物料是否符合质量标准和技术要求，需要对原材料进行抽样检验、物理性能测试、化学成分分析、外观检查等。

5.证件检查。仓库管理人员应该检查原材料及辅助材料是否附带了质量证明、检验证书、合格证、检测报告等证件，以确保物料的质量和合规性。

第4条　在原材料及辅助材料检验合格后，仓库管理人员应进行入库登记，并对其进行标识、分类、编号、记录等操作，常用入库方式有以下四种。

1.手工入库。通过人工将物料逐一核对后，手动录入到库存系统中。这种方式适用于物料量不大的情况，但容易出现人为错误和录入不准确的问题。

2.条形码扫描入库。将每种物料贴上条形码，通过条形码扫描器扫描物料的条形码，将信息自动录入到库存系统中，这种方式可以提高入库效率，能够降低人为错误。

3.RFID（无线射频识别）入库。将每种物料贴上RFID标签，通过无线射频识别器对物料进行识别，自动将信息录入到库存系统中，这种方式可以提高入库效率和准确性，但成本相对较高。

4.自动化入库。通过自动化的输送线和机器人等设备，将物料自动入库，这种方式可以提高入库效率，但需要投入较高的成本和技术。

第5条　在完成入库登记后，应按照相应的标准和规范进行入库管理。对不同种类的原材料及辅助材料进行分类、分区、分仓管理，并采取防潮、防火、防盗等安全保管措施。

第6条　建立原材料及辅助材料的信息管理系统，实现原材料及辅助材料的跟踪管理，包括对进货、使用、库存等信息的管理，以便统计、分析和评估库存情况。

第3章　材料在库管理

第7条　通过使用ERP系统库存管理、建立定期盘点机制等库存管理方式，对原材料及辅助材料的库存进行实时监控、调整和管理，确保库存水平不低于生产需求，同时避免库存过高造成资金和场地浪费。

第8条　仓库管理人员应做好物料保管工作，对存放中的物料进行保管，确保物料质量符合生产要求，具体做法可参考以下内容。

1.建立物料保管制度，规范物料的保管流程、仓库管理人员的职责等，确保物料保管工作的规范化和标准化。

2.根据物料的属性、特性、尺寸和重量等因素，对物料进行分类管理，制定相应的物料保管方案，确保物料储存的有序和方便取用物料。

3.选择适当的物料保管设施，以确保物料安全、摆放整齐，主要储存方式有以下五个。

（1）货架储存。将物料放在货架上，两面开放式货架可扩大储存空间，取放便捷，适用于物料种类较多、储存空间有限的情况。

（2）堆放储存。将物料按属性直接堆放在地面或储物区中，适用于物料储存时间较短、数量不多、储存空间较大的情况。

（3）料箱储存。料箱是一种便于储存和管理小件物料的设备，通常可以根据物料的大小和形状进行定制化设计。料箱通常具备防潮、防火、防盗等功能，并且可以方便地进行堆叠和搬运。

（4）周转箱。用于存放周转物料，便于管理和操作。周转箱通常具备标准化的尺寸和形状，便于堆叠和搬运，并且可以根据需要进行组合和调整。

（5）托盘储存。将物料放在托盘上，再将托盘存放在储存区中，优点是便于搬运，适用于体积大、重量大、需要机械搬运的物品。

4.仓库必须严格执行安全保卫制度，做好防火、防盗、防潮、防锈、防腐、防霉、防鼠、防虫、防尘、防爆、防漏电等工作，定期检查安全设备，确保物料的安全保管。

第9条　建立清晰的原材料及辅助材料信息管理体系，将各批次物料分开储存，并在库存管理中严格执行FIFO（先进先出）原则，确保库存中的物料都是最新的，避免旧物料过期。

第10条　对物料的损耗情况进行监控，建立合理的物料损耗管理机制，设置合理的计量单位，建立物料损耗核算制度，尽可能地减少损耗，确保库存量的准确性。

第11条　对库存中的原材料及辅助材料进行分析，包括对库存周转率、库龄、库存占比等指标进行分析，以便及时调整采购和库存策略。同时对库存数据进行统计、分析和归纳，以提高库存的利用率和经济效益。

第12条　及时处理库存中过期、损坏等无法使用的物料，避免影响生产安全和产品质量。建立合理的库存报废处理机制，及时处理无法使用的物料，避免浪费资金和场地。

第4章　材料出库管理

第13条　建立原材料及辅助材料出库管理制度，规范出库流程、出库申请、出库人员的职责和权限等，确保出库的安全、准确和有效。

第14条　严格控制出库人员的权限，在原材料及辅助材料出库前，需要进行审批程序。审批程序应该包括申请人员的审核、领料单的审批、库存的核对和审核等环节，以确保原材料及辅助材料出库的合规性和准确性，从而避免过度领取和浪费。

第15条 实行出库单管理制度，对每次出库进行单独记录，实时跟踪原材料及辅助材料的库存情况，及时更新库存信息，以方便查询和追溯。

第16条 做好原材料及辅助材料的出库信息记录，对每次出库的信息进行记录和统计，及时掌握库存情况，以便及时调整采购计划。

第17条 对于需要运输的原材料及辅助材料，应该建立相应的物流管理系统，以保证及时送达生产线，避免因原材料及辅助材料供应不及时而导致生产线停机的情况。

第18条 在原材料及辅助材料装车前对货物进行检查，核对货物品种、数量等信息，确保货物的准确性和完整性。

第5章 库存盘点及追溯管理

第19条 制订详细的盘点计划，包括盘点人员的职责分工、盘点时间和频次、盘点方式、盘点工具和记录方式等，常用盘点方式有以下四种。

1.全盘点。全盘点是一种较为全面的盘点方法，可以对所有原材料及辅助材料进行盘点。这种方法需要耗费较多的时间和人力，但可以准确地了解库存状况。盘点频次通常为每半年或每年一次。

2.抽样盘点。抽样盘点是一种经济、快捷的盘点方法，可以选取具有代表性的原材料及辅助材料进行盘点。这种方法可以在较短时间内完成盘点，但需要注意样本的选取要有代表性，并且抽样比例要合理。

3.周期盘点。周期盘点是一种定期进行的盘点方法，可以针对每个库位或每个货架进行盘点。这种方法可以快速发现库存问题，同时也可以减少盘点时间和人力成本。

4.联合盘点。联合盘点是指工厂内部不同部门或与外部机构合作进行盘点。这种方法可以增加盘点的准确性和公正性，同时也可以减少盘点的成本和时间。

第20条 定期盘点库存，发现库存中存在的过期、损坏、缺货等问题，并及时采取措施，防止影响生产计划和产品质量。

第21条 建立原材料及辅助材料的档案，档案内容应包括原材料及辅助材料的名称、规格、产地、供应商、采购日期、批次号、检验报告等信息，以及相关的入库记录、出库记录和检验报告等，以便更加方便和快捷地追溯原材料及辅助材料的来源和流向。

第22条　建立追溯制度，追溯原材料及辅助材料的来源和流向，准确地判断原材料及辅助材料是否符合质量要求，并及时采取措施，防止不良品进入生产流程。

第6章　材料使用管理

第23条　建立原材料及辅助材料使用审批制度，对原材料及辅助材料的使用进行规范化管理，避免未经批准的原材料及辅助材料投入使用，从而保证原材料及辅助材料使用的准确性和合规性，避免员工的滥用和浪费，从而达到降低成本的目的。

第24条　建立原材料及辅助材料使用记录和追溯制度，对原材料及辅助材料的使用进行实时记录，包括使用时间、使用数量、使用人员等，并对原材料及辅助材料使用过程进行追溯，帮助工厂及时发现和解决问题，从而提高生产效率和产品质量。

第25条　建立配比标准和控制制度，以确保每个批次的产品配比都是符合标准的。配比控制制度应该包括工艺配比、配方标准、配比误差控制等方面，在实际生产过程中，需要对配比过程进行监控和调整，保证配比的准确性和稳定性，避免因配比不当导致的产品质量问题。

第26条　加强对员工的培训，树立节约物料的意识，提高员工对物料使用的重视程度，减少不必要的物料浪费。

第27条　建立废料回收利用制度，将废料进行分类和处理，避免浪费和污染，从而节约成本和保护环境。废料回收利用制度应该包括废料分类、回收流程、回收利用方式等方面。

第28条　对于有效控制原材料及辅助材料浪费的员工或部门，工厂可为其颁发节约物料奖，给予员工或部门相应的现金奖励，以激励员工和部门在物料浪费控制上的积极行动，具体奖金数目应考虑以下几个因素。

1.节约的数量。员工或部门节约的物料数量越多，奖金应该越高。

2.节约的成本。不同种类的物料成本不同，节约不同种类的物料应该有不同的奖金划分标准，对于成本较高昂的物料应给予更高的奖金。

3.节约的难度。有些物料比较容易节约，而有些物料则比较难节约，工厂应根据物料的节约难度确定具体奖金数目。

4.节约的效果。对于成本节约效果显著的员工或部门，应该给予更高的现金奖励。

第7章 附则

第29条 本规定由仓储部、生产部共同负责编制、解释与修订。

第30条 本规定自××××年××月××日起生效。

2.2 燃料及低值易耗品成本控制

2.2.1 燃料及低值易耗品成本控制问题清单

燃料及低值易耗品成本控制问题清单如表2-3所示。

表2-3 燃料及低值易耗品成本控制问题清单

序号	问题	具体描述
1	价格波动大	燃料及低值易耗品的价格受市场供求关系、地缘政治等因素影响,若工厂不及时采取措施来适应这些变化,会导致成本的不稳定性
2	库存管理不善	过多的库存可能会导致资金占用增加,过少的库存则可能会导致生产和运营中断
3	质量控制不足	低质量的燃料和低值易耗品可能会导致设备故障、生产中断,甚至造成安全事故
4	存在供应商风险	工厂依赖单一供应商提供燃料和低值易耗品,而供应商可能会面临自然灾害、生产中断、财务问题等风险。若工厂没有备用的供应链计划,可能会面临生产中断和成本上升等风险
5	员工操作不当	使用人员操作不当或操作失误导致物资浪费、安全事故,使生产成本增加

2.2.2 燃料使用控制方案

本方案可以解决以下问题:一是燃料使用控制方案制定流程不完整、内容不清晰;二是燃料使用改进措施不准确、无效;三是缺乏对相关使用人员的培训、奖励机制。

燃料使用控制方案

一、目标

降低工厂能源消耗和燃料成本，减少生产活动对环境的影响，提高生产效率和产品质量。

二、现状及问题

1.能源价格波动。燃料价格的波动会影响到工厂的成本和利润，使工厂难以实现长期投资和发展计划。

2.没有足够的监测和控制。工厂缺乏完善的燃料监测和控制机制，导致燃料浪费、效率低下和环境污染。

3.缺乏投资。工厂缺乏资金和资源来采用新技术和设备，无法实现更高效的燃料使用和减少环境污染。

4.环境污染。工厂污染物的排放会对环境产生负面影响，包括大气污染、水污染和土壤污染等，这些问题需要采取措施加以解决。

三、方案设计与执行

1.燃料使用评估。

（1）收集数据。通过工厂生产计划、财务报表、能源消耗报表等，收集工厂燃料使用相关数据，包括燃料种类、用量、效率和成本等方面。

（2）确定指标。根据收集到的数据，确定评估指标，指标应包括燃料消耗量、燃料使用效率、单位产值能耗、燃料成本等。

（3）分析数据。对收集到的数据进行分析，了解燃料的使用是否存在燃料消耗量过高、能源利用率低、燃料成本高等问题。

2.制定燃料使用目标。

（1）确定标准。工厂首先应确定参考标准，包括参考同行业内其他同类工厂的燃料使用情况、环保法规、能源管理标准等，以这些标准作为制定燃料使用目标的参考依据。

（2）分析现状。分析工厂当前的燃料使用情况，了解燃料种类、用量、效率和成本等方面的数据，对比参考标准，找出存在的问题和瓶颈。

（3）设定目标。根据参考标准和现状分析的结果，设定可行的燃料使用目标，包括减少燃料消耗量、提高能源利用率、降低燃料成本等。

3.控制方案。

工厂应根据燃料使用目标制定相应的燃料使用控制方案。方案内应包括以下内容。

（1）技术改进措施。

①设备更新。将老化设备更换为新型设备，新型设备具有更高的能源利用率、更高的生产效率和更低的维护成本，从而降低燃料的消耗量和成本。

②工艺改进。通过使用节能型生产设备、采用回收再利用技术等工艺改进方式来提高生产效率和能源利用率，减少燃料的消耗量。

③能源管理。采用能源管理体系，建立能源管理规章制度和能源消耗监控系统，通过优化设备运行方式、控制能源消耗峰值等手段来实现能源的有效利用和节约。

④智能控制。采用自适应控制、预测控制、优化控制等先进的智能控制技术，通过对生产过程中的数据进行分析和优化，降低燃料的消耗量，提高能源利用效率。

（2）测量和监测措施。

①燃料计量。对燃料消耗量进行准确计量，可以通过安装燃料计量仪表或者采用质量测量方法来实现。

②燃烧效率监测。对燃烧效率进行监测，可以使用氧气分析仪等设备进行测量，从而了解燃烧过程中的燃料利用率和排放情况。

③温度和压力监测。对设备运行过程中的温度和压力进行监测，可以及时发现问题，并进行调整和维修，从而保证设备正常运行，保障燃料利用效率。

④设备运行监测。对设备运行过程中的能耗情况进行监测，可以了解设备运行的能耗状况，确保异常情况能够得到及时处理。

⑤系统监控。通过建立燃料使用监控系统，对燃料使用情况进行实时监测，及时发现问题并处理，从而降低燃料消耗和成本。

（3）管理措施。

①燃料使用管理。对燃料的使用进行管理，包括制定燃料使用标准、规范使用操作、对设备进行维护保养等。

②燃料损耗管理。对燃料损耗进行管理，包括减少燃料损耗的源头、建立严格的燃料使用监管制度、培训员工关注燃料使用情况等。

③节能技术应用。对燃料使用过程中的能量损失进行管理，包括采用先进的节能

技术、合理规划设备使用等。

④能源管理系统建设。通过建立能源管理系统，对燃料的使用过程进行管理，包括数据监测、能源计量等，以实现燃料使用的优化和节约。

（4）培训和宣传措施。

①设立节能减排委员会，由专门负责能源管理和节能减排工作的人员担任，负责统筹燃料使用的培训和宣传工作。

②制定燃料使用管理制度和操作规程，并通过培训和宣传，让员工掌握制度和规程的内容和实施方法，确保员工能够按照规定进行操作，达到节能减排的目的。

③建立燃料使用信息反馈机制，定期收集、分析和评估燃料使用情况，并及时向员工反馈情况，鼓励员工提出改进建议，不断优化燃料使用管理措施。

④定期组织员工参加节能减排知识培训和技能培训，包括操作技能培训、应急处理培训、管理技能培训等，提高员工的技能水平和燃料使用效率。

⑤建立奖惩机制，对于燃料使用效率高、节能减排措施得到有效实施的员工和部门给予表彰和奖励，对于未能按规定使用燃料、浪费能源的员工和部门进行批评教育和惩罚。

⑥利用工厂内部媒体、网站、微信公众号等渠道，广泛宣传节能减排知识和技术，加强对员工的宣传教育和培训。可以制作宣传视频、海报、小册子等形式的宣传资料，或者邀请专家进行线上或线下的培训和讲座。

4.方案实施。

（1）明确责任。对于燃料使用控制方案的实施，应该明确责任人和责任部门，可以指定一名专人负责燃料使用控制工作，并在工厂内部建立相应的燃料使用控制小组或委员会，负责协调和监督燃料使用的实施情况。

（2）制订计划。在制定燃料使用控制方案的同时，制订具体的实施计划。这个计划可以包括制定时间表、明确实施的步骤和目标、确定监测和评估方法等。

（3）强化培训。为了确保燃料使用控制方案能够得到有效的实施，工厂需要加强对员工的培训，提高员工的技能水平和燃料使用效率。此外，也需要进行周期性的培训，以确保员工的知识和技能得到不断的更新。

（4）监测和评估。工厂应该对燃料使用控制方案的实施情况进行监测和评估。这样可以发现问题并及时纠正，确保燃料使用控制方案得到有效实施。同时，也可以根据监测和评估的结果，调整和完善燃料使用控制方案。

（5）激励和奖励。工厂应该采取激励和奖励措施，鼓励员工积极参与燃料使用控制工作，设立奖励机制，给予燃料使用效率高、能源消耗少的员工或部门表示，或者给予员工一定的节能减排奖金等。

5.方案评估。

（1）监测燃料使用量。对比燃料使用控制方案实施前后的燃料使用量，评估燃料使用效率的改善情况。

（2）比较能源成本。对比燃料使用控制方案实施前后的能源成本，评估燃料使用效率的改善情况。

（3）比较生产效率。对比燃料使用控制方案实施前后的生产效率，评估燃料使用控制方案对生产效率的影响。

（4）实施能耗分析。分析能源消耗情况，分析燃料使用的时间、频率、用量、燃烧效率、能源转换效率等，从而找出能源消耗存在的问题，提高能源利用效率。

（5）实施环境影响评估。燃料的使用会产生一定的环境影响，对环境保护重视的工厂，还需要对燃料使用控制方案实施后的环境影响进行评估，包括对大气、水和土壤等方面的影响进行评估。

（6）进行数据分析。采集燃料使用和生产数据，分析数据变化趋势，查找问题和瓶颈。

（7）经济效益评估。综合考虑节约的燃料成本、减少的能源消耗、提高的生产效率等因素，评估燃料使用控制方案的经济效益。

四、持续改进

1.制订持续改进计划。制订计划以确保方案得到持续改进。计划包括目标、时间表、负责人和所需资源等方面的详细信息。每个阶段的目标应该与工厂的战略和经营计划相一致。

2.进行能源审计。定期进行能源审计，以了解能源的消耗情况，并识别可能存在的问题。通过对流程的监测和分析，找到能源效率问题的根源，并提供改进的建议。

3.建立数据监测系统。建立数据监测系统，使用传感器来收集实时数据以监测燃料使用和生产数据，评估能源效率，识别任何消耗过度的领域，并确定改进措施。

4.利用新技术和设备。利用新技术和设备，提高燃料使用效率，减少能源消耗和废弃物生成，从而实现更高效率的生产。

5.学习借鉴成功经验。学习并应用同行业其他工厂成功的经验和教训，寻找适用于工厂的最佳方案。可以通过与其他工厂交流经验和参加相关行业会议来获取这些信息。

五、成果预测

1.通过控制燃料的使用，能够减少污染物排放量。

2.通过采用更加节能的生产方式，可以提高生产效率，减少生产时间。

3.通过改善设备的维护和保养方案，可以减少设备的损坏和维修费用，减少维护和保养成本。

4.通过降低能源消耗和减少污染物排放量，可以降低对环境的影响。

2.2.3 低值易耗品使用控制细则

本细则可以解决以下问题：一是低值易耗品使用规范和使用标准不明确、不清晰；二是低值易耗品使用管理没有得到有效落实；三是缺乏相关低值易耗品使用人员的考核和奖励机制。

低值易耗品使用控制细则

第1章　总则

第1条　为了规范低值易耗品的使用，提高低值易耗品的使用效率，减少浪费，节约成本，提高工厂效益，特制定本细则。

第2条　本细则适用于工厂低值易耗品的使用管理，除另有规定外，均需参照本细则执行。

第3条　低值易耗品是指那些数量较多、单价较低、使用寿命较短的物品，包括工具、耗材、备件等。它们虽然单价不高，但是在生产过程中却起到了不可忽视的作用。合理控制低值易耗品的使用和管理，能够有效提高生产效率，降低生产成本，提高工厂的竞争力。

第2章　制定使用规范

第4条　明确低值易耗品使用的范围，包括哪些部门或岗位可以使用，使用的时间和场合等，确定使用范围时应考虑以下内容。

1.工艺流程。低值易耗品使用范围应该与工艺流程相对应，只在必要的环节使用，并且按照规定的方法使用。

2.作业场景。根据作业场景确定低值易耗品的使用范围，在特殊场合可能需要使用特殊的低值易耗品。

3.使用人员。明确使用低值易耗品的责任人，仅授权的人员可以使用，未授权的人员不得使用。

4.产品要求。低值易耗品使用范围应该根据产品质量要求来设定，只有在满足产品质量要求的前提下才能使用。

第5条　规定低值易耗品的使用标准，包括使用方法、使用次数、使用数量等，确保低值易耗品使用符合工艺流程和质量要求。不同类型的低值易耗品具有不同的特点，在制定使用规范时需要根据其特点制定相应的规范。以下是一些常见的低值易耗品类型及其特点。

1.办公用品。包括笔、纸张、文件夹等。这类低值易耗品使用频率较高，但单次使用量很少，工厂应重点关注库存管理和使用次数的限制。

2.清洁用品。包括洗洁精、清洁布、拖把等。这类低值易耗品使用频率较高，使用量较大，使用规范应重点关注使用量的控制和使用频率的限制，避免浪费和过度使用。

3.工具用品。包括螺丝刀、扳手、电钻等。这类低值易耗品使用频率较低，使用规范应重点关注维护保养的要求，以延长使用寿命。

4.安全用品。包括手套、安全帽、口罩等。这类低值易耗品使用频率较高，使用规范应重点关注使用时机和使用次数的限制，以保证工作安全。

第6条　明确哪些部门、岗位或个人需要对低值易耗品的使用负责，需要考虑到不同类型的低值易耗品和共使用场景，具体情景有以下几种。

1. 在生产车间中，对于某些特定的低值易耗品，需要明确具体的操作人员和监管人员。

2. 在行政部门中，需要由主管领导和行政助理等共同管理和使用办公用品。

第7条　对于低值易耗品使用的责任人，工厂需要建立相应的考核机制，以确保其认真履行职责。考核内容包括低值易耗品的领用、使用、损耗率等方面，对不合格者进行问责或处罚，对表现优秀者进行奖励和激励。

第8条　建立低值易耗品领用流程，规范低值易耗品的领用、发放和归还等流程。流程中需要包括领用人员的身份确认、低值易耗品的数量确认、日期确认等。

第9条　制定低值易耗品领用申请表，对领用数量和使用目的进行记录和审批，并对领用人进行培训和考核。

第10条　建立低值易耗品使用的监督检查机制，对低值易耗品使用情况进行定期检查和评估，发现问题及时整改并追究责任。

第11条　工厂在使用规范中还应该对低值易耗品的损坏、丢失和浪费等行为制定相应的处罚措施，以提高员工对低值易耗品的重视程度。

第3章　低值易耗品使用管理

第12条　低值易耗品使用应符合工厂的安全、环保、节能要求，严禁违反相关法律法规，不得滥用或浪费。

第13条　低值易耗品的使用应符合工厂的质量管理要求，避免因低值易耗品质量不合格导致生产事故或质量问题。

第14条　每个部门都应根据自己的业务特点和使用需求制订相应的低值易耗品使用计划，确保物资的有效利用。

第15条　员工应按照标准操作程序使用低值易耗品，确保使用过程中不发生浪费和额外损耗，具体要求可参考以下几点。

1.对于需要使用专业工具的低值易耗品，应培训相应的操作技能，确保正确使用，避免人为损坏和浪费。

2.在使用低值易耗品的过程中，应注意维护设备的清洁和完整，避免因设备损坏导致物资浪费和生产受阻。

3.对于多人共用的低值易耗品，应明确使用和管理的责任人和范围，并建立监督机制，确保物资的安全和有效使用。

第16条　建立低值易耗品的清点记录和使用记录，记录每次的清点和使用情况，及时更新库存数量和使用情况。

第17条　对低值易耗品的使用情况进行定期检查，如有需要，进行定期保养和维修，以保证其能够正常使用。

第18条　工厂对低值易耗品的使用进行监督检查时，可以采取以下措施。

1.工厂应对员工的低值易耗品使用行为进行监督，及时纠正不规范行为，防止低值易耗品的浪费和损失。

2.制订巡查计划，定期对各个使用场所进行巡查，检查低值易耗品的储存、使用情况，发现问题及时处理。常用检查方式有以下两种。

（1）抽样检查。针对低值易耗品使用情况进行抽样检查，检查低值易耗品的使用量是否符合标准，损耗情况是否合理。

（2）随机抽查。不定期对使用低值易耗品的人员进行检查，检查其对低值易耗品的使用是否符合规定，防止低值易耗品的浪费和滥用。

3.工厂须在重点场所安装监控设施，实时监测低值易耗品的使用情况，防止出现盗窃、员工操作不当等问题。

4.建立反馈机制。对检查发现的问题及时反馈给使用人员和管理人员，要求他们立即整改，并对整改情况进行跟踪。

第19条　加强员工培训和宣传，提高员工对低值易耗品的认识和管理能力。培训内容可以包括低值易耗品的种类、使用规范、损耗控制方法等。

第4章　低值易耗品损耗管理

第20条　对于每种类型的低值易耗品，工厂应该根据其特点和使用情况，通过分析历史数据或者实验测试等方式来确定损耗率，并将其纳入管理措施中。具体损耗评估可参考下面几个步骤。

1.确定损耗的类型。损耗可以分为以下两类：

（1）自然损耗是指由于时间、环境、质量等因素导致的损耗，包括化学品的挥发、腐蚀等；

（2）人为损耗是指由于人为操作不当或故意损坏导致的损耗。

2.确定损耗评估方法。具体损耗评估办法有以下三种：

（1）盘点法是通过对库存的盘点来计算损耗的数量。

（2）称重法是将使用前后的物品进行称重，计算出使用量和损耗量。

（3）计算法是根据生产的数量和使用量来计算损耗量。

3.评估损耗率。通过对损耗量和使用量的比较，计算出损耗率，帮助工厂了解物资的使用情况，从而采取相应的措施进行管理和节约。

第21条　低值易耗品的损耗往往与质量有关，工厂需要对低值易耗品的质量进行控制。包括制定相应的质量标准和检验规范等，并严格执行。对于不符合标准的低值易耗品，应该及时处理或者淘汰。

第22条　对于容易损耗的低值易耗品，工厂须采用先进的库存管理技术和合理的管理方法，包括按需采购、定期盘点等，确保库存量在合理范围内，避免过量储备导致过期、损坏等情况。

第23条　通过定期培训、技能比赛等方式加强对员工的低值易耗品使用培训，让员工掌握正确的使用方法和注意事项，降低低值易耗品的损耗率，提高员工的使用水平和自我管理能力。

第24条　将低值易耗品的损耗率作为绩效考核指标之一，纳入员工绩效考核和奖惩机制中，激励员工重视低值易耗品的使用和管理，进一步降低损耗率。

第5章　建立奖惩机制

第25条　建立员工对低值易耗品的浪费控制的奖励机制，需要考虑到具体的考核指标和考核方法。以下是一些常见的考核指标和方法。

1.损耗量。通过记录每个员工使用低值易耗品的数量来考核其对低值易耗品的浪费控制情况。该指标可以通过对比员工之间的使用量差异，来评估员工的表现。

2.损耗率。通过记录每个员工使用低值易耗品的损耗率来考核其对低值易耗品的浪费控制情况。该指标可以通过对比员工之间的损耗率差异，来评估员工的表现。

3.节约成本。通过记录每个员工控制低值易耗品浪费所节约的成本来考核其对低值易耗品的浪费控制情况。该指标可以直观地反映员工的表现。

第26条　根据现代工厂低值易耗品使用控制细则中设定的指标来进行奖惩，设定一些阈值作为评估标准，规定每个部门每月使用量不能超过一定数量，损耗率不能超过一定比例，节约成本不能低于一定金额等。

1.对于达到或超过标准的部门或个人，可以给予一定的奖励，包括发放奖金、表彰荣誉等。

2.而对于未达到标准的部门或个人，可以给予一定的惩罚，包括降低绩效评级、停止奖金发放等。这样可以激励员工更加注意节约使用低值易耗品，有效控制成本和减少浪费。

第27条　建立奖励制度，设立月度、季度、年度的优秀员工奖项、优秀团队奖项等，并给予相应的现金奖励，以表彰在低值易耗品使用控制方面表现出色的员工和部门。

第6章　附则

第28条　本细则由生产部负责编制、解释与修订。

第29条　本细则自××××年××月××日起生效。

2.3　外购半成品及包装材料成本控制

2.3.1　外购半成品及包装材料成本控制问题清单

外购半成品及包装材料成本控制问题清单如表2-4所示。

表2-4　外购半成品及包装材料成本控制问题清单

序号	问题	具体描述
1	供应商不稳定	供应商的质量控制、交货时间和价格不稳定，会给工厂带来很大的风险
2	质量不符合要求	外购的半成品和包装材料的质量不符合要求，会导致产品不合格，影响工厂的声誉和销售情况
3	价格波动大	外购的半成品和包装材料的价格会随着市场变化而波动，增加生产成本
4	无法按时交货	供应商不能按时交货，会导致工厂的生产计划受到影响，甚至无法按时交货，影响销售情况和客户关系
5	库存管理不善	外购的半成品和包装材料存放不当或者库存管理不善，会导致材料的损坏、过期或丢失，从而增加生产成本

2.3.2　外购半成品采购及质量控制实施方案

本方案可以解决以下问题：一是外购半成品采购流程不标准、不清晰；二是外购半成品供应商的筛选不合理，评估内容不完整；三是外购半成品的质量控制措施没有得到有效落实。

外购半成品采购及质量控制实施方案

一、目标

确保工厂在生产过程中采购到合格的半成品，并将其顺利地投入到生产中去，保证产品的品质、成本和交货限期。

二、现状及问题

1.供应链管理问题。工厂通常需要从多个供应商处采购半成品，这些供应商分布在不同的地理位置，具有不同的文化和语言背景，如何有效管理这些供应商，确保供应链的可靠性和稳定性是一个挑战。

2.质量控制问题。外购半成品的质量直接影响到最终产品的质量，工厂需要对外购半成品进行严格的质量控制。

3.成本控制问题。外购半成品通常占据了制造成本的一部分，如何控制采购成本是现代工厂需要考虑的问题之一。

4.交付时间压力。工厂需要在规定的时间内生产出符合市场需求的产品，如何保证外购半成品的及时交付，以避免生产中断或延误，是工厂需要解决的问题。

5.物流管理难题。如何管理运输、仓储和配送等物流环节，确保半成品安全和准确地送达，是工厂需要解决的问题。

6.知识产权风险。外购半成品可能涉及知识产权问题。工厂需要确保采购的半成品不会侵犯他人的知识产权。

三、方案设计与执行

1.建立标准化采购流程。

（1）制定采购流程图，明确整个采购过程中需要经过哪些步骤、需要哪些文档，以及每个步骤的责任人和时限等。

（2）根据采购流程图，制定采购流程管理制度，规定采购流程的操作规程、流程控制措施、质量控制措施和纠错机制等，确保采购流程的标准化和规范化。

（3）根据企业的需求和采购的物资，制定采购合同模板和标准化文档，明确采购合同的内容和要求，确保采购合同的合法性和有效性。

（4）建立采购记录管理制度，对采购过程中的各种信息进行记录和保存，包括采购计划、采购合同、采购订单、验收记录、质量评估记录等，以便后续查阅和审核。

（5）建立采购风险控制机制，对采购过程中可能存在的各种风险进行识别、分析和评估，并采取相应的措施进行控制和管理，以确保采购过程的稳定和可控。

2.供应商筛选与审核。

（1）制定供应商评估标准。工厂应根据自身的采购需求，制定适合自己的供应商评估标准。具体指标可参考以下几种：

①质量要求。供应商的质量管理体系是否符合ISO 9001等相关标准，是否拥有质量检测设备和检测能力，是否能够提供质量报告等。

②服务水平。供应商是否能够按时交货，是否能够提供专业的售后服务和技术支持等。

③成本控制。供应商的价格是否合理、付款方式是否灵活等。

④其他因素。供应商的信誉、资质证书、环境和社会责任等是否符合标准。

（2）搜寻潜在供应商。通过互联网、贸易展览会、采购目录、行业协会等多种渠道搜寻供应商，筛选出符合自身需求的潜在供应商，并将其记录在供应商档案中。

（3）评估供应商。采用供应商评分表等评估工具，对供应商的质量、技术、管理、服务等方面进行评估，确定哪些供应商符合工厂的要求。具体评估方式有以下几种：

①通过询问供应商的质量管理人员、检查质量控制文件，以及实地考察等方式来评估供应商的质量管理体系。

②通过查看供应商的工厂和设备、检查供应商的技术文件和资料、考察供应商的生产流程等方式来评估供应商的技术水平和生产能力。

③通过询问供应商的销售代表、考察供应商的库存状况和交货记录等方式来评估供应商的服务水平和交货能力。

④通过比较不同供应商的价格和商务条件、询问供应商的付款方式和交易条款等方式来评估供应商的价格和商务条件。

⑤通过参考供应商的历史交易记录、咨询其他工厂或供应商、查阅相关报道和公开信息等方式来评估供应商的信誉和声誉。

（4）筛选供应商。根据评估结果，筛选出符合自身要求的供应商，并将其列入采购清单。同时工厂应根据评估结果，确定合适的供应商数量，避免供应商过多造成管理困难。

（5）与供应商建立合作关系。对于通过筛选的供应商，工厂应与其建立长期的合作关系，签订合同并定期进行质量管理和监督。

3.加强采购合同管理。

（1）合同条款。明确规定采购的半成品名称、型号、数量、价格、交货期限、结算方式、质量要求、验收标准、赔偿责任等内容。在确定条款时，应考虑到实际采购情况及供应商的合理要求，并尽量避免模糊不清的条款和规定。

（2）合同签订。在签订合同前，需要核实供应商的资质和信誉，并确保其有合法经营资格和经营能力。签订合同时，应将条款和要求以书面形式明确记录下来，避免后期产生纠纷。

（3）合同执行。严格按照合同要求进行验收和结算，及时记录和保存相关资料。如果出现任何问题或变更，应及时与供应商进行沟通，并通过书面形式进行确认和记录。

（4）合同管理。对于长期合作的供应商，可以建立供应商档案，对其经营状况和质量水平进行定期评估。对于供应商违约或产生质量问题等情况，应及时与其进行协商和处理，同时采取相应的惩罚措施。

4.保险管理。

（1）工厂应全面了解采购过程中可能遇到的风险，包括货物损失、质量问题、交付延误等，并根据不同的风险类型，选择适当的保险类型。

（2）针对不同的采购风险，工厂应选择不同的保险类型进行投保。具体保险类型可参考以下几种：

①运输保险。保障半成品在运输过程中发生的交通事故、自然灾害等因素导致货物损失或损坏的风险。

②仓储保险。保障半成品在储存过程中发生的意外事故，包括火灾、水灾等导致货物损失或损坏的风险。

③质量责任保险。保障半成品在采购和使用过程中发生质量问题对工厂造成损失的风险。

④信用保险。保障半成品在采购付款过程中出现的供应商违约、支付的风险。

⑤产品责任保险。保障半成品在使用后导致成品质量问题，对第三方造成损失的风险。

（3）制订明确的保险计划和政策，规定保险投保的标准、范围、金额等，确保保险的有效性和充分性。同时，还应明确保险的理赔条件和程序，确保在保险事故发生时能够及时处理。

（4）选择可靠的保险公司作为保险合作伙伴，建立长期的合作关系，在选择保险公司时，要考虑保险公司的信誉、资金实力、投保记录等方面内容。

（5）一旦发生保险事故，应及时与保险公司联系，详细说明事故情况，并按照保险合同的要求提供相关资料，积极跟进事故处理进程，确保保险公司能够及时理赔，减轻损失。

5.入库检验。

（1）质检部门应建立符合国家法律法规及工厂质量要求的检验标准，明确外购半成品的检验项目、检验方法、检验标准、验收质量等内容。具体检验项目有以下几种。

①外观检验。检验产品的表面平整度、色泽、大小、形状、划痕、凹陷、氧化等。

②尺寸检验。根据产品的图纸或客户提供的规格书进行测量，包括长度、宽度、高度、直径、厚度等。

③物理性能检验。检验产品的硬度、拉伸强度、压缩强度、抗冲击性能、抗压性能、抗张强度等。

④化学成分检验。根据产品的材料和用途确定相应的化学成分检验标准，包括元素含量、化学反应性能等。

⑤安全检验标准。制定相应的安全检验标准，包括有害物质含量、细菌、病毒等。

（2）采用随机抽样、分层抽样等合理的抽样方案，确保所检样品具有代表性和可靠性。具体要求如下：

①抽样数量要足够，保证样品具有代表性。抽样数量的大小应该根据产品特性、生产规模、抽样方案、检验要求等因素综合考虑，确定合理的抽样数量。

②抽样标准严格。为确保样品的质量达到预期的要求，抽样标准应该根据产品特性、生产工艺、检验要求等因素制定，以确保抽样结果具有可对比性和可靠性。

③抽样过程记录详细。为确保抽样过程具有可追溯性和可重复性，抽样过程应该记录抽样时间、抽样地点、抽样方法、抽样数量、抽样人员等信息。

（3）严格执行检验程序。质检人员在检验前要根据检验标准进行检验准备工作，包括样品采集、标识、保管等。在检验过程中，要严格按照检验标准执行，对不合格的外购半成品要及时予以退货或协商处理。

（4）质检人员对每批次的外购半成品都要建立检验记录，记录检验结果、检验人员、检验时间、不合格处理办法等内容。检验记录要及时归档，并建立档案管理制度。

6.问题解决。

（1）在出现供应商无法按照要求交货或质量不符合要求的情况时，工厂应及时与供应商进行沟通，协商解决办法。

（2）对于外购半成品交货延迟的情况，工厂应在合同中规定好交货期限，并与供应商签订违约赔偿协议，若供应商未能按期交货则要求其支付违约金。

（3）与供应商签订长期合作协议，规定价格变动幅度及调整周期，双方在合同中确定价格稳定性，避免因价格波动带来的成本压力。

（4）检验结果与质量要求不符时，要及时通知供应商，要求其解决问题，并根据实际情况适时调整抽样数量或检验方法，确保检验结果的准确性。

（5）对于外购半成品质量问题导致的产品质量问题，工厂应及时与供应商沟通并要求供应商作出纠正措施，对已经发生的问题进行调查和追溯，对于存在安全隐患的产品应及时通知客户，主动采取措施进行回收或退货处置。

四、持续改进

1.从供应商、客户、内部员工和其他相关方面收集反馈信息，包括采购流程、质量控制、服务等方面，以确定改进方向。

2.定期对供应商进行评估，并据此制订改进计划。评估内容包括供应商交货时间、产品质量、售后服务、价格等因素，以及供应商在协助解决问题和改进方面的表现。

3.收集和分析采购及质量控制相关的数据，包括供应商交货时间、产品质量问题的数量、处理时间、成本等指标。通过分析数据来识别问题和机会，制定改进措施。

4.加强员工培训和内部沟通，向员工传达质量意识和持续改进的重要性。

5.制订持续改进计划，确定具体的目标、计划和时间表，明确改进的优先级和责任人。对于不同的改进项目，可以采用PDCA模式，逐步推进改进过程。

五、成果预测

1.通过制定标准化采购流程、优化采购方式和合理评估供应商等措施，能够使成本得到有效控制。

2.通过建立完善的质量管理体系，实施严格的质量控制措施，加强供应商管理和合作，可以有效提升外购半成品的质量水平。

3.通过优化供应商选择和管理，建立供应商稳定性评估机制，以及建立风险管理体系等措施，可以有效提升供应链的稳定性和可靠性。

4.通过维持外购半成品的质量和保持供应链稳定，可以有效减少生产过程中的不良品和生产停滞时间，提高生产效率和生产线利用率。

2.3.3 包装材料外协加工成本控制实施方案

本方案可以解决以下问题：一是包装材料外协加工供应商选择不当；二是包装材料外协加工方和委托方的责任划分不清；三是缺乏专人监督包装材料外协加工进度和质量控制。

包装材料外协加工成本控制实施方案

一、目标

在保证产品质量和包装要求的前提下，通过对外协加工成本实施控制，提高外协加工质量，降低外协加工成本。

二、定义

包装材料外协加工成本是指工厂为了生产包装材料而让外部供应商或合作伙伴外协加工所产生的成本，如表2-5所示。

表2-5 包装材料外协加工成本

类型	具体内容
原材料成本	外协加工所需原材料的采购成本
加工成本	外协加工所需的加工成本，包括人工费用、机器设备折旧费用等

类型	具体内容
质检成本	外协加工完成后，需要进行质检，检测其是否符合要求。质检成本包括人工费用、检测设备费用等
物流成本	包括从原材料的采购、运输到外协加工的物流费用，以及从外协加工厂家运回自己工厂的物流费用等
管理成本	管理外协加工过程产生的成本，包括对供应商的管理、监管、协调和沟通的成本

三、现状及问题

1.不合适的包装厂家或加工厂家可能导致加工成本增加、质量降低、交货期延迟等问题。

2.加工过程中可能存在材料浪费、加工质量不稳定、交货期延迟等问题。

3.包装材料加工的质量问题可能导致包装不牢固、易损坏，或者无法满足客户的要求，影响产品的销售和工厂的声誉。

四、方案设计与执行

1.选择合适的供应商。

（1）选择合适的供应商是控制包装材料外协加工成本的关键。以下是选择合适供应商的几个关键因素：

①选择具备足够生产能力和技术水平的供应商，确保其能够按时交货并保证产品质量。

②选择能够保证产品质量的供应商，确保供应商的产品符合标准、质量稳定、有可追溯性等。

③选择价格合理、交易条件公平、合同条款明确的供应商，确保采购成本可控。

④选择服务态度好、响应迅速、服务能力强的供应商，确保及时解决问题。

⑤选择信誉好、经营稳定、具备合法资质的供应商，以避免因供应商的财务状况不稳定或经营不善导致的风险。

⑥选择距离适中、交通便利的供应商，以降低物流成本和运输时间。

（2）对供应商的能力进行评估是选择合适的供应商的关键步骤。评估需要从以下几个方面进行：

①供应商资质审核。审核财务状况、生产设备、技术水平等，确保其具备合法资质、生产能力和技术实力。

②实地考察供应商。实地考察供应商的生产设施、生产流程、质量管理体系等情况，了解其生产能力和生产管理水平。

③样品检测。向供应商索取产品样品并对其进行检测，了解供应商的产品质量是否符合要求。

④供应商的质量管理能力评估。评估供应商的质量管理体系、质量管理流程等情况，对其质量管理能力进行综合评估。

⑤供应商的服务能力评估。评估供应商的售后服务水平、响应速度、服务态度等。

2.明确责任和义务。

（1）外协加工厂商。

①生产合格的产品。外协加工厂商应保证生产出的产品符合国家法律法规和相关标准的要求，并按照委托方提供的技术要求和质量标准进行生产。

②保护委托方的商业秘密和知识产权，不得泄露和私自使用。

③建立质量管理体系，加强对生产过程和产品质量的控制和检验，确保生产的产品符合质量要求。

（2）委托方。

①提供明确的技术要求和质量标准，确保外协加工厂商能够按照要求进行生产和质量控制。

②派遣专人对外协加工过程进行监督和检查，确保生产过程的合规性和产品的质量符合要求。

③协助外协加工厂商解决生产过程中出现的问题，并提供技术支持。

3.专人监督管理。

在外协加工过程中，工厂应派专人负责外协加工过程的监督和管理。具体工作职责如下：

（1）确定外协加工的要求和标准，并传达给供应商，确保外协加工符合采购商的要求和标准。

（2）监督外协加工进度，及时跟进外协加工的进展情况，确保外协加工成品能按时交付。

（3）对外协加工的成品进行检查，确保其质量符合采购商的要求和标准。

（4）及时处理外协加工过程中出现的问题，确保问题能够得到及时有效的解决，避免影响外协加工的进度和质量。

（5）与供应商建立良好的沟通渠道，及时了解外协加工的情况，并及时回应供应商的反馈和问题。

4.严格控制质量。

（1）质量检验是确保外协加工产品质量的重要手段，在进行验收时，工厂应对外协加工产品进行详细检查。常见的检查项目如下：

①外观检验。通过目视或放大镜观察产品的外观，检查产品表面的缺陷、瑕疵和异物等问题。

②尺寸检验。使用测量工具对产品的尺寸进行精确测量，检查尺寸是否符合产品标准。

③功能检验。模拟实际使用场景，对产品的功能进行测试，包括对产品的耐压、防潮、防撕裂等性能进行测试。

④化学分析。使用化学分析方法对产品的化学成分和材料组成进行检测，以确定产品的质量和材料是否符合标准。

⑤物理性能测试。使用物理性能测试仪器对产品进行力学、热学等性能测试，包括拉伸强度、耐磨损性等测试。

（2）及时记录和整理每一次的质量检验结果，生成检验报告，以便跟踪和分析质量问题。

（3）对于发现的质量问题，要及时进行处理和反馈，确定问题的原因，并采取相应的纠正措施，防止问题再次发生。

（4）建立外协加工厂商和工厂之间的质量反馈机制，及时沟通和反馈质量问题，以便加强质量管理和改进。

五、持续改进

1.建立外协加工反馈机制，通过定期开会或电话沟通等方式，收集供应商的反馈和建议，同时对整个外协加工过程进行跟踪并记录相关数据，以便在后续改进过程中使用。

2.定期评估外协加工厂商的绩效和能力，包括交货时间、质量和价格等，建立供应商绩效评估体系，并将其作为是否继续合作的决策依据。

3.基于反馈和评估结果，采用新技术、新材料或新工艺等，不断寻求改进的机会，以提高效率和质量。

4.组织内部培训或邀请外部专家对员工进行培训，提高员工的技能和知识水平，以更好地应对包装材料外协加工过程中出现的问题，并不断优化改进过程。

5.利用信息化技术，建立数字化的外协加工过程管理系统，帮助工厂更好地跟踪供应链信息，实现数据共享，提高效率和减少错误，发现潜在的问题和改进机会。

六、成果预测

1.通过建立成本核算系统，控制加工成本、材料成本等各项费用，能够有效地降低外协加工的成本，提高工厂盈利能力。

2.通过建立严格的质量控制机制，加强对外协加工厂商的监督和管理，规范生产过程和标准，能够保证产品质量的稳定性和一致性。

3.通过对供应链的优化和管理，提高供应商的配合度和交货速度，能够缩短订单交付周期，提高客户满意度。

4.通过对供应商的评估和选择，加强对外协加工厂商的监督和管理，能够规避质量、交货等方面的风险，确保工厂的稳健发展。

2.4 直接材料成本控制如何"降本增利"

2.4.1 直接材料成本"降本增利"实施要点

直接材料成本在工厂成本中占据较大比重，直接材料成本"降本增利"对于增加工厂利润具有重要意义。直接材料成本"降本增利"实施要点如图2-1所示。

1.优化采购计划。制订科学的采购计划，根据生产计划和销售计划，合理安排采购时间和数量，以降低采购成本。

2.优化采购渠道和供应商选择。通过比价、竞价等方式选择性价比更高的供应商，降低采购成本。

3.控制材料库存。科学预测材料需求和库存水平，减少库存积压和损失成本。

4.优化生产流程。对生产过程中的浪费和不必要的成本进行控制，降低整体成本。

5.应用科学技术手段。推行标准化和自动化生产，提高生产效率和质量，降低生产成本。

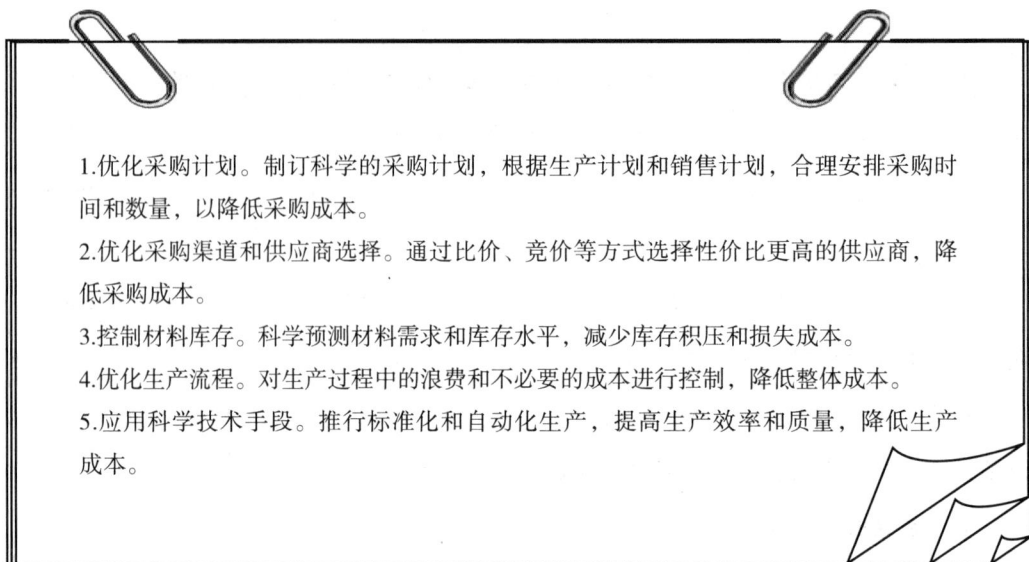

图2-1　直接材料成本"降本增利"实施要点

2.4.2　直接材料成本"降本增利"实施细则

本细则可以解决以下问题：一是直接材料成本管理措施没有得到有效落实；二是直接材料成本的使用缺乏规范和标准；三是废料没有得到有效利用；四是直接材料成本控制方案没有实现持续改进。

直接材料成本"降本增利"实施细则

第1章　总则

第1条　为了帮助工厂更好地管理和控制直接材料成本，避免材料的浪费和损耗，提高生产效率和质量，减少成本，提高工厂收益，特制定本细则。

第2条　本细则适用于工厂直接材料成本的管理，除另有规定外，均需参照本细则执行。

第2章　费用管理控制

第3条　采购方面的控制措施。

1.建立供应商评价体系，根据供应商的产品质量、交货时间、服务水平等综合因素进行评估，选用价格合理且质量可靠的供应商。

2.实现采购标准化和集中化管理，减少采购环节的决策成本，提高采购效率。

3.对采购周期进行管理，避免过多的材料积压占用成本。

第4条　库存管理的控制措施。

1.对库存进行分类管理，合理规划库存量，避免库存积压，降低库存成本。

2.定期进行库存盘点，及时更新库存状况，避免库存物资质量下降或过期等问题。

3.优化库存周转率，通过加强销售预测和生产计划，尽量避免库存积压和过多的废品损耗。

第5条　生产工艺优化的控制措施。

1.改进生产工艺，提高生产效率和质量，减少废品损耗率，降低直接材料成本。

2.加强设备维护和保养，延长生产设备的使用寿命，降低设备更换和维修成本。

3.提高生产过程中的自动化程度，实现材料使用的最小化，减少人工干预所带来的误差和成本。

第6条　精细化管理的控制措施。

1.加强对直接材料成本的监督和管理，建立成本核算体系，制定合理的成本核算标准和计算方法，实现成本的精准控制。

2.培养员工的成本意识，增强节约意识，提高员工对成本控制的认识和参与度。

3.通过建立绩效考核制度，鼓励员工提高生产效率，推动精细化管理，降低成本。

4.制定合理的物资管理政策，使用先进的物资管理系统，加强对物资需求计划和物资采购计划的管理和控制，避免材料的积压和浪费。

5.通过技术创新和生产流程优化等方式，提高生产效率和质量，降低生产成本，为直接材料成本的控制提供更多的保障。

第3章　材料使用控制

第7条　工厂车间材料的发放方式可分为两种，具体如下：

1.常规性、周期性、批量大的材料应该采取用多少领多少、如实登记的材料发放方式，该方式能够避免材料浪费，降低生产成本。

2.对于工作量一定的计件生产应该采取一次性分配与工作量相适应的材料数量，该方式能够实现定额给料，避免材料浪费。

第8条　各车间应指定专门人员负责记录和监督材料分发和使用情况，确保车间员工在生产过程中没有违反材料使用规定，没有材料浪费、材料损坏等现象发生，并就发现的问题及时形成报告，向上级汇报。

第9条　生产人员必须遵循"先进先出"的原则使用材料，确保材料的使用顺序，避免材料过期造成损失。

第10条　材料使用前，生产人员须核对材料品名、规格、批号、数量、质量等，确认材料各项指标符合质量要求后方可投入生产，以降低废品率和次品率。

第11条　各生产车间应对历史材料消耗数据和市场趋势进行分析，预测材料消耗量，进行合理的库存控制，避免出现库存材料过多或过少的情况，造成资源浪费或不足。

第12条　对于半成品、原材料等，应按照其种类和规格分类存放，并使用标识牌或标签用以区分，避免材料的混淆和错误使用。

第13条　对于易受损、易受潮的特殊材料，各生产车间须采取相应的保护措施，包括轻拿轻放、小心作业、加盖防潮罩、使用密封袋、存放在特定的温湿度环境下等，避免材料受损。

第14条　对于常用材料，生产部门应进行定期检查，并按照需求量和库存量进行补充，确保现场材料库存充足，避免影响生产，造成工厂损失。

第15条　根据生产需要引进智能化、自动化的生产设备和工具，减少对人工的依赖，提高生产效率和材料利用率，避免由于人工操作不当造成的材料浪费。

第16条　生产部对生产工艺和流程进行优化，减少非必要的生产环节和材料使用，提高生产效率，降低生产成本。

第17条　生产部对生产过程中的各个环节进行控制，确保质量符合要求，减少废品率和次品率，减少材料的非必要消耗。

第18条　各车间负责人须定期组织人员对生产现场进行清理和整理，确保材料存放位置的清晰和有序，避免材料遗失或混淆。

第19条　建立材料回收机制，将生产活动中产生的废弃材料、边角料等进行回收利用，减少材料的浪费。

第20条　加强对员工的培训，树立节约材料的意识，提高员工对材料使用的重视程度，减少不必要的材料浪费。

第21条 对于有效控制材料浪费的员工或部门，工厂可为其颁发节约材料奖，给予员工或部门相应的现金奖励，以激励员工和部门在材料浪费控制方面的积极行动。具体奖金数目应该考虑到以下几个因素：

1.节约的数量。员工或部门节约的材料数量越多，奖金应越高。

2.节约的成本。不同种类的材料成本不同，节约不同种类的材料应该有不同的奖金划分标准，对于成本较高昂的材料应给予更多的奖金。

3.节约的难度。有些材料比较容易节约，有些材料则比较难节约，工厂应根据材料的节约难易程度进行具体奖金数目的设置。

4.节约的效果。对于成本节约效果显著的员工或部门，应该给予更多的现金奖励。

第22条 对于在现场材料浪费控制方面表现出色的员工，颁发优秀员工奖，一次性给予相应的奖金，以表彰其在节约材料、降低成本、提高生产效率方面的突出贡献。

第23条 将现场材料浪费控制纳入部门绩效考核体系，以激励员工和部门在材料浪费控制方面的表现，并设立回收利用奖，鼓励员工将废弃材料回收再利用，降低材料成本。

第4章 废弃材料控制

第24条 生产部应将金属、玻璃、纸张等可进行二次利用的废料、边角料和包装材料等收集起来，并分类堆放，留待二次利用，减少材料浪费。

第25条 对于特殊性质或有毒有害的废料，应该采取安全填埋、高温焚烧等特殊处理方式，避免对环境和人体造成危害。

第26条 在处理废料时，应严格遵守相关的环保法规，采用环保、安全、经济的处理方式，降低废弃物对环境的影响。

第27条 对于成功处理生产废料的员工或部门，可以颁发废料处理成果奖，给予相应的现金奖励，以表彰其在废料处理方面的突出贡献。具体的奖金数目应考虑以下几个因素。

1.基于处理效果划分奖金：根据废料处理的效果，包括处理量、处理后的降解效果等划分奖金，废料处理效果越好的员工获得的奖金越高。

2.基于节约成本划分奖金：将废料处理后节约的成本作为奖金的划分标准，成本节约得越高，员工获得的奖金越高。

3.基于环保效益划分奖金：将废料处理后的环保效益作为奖金划分的标准，环保效益越高的员工，获得的奖金越高。

第28条　对于开发新的废料处理技术或优化废料处理流程的员工或部门，可以颁发废料处理技术创新奖，给予相应的现金奖励；对于表现十分优秀的，可进行职位晋升。具体的资金数目应考虑以下几个因素。

1.基于技术创新程度划分奖金：根据技术创新程度，包括新技术、新工艺的创新度等，划分不同等级的奖金，技术创新度越高，获得的奖金越高。

2.基于技术的实用性划分奖金：将技术创新的实际应用效果作为奖金划分的标准，技术的实用性越好，获得的奖金越高。

3.基于技术创新所带来的经济效益划分奖金：将技术创新所带来的经济效益作为奖金划分的标准，经济效益越高，获得的奖金越高。

第29条　将废料处理工作纳入绩效考核体系，激励员工和部门在废料处理方面的积极表现，使其在工作中更加注重废料减量、资源回收和环境保护。

第5章　效果评估和改进

第30条　直接材料成本控制措施的评估指标应该与控制措施的目标一致，通常包括以下几个方面：

1.降低直接材料成本。此指标通常是工厂直接材料成本控制措施的主要目标之一。

2.提高效率。直接材料成本的高效利用，包括减少废料和提高库存周转率等。

3.提高质量。控制直接材料成本的同时，保证产品的质量，避免质量问题的出现，包括退货、索赔等。

4.控制库存。控制库存量和库龄，控制存货周转率。

第31条　为了评估控制措施的效果，需要收集与评估指标相关的数据。这些数据应包括以下几个方面：

1.直接材料成本。每个采购订单的成本及每个批次的成本。

2.采购量。每个订单的采购量及每个批次的采购量。

3.库存量。每个库存订单的数量及库龄。

4.产量。产出的总量及每个批次的产量。

5.质量问题。产品的质量问题数量、种类及原因等。

第32条　在收集数据之后，需要对数据进行分析，找出现有的问题和改进的空间。数据分析主要有以下几种方式：

1.数据可视化。用图表和图形将数据呈现，以便更直观地了解数据。

2.变异分析。通过查看数据的变化，找出哪些因素导致成本的波动，如价格变化、采购量、库存量等。

3.根本原因分析。找出成本波动的根本原因，以便针对性地制定控制措施。

第33条　将实际效果与预期效果进行对比，如果直接材料成本的控制没有达到预期目标，应对产生差距的原因进行分析，确定后续改进方向和可行性措施。

第6章　附则

第34条　本细则由财务部负责编制、解释与修订。

第35条　本细则自××××年××月××日起生效。

03

工厂直接人工成本"精进化"

3.1　自招自聘生产人员薪酬成本控制

3.1.1　自招自聘生产人员薪酬成本控制问题清单

自招自聘生产人员薪酬成本控制问题清单如表3-1所示。

表3-1　自招自聘生产人员薪酬成本控制问题清单

序号	问题	具体描述
1	结构不合理	薪酬结构设计不合理，薪酬水平过低，缺乏市场竞争力；薪酬水平过高，无法合理控制薪酬成本
2	福利不灵活	生产人员福利项目多，但缺乏针对性、灵活性，导致薪酬成本高
3	激励不落地	◆缺乏有效的生产人员绩效考核机制，既无法激励员工努力工作、提高生产效率，又造成薪酬成本的浪费 ◆针对生产人员的计件工资和加班费，缺乏精准的管控制度

3.1.2　自招自聘生产人员工资、福利、奖金及津贴管理制度

本制度可以解决以下问题：一是工厂自招自聘生产人员工资体系不合理、不科学、不公正；二是工厂无法吸引、无法留住生产人才；三是生产人员工作积极性不高、工厂经济效益不高。

自招自聘生产人员工资、福利、奖金及津贴管理制度

第1章　总则

第1条　为了调动自招自聘生产人员的工作积极性，规范工厂的工资、福利、奖金及津贴管理体系，结合工厂自身生产情况，特制定本制度。

第2条　本制度适用于工厂自招自聘生产人员工资、福利、奖金及津贴管理工作。

第2章　自招自聘生产人员工资管理

第3条　自招自聘生产人员工资由岗位工资、绩效工资、工龄工资、学历工资

组成。

第4条 自招自聘生产人员岗位工资设置如下。

1.岗位工资是对自招自聘生产人员的劳动技能、生产强度及贡献度等因素进行综合评估后,设置的工资水平。

2.岗位等级及工资标准。

(1)初级:A档为1500元,B档为1550元。

(2)中级:A档为1600元,B档为1650元。

(3)高级:A档为1700元,B档为1750元。

第5条 自招自聘生产人员绩效工资设置如下。

1.绩效工资是工厂以月度为周期,根据各生产车间的任务和生产人员绩效考核的结果确定的工资单元。绩效考核内容包括生产计划完成情况、安全生产情况、质量管理情况等。

2.员工月度实得绩效工资=岗位工资×30%×员工考核系数。

第6条 自招自聘生产人员工龄工资设置如下。

工龄工资是按照自招自聘生产人员的工作年限,即员工在工厂内工作的时间来计算的。生产人员在本工厂工作满一年,每月工龄工资为40元;一年期后,生产人员在本工厂工作每满一年,每月工龄工资在一年期工龄工资标准上增加20元。

第7条 自招自聘生产人员学历工资设置如下。

生产人员的学历是中专,其学历工资为30元/月;生产人员的学历是大专,其学历工资为60元/月;生产人员的学历是本科,其学历工资为90元/月;生产人员的学历是硕士及以上,其学历工资为120元/月。

第3章 自招自聘生产人员福利管理

第8条 福利构成。

1.法定福利。指工厂为满足国家法定要求而为员工提供的福利,如社会保险、法定年节假日、住房公积金等。一般是工厂全体正式员工都可享受的福利。

2.工厂福利。

(1)通用福利。指工厂为全体员工所实行的带有通用性的福利,如交通费、探亲费、结婚礼金、丧葬抚恤费、餐补、通信费、供暖费、高温补贴等。

(2)补助福利。指工厂为帮助特殊员工所实行的带有补助性质的福利,如员工援助计划等。

第9条 社会保险。

1.社会保险的项目包括养老保险、医疗保险、失业保险、工伤保险、生育保险。

2.当月入职的员工，人力资源管理部应立即为其缴纳社会保险，若当月未能缴纳，则在下月进行补缴。

3.社保缴纳基数应在本地社保局设定的最低缴费基数与最高缴费基数之间。

第10条 住房公积金。

1.住房公积金是用人单位为其在职职工缴存的长期住房储金，是政府为解决职工家庭住房问题提供的政策性融资渠道。

2.当月入职的员工，人力资源管理部应立即为其缴纳住房公积金，若当月未能缴纳，则应在下月进行补缴。

3.职工住房公积金最低标准为职工本人上一年度月平均工资的5%，缴费基数不得低于当地最低工资水平，原则上不高于12%。

第11条 法定年节假日。法定年节假日包括元旦、春节、清明节、劳动节、端午节、中秋节、国庆节。

第12条 通用福利。

1.交通费：80元/月，工作满1年者可申请。

2.探亲费：400元/年，工作满1年且符合相关规定者可申请，申请须附往返车票。

3.餐补：300元/月，入职即有。

4.通信费：50元/月，入职即有。

5.供暖费：50元/月，每年12月至次年2月发放。

6.高温补贴：100元/月，每年6月至8月发放。

7.结婚礼金：300元，工作满1年者可申请；男女双方同在本工厂工作者，可各自申请一份；申请须附结婚登记证。

8.丧葬抚恤费。

（1）生产人员本人丧亡，4000元及挽联一副。

（2）生产人员的父母、配偶、子女、配偶的父母丧亡，2000元及挽联一副。

（3）生产人员的祖父母、外祖父母、配偶的祖父母丧亡，500元及挽联一副。

（4）同一事故，其父（母）子、兄弟（姐妹）、配偶，同在本工厂工作者，由其中一人申请且只能申请且只能申请一份。申请须附死亡证明、户口本。

第13条　补助福利。

1.困难员工补助费。

（1）家庭人均收入低于本地规定的最低生活保障标准的，补助3000元/年；申请须附家庭人均收入证明。

（2）家中有残疾子女，且有残疾证的，补助2000元/年，申请须附残疾证。

2.教育援助。

进行学历再造的工厂员工，家庭人均收入低于本地规定的最低生活保障标准，无力承担学费，可申请教育援助，工厂负担学费的一半。申请须附录取通知书、家庭人均收入证明。

第4章　自招自聘生产人员奖金管理

第14条　奖金构成。

1.生产计划完成奖金。生产人员根据生产任务分配情况，完成生产计划的，可以获得该奖金。

2.全勤奖金。生产人员当月全勤，无迟到、早退、请假等情况，可以获得全勤奖。

3.优秀员工奖金。根据个人绩效和工厂全年业绩完成情况评选，排名前3的生产人员分别给予不同的奖金激励。

4.年终奖金。根据工厂年度经营业绩和员工个人年度工作表现，给予生产人员年终奖。

第15条　生产计划完成奖金管理。

1.制订生产计划及目标。工厂每开始一个生产项目，均应制订生产计划及目标。

2.考核并评分。生产项目结束时，对参与项目的生产人员进行考核并评分，满分100分。考核及评分内容包括生产任务的难度和复杂程度、生产人员的工作表现和能力、对工厂生产效益的贡献等。

3.确定生产计划完成奖的名额和奖金金额。工厂对生产计划完成情况考评得分排名前3的生产人员按排名由高至低依次奖励1000元、800元、600元。

4.公示结果。公示评选结果，并通知获奖人员领取奖金。

第16条　全勤奖管理。

当月在工厂规定的上班时间内未出现迟到、早退、请假、旷工者，工厂给予全勤奖100元；凡出现1次迟到、早退、请假、旷工情况，应扣除全勤奖。

第17条　优秀员工奖。

1.年末按照优秀员工推荐标准，各车间主任至少推荐1名员工进行优秀员工评比，总推荐人数不超过15名。

2.评选标准。

（1）全年月度考核不超过2次低于80分。

（2）出现不超过3次浪费耗能的情况。

（3）积极参与产品研发、技术和工艺的创新。

（4）工作态度积极、主动、热情、负责，具有高度合作、协作意识。

（5）言行举止得体，没有损害工厂利益、声誉的行为。

3.民主决议。

工厂全体员工（包含工厂总经理、各部门负责人）进行不记名民主投票，每位员工各评选5名优秀员工，最终统计投票结果，选出5名优秀员工。

4.审核表彰。

人力资源管理管理部核对5名优秀员工奖候选人员的工作表现、纪律情况等是否符合优秀员工评选标准。若符合，将相关员工资料报请工厂总经理审核审批后，发布表彰公告，并各奖励500元；若不符合，则将相关资料退回有关部门或车间重新评选。

第18条　年终奖金管理。

1.车间考核：根据车间的生产计划完成情况、劳动纪律、质量管理、安全生产、环境卫生等进行评分。

$$车间年终奖总额 = 工厂年终奖总额 × 考核系数 × \frac{车间年度考核得分}{所有车间年度考核总分}$$

2.个人考核：根据个人的生产计划完成情况、劳动纪律、质量管理、安全生产、环境卫生等进行评分。

$$个人年终奖总额 = 所在车间年终奖总额 × 考核系数 × \frac{个人年度考核得分}{所在车间人员年度考核总分}$$

第5章　自招自聘生产人员津贴管理

第19条　自招自聘生产人员津贴由住房津贴、特殊高温津贴、有毒有害特殊岗位津贴组成。

第20条　住房津贴管理。

1.发放条件

（1）员工在本地无自有住房。

（2）有其他特殊情况，向上级申请并获得允许者。

2.工厂对符合以上条件的生产人员，结合所在地的住房成本，随员工工资发放每月100～300元的住房津贴。

第21条　特殊高温津贴管理。

1.每年6～8月被安排在高温天气下露天工作的生产人员，工厂按每人不低于60元/月的标准发放津贴。

2.若工厂不能采取有效措施将室内温度降到33℃（不含）以下，按每人不低于40元/月的标准发放津贴。

第22条　有毒有害特殊岗位津贴管理。

考虑到部分有毒有害特殊岗位所处工作环境对人体的危害性，工厂主要运用时间指标计算有毒有害特殊岗位津贴。

1.每日工作时间为0～2（不含）小时，津贴标准为每人10元/日。

2.每日工作时间为2～4（不含）小时，津贴标准为每人30元/日。

3.每日工作时间为4～6（不含）小时，津贴标准为每人50元/日。

4.每日工作时间为6（含）小时以上，津贴标准为每人70元/日。

第6章　附则

第23条　本制度由人力资源管理部负责编制、解释与修订。

第24条　本制度自××××年××月××日起生效。

3.1.3　自招自聘生产人员计件工资及加班费管理办法

本办法可以解决以下问题：一是工厂自招自聘生产人员计件工资计算方式不明确；二是生产人员加班费不合规、不合理、不科学；三是生产人员加班申请流程不完善、考核不明确、审批不规范、发放不及时。

自招自聘生产人员计件工资及加班费管理办法

第1章　总则

第1条　为了严格管理工厂生产人员的计件工资及加班费情况，提升工厂工资水平的竞争力，激励生产人员，结合工厂实际情况，特制定本办法。

第2条　本办法适用于工厂自招自聘生产人员计件工资及加班费的管理工作。

第2章　自招自聘生产人员计件工资管理

第3条　确定产量目标。根据工厂的生产计划和销售预测，确定每个月的产量目标，由此核算单位时间产量定额。

第4条　核算工时。根据员工的工作时间、工作量、平均工资，核算单位时间工资标准。

第5条　确定计件单价。根据产品的种类、工艺难度、生产效率等因素，确定每个产品的计件单价。计件单价=$\dfrac{\text{单位时间工资标准}}{\text{单位时间产量定额}}$。

第6条　定期调整计件单价。工厂定期调整计件单价，考虑市场供需情况、原材料成本等因素，确保单价合理且能够激励员工努力工作。

第7条　计件工资是按照生产人员生产出的合格产品的数量和预先确定的计件单价来计算计件报酬的，计件生产人员生产的合格产品越多，那么计件工资也就越高。

计件工资=合格品数量×计件单价。

第8条　每日计件工资由车间主任进行核定并记录，并于次日12时前报备人力资源管理部，以备核查。计件工资随月工资一并发放。

第9条　人力资源管理部统计每个月或每个季度的工资总额和产量数据，以便进行绩效分析和调整。

第3章　自招自聘生产人员加班费管理

第10条　加班情形。

1.在正常工作时间内完不成生产任务但又必须在规定的时间内完成任务的。

2.为完成工厂紧急生产任务，或者完成上级在计划外安排的其他紧急生产任务，以及在旺季供不应求时需加大产量的。

3.必须于班后、休息日、法定节假日期间完成生产任务的。

第11条 加班审批。

1.生产部负责人、车间主任按照加班情形决定生产人员是否加班，员工申请加班须填写"加班申请单"。

2."加班申请单"须经具有申批权的相关负责人核定通过才能生效。

3.生产人员的"加班申请单"须于当日下午4时前送交人力资源管理部，以备查核。

第12条 加班考核。生产部主管应核查生产人员的加班情况，主要核查生产人员加班工作是否与其加班工时相符，如有敷衍、未达预期效果的现象，可按相应比例扣减加班费。每日加班情况应由车间主任做好记录。

第13条 正常工作日加班。如果工厂在正常工作日内安排生产人员加班，应当支付计件单价的150%作为加班费。

第14条 休息日加班。如果工厂在休息日安排生产人员加班又不能安排补休，应当支付不低于计件单价200%作为加班费。

第15条 法定节假日加班。如果在法定节假日安排生产人员加班，应当支付不低于计件单价300%作为加班费。

第16条 加班费随月工资一并发放。凡加班的生产人员于加班时不按规定工作，有偷懒、睡觉、擅离工作岗位或变相赌博的情形，经查获后，记过或记大过。

第4章 附则

第17条 本办法由人力资源管理部负责编制、解释与修订。

第18条 本办法自××××年××月××日起生效。

3.2 劳务派遣人员薪酬成本控制

3.2.1 劳务派遣人员薪酬控制问题清单

劳务派遣人员薪酬控制问题清单如表3-2所示。

表3-2　劳务派遣人员薪酬控制问题清单

序号	问题	具体描述
1	薪酬待遇机制不完善	劳务派遣人员的社会保险和福利待遇机制不完善，影响员工的生活质量
2	标准不合理	薪酬标准缺乏科学合理的制定依据，难以保证其公平性和竞争力
3	核算流程不规范	薪酬核算流程不规范，导致少发、多发等问题发生
4	绩效体系不科学	缺乏科学的绩效评估体系，难以确保绩效与薪酬挂钩
5	申诉不及时	缺乏有效的劳务派遣人员申诉机制，无法及时解决、处理员工不满和投诉

3.2.2　劳务派遣人员薪酬管理制度

本制度可以解决以下问题：一是劳务派遣人员薪酬待遇不完善；二是劳务派遣人员薪酬标准缺乏科学合理制定依据；三是劳务派遣人员薪酬异议无处申诉、处理不及时。

劳务派遣人员薪酬管理制度

第1章　总则

第1条　为了稳定工厂劳务派遣人员队伍，减少因劳务派遣而产生的不必要的成本支出，提高工厂的生产效率，结合《劳务派遣暂行规定》等相关法律法规，特制定本制度。

第2条　本制度适用于劳务派遣人员的薪酬管理工作。

第2章　劳务派遣人员薪酬构成

第3条　根据《劳务派遣暂行规定》，劳务派遣人员工资待遇与用工单位的劳动者同工同酬。

第4条　劳务派遣人员薪酬待遇由工资、福利、奖金及津贴组成。

1.劳务派遣人员的工资由岗位工资、工龄工资、学历工资、绩效工资及加班工资组成。

2.劳务派遣人员的福利由社会保险、法定年节假日、住房公积金及其他福利费（餐费、交通费等）组成。

3.劳务派遣人员的奖金包括专项激励奖金、全勤奖金、年终奖等。

4.劳务派遣人员的津贴包括特殊高温津贴、有毒有害特殊岗位津贴等。

第5条　劳务派遣人员工资。

1.岗位工资。

（1）初级：A档为1500元，B档为1550元，C档为1600元。

（2）中级：A档为1700元，B档为1750元，C档为1800元。

（3）高级：A档为1900元，B档为1950元，C档为2000元。

2.工龄工资。

劳务派遣人员在本工厂工作满一年，每月工龄工资为40元；一年期后，劳务派遣人员在本工厂工作每满一年，每月工龄工资在一年期工龄工资基础上增加20元。

3.学历工资。

（1）中专：30元/月。

（2）大专：60元/月。

（3）本科：90元/月。

（4）硕士及以上：120元/月。

4.绩效工资。

每月实行一次月度绩效考核。根据劳务派遣人员的生产计划完成情况、劳动纪律、质量管理、安全生产、环境卫生意识等进行评分。月度实得绩效工资=岗位工资×30%×考核系数。劳务派遣人员的绩效工资由工厂人力资源管理部核定记录，于每月10日交予第三方劳务派遣公司。

5.加班工资。

（1）劳务派遣人员在正常工作日加班，工厂应当支付计件单价的150%作为加班费。

（2）劳务派遣人员在休息日加班又不能安排补休，工厂应当支付不低于计件单价的200%作为加班费。

（3）劳务派遣人员在法定节假日加班，工厂应当支付不低于计件单价的300%作为加班费。

（4）劳务派遣人员的加班工资由工厂人力资源管理部核定记录，于每月10日交予第三方劳务派遣公司。

第6条　劳务派遣人员与第三方劳务派遣公司签订用工协议，劳务派遣人员的社会保险（养老保险、医疗保险、失业保险、工伤保险、生育保险）应由第三方劳务派遣公司按时缴纳。

第7条　法定年节假日包括元旦、春节、清明节、劳动节、端午节、中秋节、国庆节。一般情况下，劳务派遣人员与其他正式员工统一休息。

第8条　劳务派遣人员的公积金由第三方劳务派遣公司负责办理。

第9条　劳务派遣人员其他福利费。

1.交通费：80元/月，入职即有。

2.餐补：300元/月，入职即有。

第10条　劳务派遣人员专项激励奖金。劳务派遣人员在完成本岗位工作的基础，完成部门或车间安排加班的任务，每加班1小时，奖励30元。原则上，加班时间不得超过3小时。专项激励奖金随月工资一并发放。

第11条　劳务派遣人员全勤奖金。当月在工厂规定的上班时间内未出现迟到、早退、请假、旷工者，工厂给予全勤奖100元；凡出现1次迟到、早退、请假、旷工情况，应扣除全勤奖。

第12条　劳务派遣人员年终奖。根据劳务派遣人员所在车间表现情况（个人生产计划完成情况、劳动纪律、质量管理、安全生产、环境卫生等）进行评分，劳务派遣人员年终奖总额＝所在车间年终奖总额×考核系数× $\dfrac{\text{个人年度考核得分}}{\text{车间人员年度考核总分}}$ 。

第3章　劳务派遣人员薪酬核算与发放

第13条　劳务派遣人员的薪酬根据其学历、工作经验、工作能力进行评定，与工厂正式员工同工同酬。

第14条　新聘劳务派遣人员实行2个月试用期考核。试用期内，其岗位工资、绩效工资、年终奖按拟聘岗位薪酬标准的80%确定，其余福利、津贴均全额享受。通过试用期后，有一次调岗调薪的机会。

第15条　工厂核算劳务派遣人员的岗位工资、绩效工资、加班工资、计件工资后，应将相关工资清单交予第三方劳务派遣公司进行复核，复核无误后第三方劳务派遣公司再行发薪。

第16条　工厂将劳务派遣人员薪酬账款打入第三方劳务派遣公司的财务账户内，第三方劳务派遣公司每月准时向劳务派遣人员支付薪酬。

第4章　劳务派遣人员薪酬异议申诉

第17条　若有劳务派遣人员对当月薪酬有异议的，应在得到薪酬的3个工作日内向第三方劳务派遣公司进行异议申诉。

第18条　若劳务派遣人员薪酬异议部分涉及第三方劳务派遣公司，应由第三方劳务派遣公司进行处理，并以书面形式向员工证明；若劳务派遣人员薪酬异议部分涉及工厂，应由工厂人力资源管理部进行处理，并以书面形式向员工证明，第三方劳务派遣公司进行薪资调整。

第5章　附则

第19条　本制度由人力资源管理部负责编制、解释与修订。

第20条　本制度自××××年××月××日起生效。

3.3　直接人工成本如何"持续改进"

3.3.1　自招自聘人员薪酬"持续改进"实施方案

本方案可以解决以下问题：一是自招自聘人员薪酬预算目标不明确、薪酬水平不合理、薪酬预算流程不完善；二是冗员、庸员、薪资虚高者无法处理；三是自招自聘人员福利缺乏灵活性。

自招自聘人员薪酬"持续改进"实施方案

一、目标

改进工厂自招自聘人员薪酬体系，改善员工对工厂、工作的满意度情况，提高工厂的市场竞争力，降低员工流失率。

二、"持续改进"的实施要点

1.实施薪酬预算管理。

2.打破工厂部门职能的壁垒，建立更加精准高效的激励体系。同时，通过人才盘点、工资分析等方式进行差异化、合理化地"剪枝"，实现"冗员裁减、庸员砍薪、虚高者降薪"。

3.实行福利改革，推行自助性福利和绩效福利制。自助性福利指以员工的需求为导向，使员工能够在工厂提供的福利项目中自主选择；绩效福利制，指通过绩效考核来分配员工的福利，即让员工的福利成为奖赏，更大地激发员工的积极性。

三、自招自聘人员薪酬预算管理

1.制定薪酬预算目标。人力资源管理部应根据工厂年度经营计划和目标，制定薪酬预算目标，确定总体薪酬支出、员工薪酬增长率等，再根据自招自聘人员现状确定工厂薪酬预算目标。

2.计算薪酬调整总额。按照薪酬激励策略和原来自招自聘人员在薪酬总额中所占的比重，以及自招自聘人员的业绩，确定自招自聘人员的薪酬调整总额。

3.确定薪酬水平。根据市场薪酬水平和薪酬策略确定员工的薪酬水平。

4.审批审核。自招自聘人员薪酬预算的相关文件须经人力资源管理部、财务部和工厂总经理审核审批才能生效。

四、建立自招自聘人员激励与淘汰体系

1.建立精准高效的激励体系。

（1）考核更细化。自招自聘人员的月度考核、年度考核内容应更加细化，可增加安全生产、质量管理、研发创新、节能降耗等指标。

（2）激励更灵活。除了绩效奖金，考核结果还应与晋升、培训、学习、荣誉等挂钩。

（3）监督更严格。各部门应设置专人（一般为主管）负责监督员工的绩效实施与考核情况，同时负责员工的绩效面谈及改进管理，并将部门绩效情况按时反馈至人力资源管理部。

2.合理"剪枝"。

（1）通过人才盘点与工资分析可得到工资水平定位（竞争力）、组织人效、关键岗位及人员、降薪心理冲击、外部降薪情况等数据，根据这些数据确定"砍谁降

谁"、降薪措施及降低工资组成的哪一部分。

（2）各类降薪情形如表3-3所示。

表3-3　降薪情形

情形	具体内容
工厂收入降低	如果是因为工厂收入大幅度降低或外部环境的重大变化而不得不降薪，那么工资降低部分应在工厂业绩恢复后补上
外部市场困难	在外部市场普遍困难的情况下，工厂应考虑合理裁减冗员及无产出的部门，甚至关闭经营效益差的分工厂

（3）"剪枝"前，人力资源管理部和各相关部门应做好被降薪人员的工作调整沟通，特别关注关键岗位及关键人员的心理承受度，合理"剪枝"，不能伤筋动骨。

五、自招自聘人员福利改革

1.自助性福利。

（1）法定福利一般包括社会保险、住房公积金、法定节假日等，工厂应按相关标准为全体员工提供。

（2）工厂福利一般包括交通补贴、探亲费、结婚礼金、丧葬抚恤费、餐补、通信费、供暖费、高温补贴、困难员工补助费、各类援助计划等，这几种福利都可作为自助性福利供自招自聘人员按需选择。

（3）人力资源管理部应设置专门的平台来加强福利交流，管理人员定时发布员工福利的相关信息，员工参与交流，减少因信息不对称而导致生产人员对福利的不满。

2.绩效福利制。

（1）通过年度考核来确定下一年度自招自聘人员的福利分配，激发生产人员的工作积极性。

（2）年度绩效考核指人力资源管理部对自招自聘人员进行本年度12个月的业绩考核，根据考核结果决定自招自聘人员下一年度的福利分配。

（3）人力资源管理部应设置1名福利项目咨询人员，对生产人员选择福利项目提供建议与指导。

六、自招自聘人员薪酬"持续改进"评估

1.人力资源角度评估。

（1）反应标准。以调查问卷形式了解自招自聘人员对此次薪酬体系改进方案的满意度。

（2）行为与结果标准。以工作中行为的改善情况及每次绩效考核的结果来评估。

2.财务角度评估。

测算统计出自招自聘人员的人工产值比后，一是评估改进方案是否有效；二是通过管理的手段提升工厂的总产值，降低人工产值比，不能盲目降低员工工资，以避免陷入裁员降薪的恶性循环。

3.3.2 劳务派遣人员服务费用"持续改进"实施方案

本方案可以解决以下问题：一是改善劳务派遣公司的标准不完善；二是改进对劳务派遣公司的招标流程不清晰；三是与劳务派遣公司签订的服务标准不明确、不符合市场标准；四是无法有效评估劳务派遣人员服务费用改进。

劳务派遣人员服务费用"持续改进"实施方案

一、目标

合理改善劳务派遣人员服务费用，提高劳务派遣的质量和效率，更好地满足工厂对劳务派遣人员的管理需求。

二、"持续改进"的实施要点

1.评估劳务派遣公司。根据市场情况，对不同的劳务派遣公司进行综合评估，制定合理的费用标准，避免因费用过低导致质量不达标的情况发生。

2.进行劳务派遣公司招标。引入竞争机制，工厂可通过招标等方式，将劳务派遣服务交由更加专业、优质的公司。

3.确定服务标准。通过分析劳务派遣人员岗位，确定相应服务标准。服务标准包括按符合条件的到场人数收费、按面试达成意向的人数收费、按最终到岗的人数收费、按通过试用期的人数收费等。

三、评估劳务派遣公司

工厂选择第三方劳务派遣公司，应从以下几方面进行评估。

1.经营资质。

根据《中华人民共和国劳动合同法》，公司经营劳务派遣业务应当具备以下条件。

（1）注册资本不得少于人民币二百万元。

（2）有与开展业务相适应的固定的经营场所和设施。

（3）有符合法律、行政法规规定的劳务派遣管理制度。

（4）经营劳务派遣业务，应当向劳动行政部门依法申请行政许可；经许可的，依法办理相应的公司登记。

（5）法律、行政法规规定的其他条件。

2.服务质量。

劳务派遣公司的服务应当人性化、个性化，根据不同用工单位的情况量身定制，包括但不限于为劳务派遣员工提供与岗位匹配的生产操作培训及质量管理、安全生产等方面的服务。

3.信誉口碑。

劳务派遣公司应当具有良好的信誉和口碑，在行业内具有较高的知名度和美誉度。可以通过查看劳务派遣公司的用户评价、业内口碑、合作伙伴等方面来了解。

4.业务范围。

劳务派遣公司的业务范围应当多元化，能够全面涵盖各行各业和不同层级岗位，以保障用工单位的用工需求和劳务派遣公司的稳定发展。

5.员工管理。

劳务派遣公司应当能够依法保护被派遣劳动者和用工单位的合法权益，并对员工实行人性化管理，包括但不限于与派遣员工签订劳务合同、缴纳社会保险和住房公积金、按时发放工资、处理劳资异议等。

6.法律风险控制。

劳务派遣公司应能有效预防和处理劳动争议和纠纷，包括但不限于建立完善的内部管理制度、遵守相关法律法规、妥善保存与用工单位签订的各项协议和合同、提供专业的法律咨询和援助等。

7.工厂选择劳务派遣公司时，若劳务派遣公司的经营条件有1条不符合《中华人民共和国劳动合同法》对于经营劳务派遣业务单位的要求，则不考虑与该公司合作；在符合法律要求的基础上，可采用表3-4中的考核标准对其进行考核评估。单项指标满分100分。

表3-4　劳务派遣公司考核标准

指标	内容	得分标准	打分（分）
服务质量（15%）	包括但不限于为劳务派遣员工提供与岗位匹配的生产操作培训及质量管理、安全生产等方面的服务	每缺少1项服务，扣10分	
信誉口碑（15%）	劳务派遣公司应当具有良好的信誉和口碑	1.该公司在行业内具有极高的知名度和美誉度，90（含）~100分 2.该公司在行业内知名度、美誉度一般，70（含）~90分 3.该公司在行业内知名度、美誉度较低，70分以下	
业务范围（10%）	劳务派遣公司的业务范围应当多元化	1.该公司能够全面涵盖各行各业和不同层级岗位，90（含）~100分 2.该公司能够涵盖多个行业和不同层级岗位，70（含）~90分 3.该公司仅涵盖少量几个或单个行业和层级岗位，70分以下	
员工管理（30%）	包括但不限于与派遣员工签订劳务合同、缴纳社会保险和住房公积金、按时发放工资、处理劳资异议等	每缺少1项服务，扣10分	
法律风险控制（30%）	包括但不限于建立完善的内部管理制度、遵守相关法律法规、妥善保存与用工单位签订的各项协议和合同、提供专业的法律咨询和援助等	每缺少1项服务，扣10分	

四、进行劳务派遣公司招标

通过对劳务派遣公司进行招标，选择合适的劳务派遣公司。

1.确定招标范围和招标方式。

（1）明确招标范围，包括劳务派遣公司的规模、服务内容、服务地点等。

（2）确定招标方式，如公开招标、邀请招标、竞争性谈判等。

2.编制招标文件。

招标文件的内容应包括招标目的、要求、投标人资格要求、评标标准、时间安排等。招标文件应当合法、合规，并尽可能明确、具体、可操作。

3.发布招标公告。

在指定的媒体上发布招标公告，公告内容应包括招标范围、招标方式、投标人资格要求、评标标准、时间安排等内容，并对投标人进行资格审查。

4.接受投标申请。

工厂应对符合资格要求的投标人进行登记。投标人应按照招标文件的要求编制投标文件，并在规定的时间内提交给工厂。

5.组织评标。

工厂应按照公平、公正的原则，组织评标委员会对投标文件进行评审，并根据评审结果确定中标人。评标委员会应对投标文件的有效性、合法性、合理性等进行审查，并对投标人的业绩、信誉等进行综合评估。

6.公示中标结果。

工厂应在指定的媒体上公示中标结果，并在规定的时间内向中标人发出中标通知书，并与中标人签订劳务派遣合同。

7.履行合同。

劳务派遣公司和用工单位应按照合同约定履行各自的义务，保证劳务派遣服务的质量和效率。

五、确定服务标准

1.按符合条件的到场人数收费。

（1）服务内容包括岗位分析、发布招聘、收集简历、人数匹配、电话预约、确定到场人数等。

（2）收费标准为100～200元/人。

2.按面试达成意向的人数收费。

（1）服务内容包括岗位分析、发布招聘、收集简历、人数匹配、电话预约、组织面试、确定意向等。

（2）收费标准为100～300元/人。

3.按最终到岗的人数收费。

（1）服务内容包括岗位分析、发布招聘、收集简历、人数匹配、电话预约、组织面试、确定意向、办理入职等。

（2）收费标准为200～400元/人。

4.按通过试用期的人数收费。

（1）服务内容包括岗位分析、发布招聘、收集简历、人数匹配、电话预约、组织面试、确定意向、办理入职、协助完成试用期考核等。

（2）收费标准为300～500元/人。

六、劳务派遣人员服务费用"持续改进"评估

1.性价比是否提高。

通过分析员工招募情况、工作表现及劳务派遣人员服务费用，判断方案的改进效果，评估性价比是否有所提高。

2.服务质量与效率是否提高。

评估劳务派遣公司提供的服务质量是否能够满足工厂的需求，是否能够及时解决劳务派遣人员的问题。

04

第4章

工厂生产制造费用"精益化"

4.1 水电气费用控制

4.1.1 水电气费用控制问题清单

水电气费用控制问题清单如表4-1所示。

表4-1　水电气费用控制问题清单

序号	问题	具体描述
1	浪费严重	在生产过程中，工厂员工缺乏节约意识，导致存在浪费水、电、气的现象
2	设备原因导致水、电、气成本高	生产设备存在老化、过度使用、不合理配置、出现故障不及时维修等问题，导致工厂水、电、气的使用效率低，造成能源的浪费，增加工厂生产成本
3	缴费不及时导致产生其他成本	工厂不及时缴纳水、电、气费用而产生滞纳金，严重的话会导致工厂停水、停电、停气，对生产进度产生严重影响，增加工厂生产成本
4	数据获取和监测成本高	要实现对水、电、气费用的有效控制，需要准确、及时地获取和监测能源使用数据，然而，对于一些老旧设备或管理系统不完善的工厂来说，数据的收集和监测会比较困难，成本也会比较高

4.1.2 节水节电节气管理办法

本办法可以解决以下问题：一是生产过程中对水、电、气资源的使用不规范、不节约；二是由于设备管理不规范导致的对水、电、气能源的利用效率低；三是员工节约意识不强导致的资源浪费。

节水节电节气管理办法

第1章　总则

第1条　为了节约能源、降低消耗，降低工厂成本，减少浪费，提高工厂对水、电、气等能源的使用效率，特制定本办法。

第2条　本办法适用于工厂内所有水、电、气使用区域及水、电、气设备的管理工作。

第2章　水、电、气费用构成及控制措施

第3条　水电气相关费用通常由以下几个方面构成。

1.用水费用。涉及工厂用水的成本，包括自来水供应费用、水处理费用、废水处理费用等。

2.用电费用。涉及工厂用电的成本，包括电力供应费用、电力变压器损耗费用、电力设备维护费用等。

3.用气费用。涉及工厂用气（天然气或液化石油气）的成本，包括气体供应费用、气体燃烧设备维护费用等。

4.能源消耗费用。包括工厂消耗的能源（燃煤、燃油等）的成本，涉及能源供应费用和能源设备维护费用。

5.设备能效管理费用。涉及设备能效改进的成本，包括设备能效评估费用、设备节能改造费用、能源管理系统建设费用等。

6.能源监测和数据分析费用。涉及监测和分析工厂的水电气消耗数据的成本，包括能源监测设备费用、数据采集和软件分析费用等。

7.节能措施实施费用。包括采取节能措施的成本，如安装高效节能设备、优化能源利用流程、改善设备运行效率等。

8.能源管理系统费用。涉及建立和维护能源管理系统的成本，包括系统软件费用、培训费用、认证费用等。

第4条　以下是针对各费用构成项的控制措施。

1.用水费用控制措施。

（1）定期检查和修复水管漏水问题，减少不必要的水损耗。

（2）鼓励员工节约用水，通过宣传教育和奖励机制提高水资源利用效率。

（3）测算各生产车间的标准用水量，引进用水量超标自动报警设备。

2.用电费用控制措施。

（1）引进能源管理系统，监测和控制电能消耗，及时发现和解决能耗异常问题。

（2）优化设备运行模式，合理安排生产计划，减少高峰时段的用电需求。

3.用气费用控制措施。

（1）定期检查和维护气体供应设备，确保其正常运行。

（2）鼓励节约用气，通过培训和宣传提高员工的能源消耗意识。

4.能源消耗费用控制措施。

（1）寻找可替代能源或其他能源供应商，以获得更具竞争力的价格和服务。

（2）进行能源消耗的监测和分析，找出能源浪费的瓶颈并采取相应的节能措施。

5.设备能效管理费用控制措施。

（1）进行设备能效评估，确定能源消耗较高的设备，优先进行能效改造。

（2）培训员工并建立设备能效管理团队，持续推动能效改进和管理措施的实施。

6.能源监测和数据分析费用控制措施。

（1）引进先进的能源监测设备和数据采集系统，实时监控能源消耗情况，并进行数据分析以寻找节能机会。

（2）使用能源数智化管理软件，对数据进行有效管理和分析，及时发现问题和解决问题。

7.节能措施实施费用控制措施。

（1）制定节能目标，明确节能措施的优先级和时间点，逐步实施。

（2）寻找节能改造项目的资金支持和补贴政策，降低改造成本。

8.能源管理系统费用控制措施。

（1）选择适合工厂规模和需求的能源管理信息化系统，避免使用过于复杂和昂贵的系统。

（2）培训员工，提高能源管理系统的使用效率和数据分析能力。

第3章　水、电、气费用控制要求

第5条　能源消耗控制。设定合理的能源消耗目标，并采取措施降低能源的浪费和损耗，通过改进工艺、优化设备运行参数、加强维护保养等方式，实现节能减排。

第6条　费用预算和管理。制订水、电、气费用的预算计划，根据实际情况进行费用分配和管理，确保费用的合理使用和控制，避免超支或浪费。

第7条　数据监测和分析。建立有效的数据收集和监测系统，定期收集、记录和分析水、电、气的使用数据，通过数据分析，识别异常情况、发现节能机会，并制定相应的改进措施。以下是水、电、气使用数据收集和监测工具。

1.智能计量仪表。智能电表、智能水表和智能气表等能够实时监测和记录能源使用情况，可以提供精确的能源消耗数据，支持能源管理系统和实时监测平台。

2.智慧能源管理系统。基于物联网技术的智慧能源管理系统可以集成和分析各种能源数据，实时监测和管理水、电、气的使用情况，提供可视化数据、能源报告、异常警报和能源优化建议等。

3.自动化控制系统。自动化控制系统用于自动监测和控制设备的运行，包括水泵、风机、照明系统等，通过精确的控制和调节，能够减少能源的浪费和损耗。

4.环境传感器。环境传感器用于监测环境条件，如温度、湿度、压力等。通过实时监测环境参数，可以进行精确的能源调节和控制，提高能源利用效率。

5.动态能源优化系统。动态能源优化系统使用先进的算法和模型，能够根据实时能源数据和需求变化，自动调整能源供应和使用策略，以达到最佳的能源效率，实现成本控制。

6.数据分析和人工智能技术。数据分析和人工智能技术可以应用于能源数据的处理和分析，识别能源消耗模式、异常情况和潜在的节能机会，通过机器学习和预测模型，提供精确的能源预测和优化建议。

7.能源监控平台和移动应用程序。能源监控平台和移动应用程序可以提供实时能源数据的远程监测和控制功能，工作人员可以通过电脑或移动设备查看能源使用情况、接收报警信息，并进行远程控制和调整。

第8条　技术改进和设备更新。评估现有设备的能效水平，寻找改进的空间，并考虑更新设备或改进技术，以提高能源利用效率。

第9条　员工培训。开展员工培训，增强他们节约能源的意识，鼓励员工提出节能改进建议，并积极参与节能活动。

第10条　风险管理。考虑能源价格的波动性和不确定性，制定相应的风险管理策略，建立应急预案，以应对可能的能源供应中断或价格波动带来的影响。

第11条　持续改进。水、电、气费用控制是一个持续改进的过程，定期评估和审查控制措施的有效性，能够不断提高控制效果。

第4章　各车间水电气费用测算步骤

第12条　数据收集。收集各车间的水、电、气能耗数据，可以通过仪表读数、计量设备、监控系统等获取相应的能源使用数据，确保数据的准确性和完整性。

第13条　能源成本分配。根据能源使用情况和能源费用结构，进行能源成本的分配，对于共享能源设施或公用设备，需要通过会计处理进行合理的分摊，以确保费用分配的公平性和准确性。

第14条　能源单位成本计算。根据各车间的能源使用量和能源费用，计算每个单位能源的成本，计算每千瓦时电能的成本、每立方米水的成本、每立方米气体的成本等。

第15条　数据分析和比较。对各车间的能源使用情况和能源成本进行分析和比较，找出能源消耗较高的车间和较低的车间，识别节能潜力和改进空间。

第16条　费用预测和预算编制。根据历史能源使用数据和相关因素的变化趋势，进行费用预测和预算编制，考虑能源价格波动、生产计划的变化等因素，制订合理的费用预算计划。

第17条　控制措施和改进方案。根据能源测算结果，制定相应的控制措施和改进方案，可以包括优化设备运行参数、改进工艺流程、加强能源管理培训等，以降低能源消耗和成本。

第18条　监测和评估。建立有效的能源监测系统，定期监测能源使用情况和费用，与预算进行对比和评估，根据监测结果，及时调整控制措施，确保能源费用的控制效果。

第5章　水、电、气费用考核管理

第19条　建立对水、电、气费用控制工作的监督体系，在对水、电、气费用控制相关工作人员进行考核时，应当使用以下指标。

1.能源消耗率。即衡量单位产出所消耗的能源量，可以根据具体行业和生产特点确定合理的能源消耗率标准，并考核工作人员的能源消耗控制水平。

2.能源成本控制率。即评估工作人员在控制水、电、气费用方面的表现，通过计算实际能源成本与预算成本之间的差异，评估费用控制的有效性。

3.节能减排成效。即衡量工作人员在推动节能减排方面的贡献，根据节约的能源量和减少的碳排放量等指标进行考核，促使工作人员积极参与和推动节能减排工作。

4.能源数据分析和改进措施。即评估工作人员在能源数据分析和提出改进措施方面的能力，考核其对能源数据的准确性和完整性的把控能力，以及提出改进措施并实施的能力。

5.参与和培训情况。即考核工作人员对节能减排活动的积极性和持续学习的能力，包括参与节能培训、参与节能改进项目、提出创新的节能措施等方面。

6.团队合作和协调能力。即评估工作人员在与其他部门和团队合作方面的能力，考核其与设备维护人员、生产人员和能源供应商之间的沟通与协调能力，以实现共同的能源管理目标。

第20条 定期评估和审查。定期进行绩效评估，根据评估结果，与工作人员进行反馈和讨论，共同确定改进措施和目标。

第21条 培训和提升机会。提供相关的培训和学习机会，帮助工作人员提升能源管理和控制技能，提高工作效能。

第22条 奖励和激励机制。建立奖励和激励机制，对在水、电、气费用控制方面表现出色的工作人员进行奖励和认可，激励他们保持高水平的绩效。

第23条 沟通和协作。鼓励工作人员之间的知识共享和经验交流，促进团队合作和协作。建立跨部门的沟通机制，确保能源管理工作的顺畅进行。

第24条 鼓励工作人员积极参与能源管理的持续改进工作，鼓励他们提出创新的节能措施和改进建议，并给予支持和资源来推动实施。

第25条 绩效奖励和晋升机制。建立明确的绩效奖励和晋升机制，根据工作人员在水、电、气费控制方面的表现和贡献，给予相应的奖励和晋升机会。

第6章 附则

第26条 本办法由行政部负责编制、解释与修订。

第27条 本办法自××××年××月××日起生效。

4.2 租赁费用控制

4.2.1 租赁费用控制问题清单

租赁费用控制问题清单如表4-2所示。

表4-2 租赁费用控制问题清单

序号	问题	具体描述
1	合同管理风险控制费用高	在签订租赁合同时,双方对租赁费用、租期、押金等条款的约定不明确,容易产生歧义和争议,造成风险,从而支付额外的成本
2	设施设备维护费用高	工厂租赁的设施、设备需要定期维护和保养,这些费用通常由租户承担,因此需要制订合理的维护计划和费用控制措施
3	装修和配置设备费用支出大	在租赁场所中进行装修和配置设备时,可能需要投入额外的资金,这些成本可能难以控制或难以预测,并对租赁费用的节约产生影响
4	租金价格不断上涨	随着市场环境的变化和供需关系的影响,工厂租赁费用不断上涨对工厂的成本控制产生影响

4.2.2 厂房与设备租赁费用控制办法

本办法可以解决以下问题:一是租赁合同不规范、条款不清晰导致的租赁费用增加;二是设备使用过程中的不规范操作对租赁设备造成损害,导致额外的费用增加;三是由于厂房与设备的不合理规划导致的租赁费用的浪费。

厂房与设备租赁费用控制办法

第1章 总则

第1条 为了合理控制工厂厂房与设备租赁费用,为工厂节约开支,降低工厂成本，从而增加盈利空间，提高工厂的竞争力，特制定本办法。

第2条 本办法适用于工厂厂房与设备租赁工作的管理。

第2章 厂房与设备租赁费用构成及控制措施

第3条 工厂应明确厂房与设备租赁费用的构成，然后分析每个构成项的特征，针对每个构成项提出具体可行的费用控制措施。厂房与设备租赁费用通常由以下几个方面构成。

1.厂房租赁费用。即租赁工厂所需的厂房空间的费用。

2.生产设备租赁费用。即租赁生产所需的设备和机器的费用，包括生产线、机床、印刷设备等。

3.仓储设备租赁费用。即租赁仓储设备和物流设备的费用，包括货架、叉车、运输车辆等。

4.特殊设备租赁费用。即租赁特殊用途设备的费用，包括实验室设备、精密设备、科研仪器等。

5.仪器仪表租赁费用。即租赁仪器仪表和测试设备的费用，包括测量仪器、分析仪器等。

第4条 以下是针对每个构成项的费用控制措施。

1.厂房租赁费用控制措施。

（1）定期评估工厂的空间需求，并与房东协商调整租赁面积，避免租用过大或过小的厂房。

（2）考虑长期租赁，以获得更有利的租金协议，并与房东商讨租金递增率的合理范围。

2.生产设备租赁费用控制措施。

（1）评估生产设备的使用频率和时间，选择购买或是租赁，以最大限度地降低成本。

（2）与供应商洽谈租赁合同，以获得具有竞争力的租金和灵活的租赁条款，包括租期、维护费用和保险费用等。

3.仓储设备租赁费用控制措施。

（1）评估仓储需求，并根据实际需求选择合适类型和规模的仓储设备，避免过度租赁。

（2）考虑与物流公司合作，共享物流设备，以减少租赁费用和提高设备利用率。

4.特殊设备租赁费用控制措施。

（1）定期评估特殊设备的使用频率和需求，考虑购买或共享设备的最佳选择，以降低成本。

（2）寻找租赁供应商提供灵活的租赁条款，以适应特殊设备的使用需求。

5.仪器仪表租赁费用控制措施。

（1）与供应商协商租赁合同，确保租金合理，并确保设备的可靠性。

（2）根据工厂需求和使用频率，优先考虑购买常用的仪器仪表，而用于临时或特殊需求的仪器仪表可选择租赁。

第3章　厂房租赁费用控制工作要求

第5条　在租赁前，对市场行情及租金进行调研，以便在谈判时进行比较和权衡，再与出租方进行谈判，争取租金的优惠。

第6条　制定严格的租赁合同管理制度，确保租赁合同的条款明确、完整，并严格按照合同规定履行义务。在签订租赁合同时，注意条款的细节，确定租赁期限、租金价格、租金支付方式等条款的合理性，确保获得最优惠的租赁政策。

第7条　对租赁的厂房面积和利用率进行合理规划和控制，确保合理利用厂房面积。对于使用率较低的区域，可以考虑进行调整，使厂房得到更加充分的利用。

第8条　定期清理闲置的厂房和设备，同时进行资产管理，及时清理不需要的资产，以减少租赁成本。

第9条　对于长期闲置且暂不需要使用的厂房，要采取积极措施，通过广告宣传、招商引资等，将闲置厂房加以利用，尽可能减少空置时间，降低租赁成本。

第10条　对于租期较长的厂房，要定期进行评估，并与出租方协商调整租金，确保租赁费用符合市场行情，对于有可能增加租金的情况，需要向上级部门报告，进行合理决策。

第4章　设备租赁费用控制工作要求

第11条　在租赁设备前，收集需要租赁的设备种类、数量、使用期限、使用频次等信息，并根据生产计划和设备利用率，对租赁设备的时间和数量进行科学合理的安排，避免设备闲置和浪费。

第12条　在选定需要租赁设备后，对出租方的资质、信誉、租金价格、供应设备等因素进行比较选择，并在签订合同前，对租赁价格进行充分的谈判，确保与最优的出租方进行合作。

第13条 在租赁设备之前，必须签署详细的租赁协议，明确双方的权利和义务，包括租赁期限、租金、维护、损坏和赔偿等相关事宜。

第14条 制定设备使用和维护规范，严格执行设备使用和维护流程，并加强设备操作人员培训，提高操作技能和安全意识，避免设备因失误操作而损坏导致增加维修费用。

第15条 在设备租赁期间，对设备进行定期的维护与保养，建立设备使用记录和维护保养记录，确保设备安全运行以延长使用寿命，避免由于设备损坏导致的额外费用支出。

第16条 设备租赁期结束后，必须对设备进行彻底的检查，确定设备是否完好，并对设备租金进行清算，避免不必要的费用支出。

第5章 控制工作考核评估和奖惩

第17条 根据实际的厂房和设备租赁费用数据，对不同部门和责任人进行统计分析，计算出各部门及责任人的厂房和设备租赁费用占比情况，进行排名和比较，以此作为考核评估的依据。

第18条 定期对各部门和责任人的厂房和设备使用情况进行现场检查，对存在过度使用或严重浪费现象的行为实时纠正和指导，并通过扣减绩效考核分数、取消绩效奖励等方式进行惩戒。

第19条 工厂厂房与设备租赁费用的审批必须明确责任人，并严格按照工厂制度和流程执行，不得出现违规现象。对于存在违规操作、超预算等行为的部门和责任人予以纠正，并进行惩罚和责任追究。

第20条 对积极参与厂房和设备租赁费控制工作、在工作中发挥出色的部门和责任人进行表彰和奖励，给予嘉奖、荣誉称号、奖金等。

第6章 附则

第21条 本办法由行政部负责编制、解释与修订。

第22条 本办法自××××年××月××日起生效。

4.3　试验检验费用控制

4.3.1　试验检验费用控制问题清单

试验检验费用控制问题清单如表4-3所示。

表4-3　试验检验费用控制问题清单

序号	问题	具体描述
1	试验检验设备费用高	由于试验检验设备使用时间较长，可能出现老化、损坏等情况，需要进行修理或更换，导致设备维修成本增加，并且为了保证试验检验的准确性和可靠性，工厂需要对设备进行更新升级，设备购置和更新维护成本相对较高，增加了试验检验费用
2	试验检验人员培训成本高	试验检验需要专业人员执行，但在实际工作中，工厂往往面临人员知识和技能缺乏的问题，需要支出一定的费用聘请相关机构对试验检验人员进行培训
3	试验检验质量低	质量管理不严格，试验检验容易出现误差或偏差，导致试验检验费用和工作量的增加
4	费用预算不合理	试验检验费用预算不合理，可能导致实际费用超出预算，增加费用开支和管理难度

4.3.2　试验检验费用控制办法

本办法可以解决以下问题：一是试验检验费用预算不合理，导致实际费用超出预算；二是试验检验设备维修保养及更新费用高；三是产品质量管理不严，影响试验检验结果，导致重复试验检验，增加试验检验费用。

试验检验费用控制办法

第1章　总则

第1条　为了有效控制工厂试验检验费用，确保试验检验过程符合标准，特制定本办法。

第2条　本办法适用于指导工厂试验检验费用控制工作。

第2章　试验检验费用构成

第3条　试验设备费用。包括购买或租赁试验设备的成本，这些设备可能是特殊的测试仪器、测量仪器、分析仪器等，用于进行产品性能测试、质量检验、材料分析等。

第4条　试验材料费用。用于试验检验的材料成本，如样品、试剂、标准物质等，这些材料可能需要定期补充和更换，以保证试验的准确性和可靠性。

第5条　试验人员费用。试验检验人员的人员工资成本，如工程师、技术人员、实验室助理等，负责执行试验操作、数据采集、数据分析和报告编制等工作。

第6条　试验场地费用。使用专门的试验场地或实验室的费用，包括租赁费用、维护费用和设施改造费用等，这些场地可能需要满足特定的环境要求和安全标准。

第7条　试验认证费用。进行产品认证、合规性测试或行业标准认证的费用，可能包括测试机构的收费、认证机构的费用、标准文件的购买等。

第3章　试验检验各项费用控制

第8条　试验设备费用控制措施。

1.评估实际需求，仔细选择必要的试验设备，避免购买或租赁过多的设备。

2.考虑共享设备资源，与其他部门或合作伙伴共同使用设备，以减少成本。

第9条　试验材料费用控制措施。

1.优化材料的采购流程，与供应商协商获得合理的价格和优惠条件。

2.控制材料的使用量和损耗，避免浪费和过度消耗。

第10条　试验人员费用控制措施。

1.确定合理的试验人员配置，根据试验的数量和复杂程度进行合理的人员安排。

2.提供必要的培训和技能提升，提高试验人员的效率和专业水平。

第11条　试验场地费用控制措施。

1.评估场地需求，选择适合的试验场地，避免租用过大或不必要的场地。

2.考虑与其他研究机构共享试验场地，降低租赁成本。

第12条　试验认证费用控制措施。

1.提前规划试验认证的时间，避免临时出现状况导致额外费用。

2.寻找合适的认证机构和测试机构，比较价格和服务质量，选择最具成本效益的合作伙伴。

第4章　试验检验费用控制工作步骤

第13条　确定试验检验需求。明确所需的试验检验项目和要求，包括产品质量标准、性能指标、安全要求等，与采购部、仓储部、生产部等部门进行沟通，确保对试验检验需求达成共识。

第14条　制定费用控制目标。设定合理的试验检验费用控制目标，具体包括降低总体费用、优化费用结构、提高检验效率等，确保目标具体、可衡量和可操作。

第15条　制订预算和费用计划。根据试验检验需求和费用控制目标，制定预算和费用计划。考虑人力资源、设备、材料和外部服务等费用项，并进行合理的分配和计划。

第16条　选择合适的试验检验方法。根据试验检验需求和费用控制目标，选择适合的试验检验方法和技术。优先考虑高效、准确、经济的方法，避免不必要的费用支出。以下是具体的试验方法。

1.非破坏性检测（NDT）方法。非破坏性检测方法用于检测材料或产品的内部和表面缺陷，无须破坏性地取样，NDT方法包括超声波检测、X射线检测、磁粉检测等，具有高效、准确、经济的特点。

2.快速检测方法。快速检测方法主要用于快速筛查和初步评估，以确定是否需要进一步试验检验，这些方法基于现代仪器和技术，如红外扫描、光谱分析、电化学测试等。

3.可视检查。可视检查是一种直观的方法，通过目视观察样品或产品的外观、形状、颜色等特征来评估产品质量和合格性。

4.抽样检验法。抽样检验法是从总体中随机抽取样本进行检验，以代表总体的质量情况。

5.统计分析方法。统计分析方法可用于处理试验检验数据，评估产品的性能和质量指标，通过合理的样本设计、数据收集和分析，减少试验次数和成本，并提供可靠的数据分析结果。

6.模拟和仿真方法。在某些情况下，使用模拟和仿真方法可以代替实际的试验检验，利用计算机建模和仿真技术，通过模拟不同条件和场景，预测产品性能和行为，减少实际试验的需求。

7.外部合作和委托检测。根据需要，将一部分试验检验工作委托给专业实验室或第三方机构进行。第三方机构应拥有先进的设备和专业知识，能够提供高质量的检测结果，并且可以根据具体需求制定费用合理的服务方案。

第17条 资源管理和优化。合理管理试验检验所需的人力资源、设备和材料，确保资源的充分利用和合理配置，避免资源浪费和重复投入。

第18条 供应商管理。与试验检验相关的供应商进行合作，确保获得具有竞争力的价格和服务，进行供应商评估和选择，与供应商建立良好的合作关系，并定期进行费用和质量的审查。

第19条 流程优化和自动化。通过优化试验检验流程和引入自动化技术，提高效率、减少人为错误，使用自动化测试设备和数据分析工具，减少试验时间和费用。

第20条 监控和控制费用。建立费用监控和控制机制，实时跟踪试验检验费用的发生情况，与预算进行比较和分析，及时采取措施控制费用超支或异常波动。

第21条 绩效评估和改进。定期评估试验检验费用控制的绩效，并根据评估结果进行改进，识别问题和瓶颈，并采取相应的纠正措施和持续改进措施。

第22条 持续监督和培训。建立持续的监督机制，确保费用控制的持续性和有效性，为相关人员提供必要的培训和知识更新，提高费用控制的能力。

第5章 附则

第23条 本办法由研发部、质量管理部共同负责编制、解释与修订。

第24条 本办法自××××年××月××日起生效。

4.4 劳动保护与财产保险费用控制

4.4.1 劳动保护与财产保险控制问题清单

劳动保护与财产保险控制问题清单如表4-4所示。

表4-4　劳动保护与财产保险控制问题清单

序号	问题	具体描述
1	工伤事故处理成本高	工厂管理者和员工的安全意识不足，没有及时地识别潜在的危险和风险，未按要求穿戴和使用劳保服装、安全设备和工具，导致工伤事故发生和保险索赔处理工作成本高
2	投入不足	一些工厂为降低成本，会将劳动保障的投入降到很低，可能导致工人的生命和健康受到威胁，为工厂引来安全纠纷，最终支付高昂的赔偿费用
3	保险购买不合理	工厂没有进行合理的保险规划，可能会因为购买不必要的保险、过度保险或保险范围选择不足，无法有效地保护工厂的利益和员工的生命安全，从而浪费资金
4	监管不力	监管部门对工厂的安全生产和保险控制工作监管不力，工厂存在违法违规生产活动，导致工人受伤和工厂财产遭受损失的风险

4.4.2 劳动保护费用控制办法

本办法可以解决以下问题：一是工厂管理者与员工意识不足导致的安全生产风险，增加工厂劳动保护费用；二是工厂对劳动保护投入不足、不合理导致的费用浪费；三是安全生产监督管理不合理导致的安全风险高，劳动保护费用随之增加。

劳动保护费用控制办法

第1章　总则

第1条　为了更好地控制工厂劳动保护费用，确保员工的安全和工厂的利益得到有效保障，特制定本办法。

第2条　本办法适用于指导工厂的劳动保护费用控制工作。

第3条　本办法所称劳动保护费用是指在生产过程中需要的劳保服装用品、安全防护用品费用及职业病防治费用等。

第2章　劳动保护费用构成

第4条　一般劳保用品。包括现场工作服、制服。如工作服、防寒服、抢险救灾服、工作鞋、管理制服等。

第5条　特种劳保用品。指在劳动过程中或因特殊岗位工作需要，预防或减轻严重伤害和职业危害配备的劳保用品，如安全带，安全带挂件、安全防护网、安全帽等。

第6条　职业病防治费用。指地方病、职业病预防检查费用和由于岗位工作性质增加的检查费用。

第7条　其他劳动保护费用。包括女工保健费、生产、作业类员工从事高压、有害作业的津贴支出。

第3章　劳保服装及安全防护用品费用控制

第8条　进行员工需求评估。了解员工工作环境和风险因素，确定他们需要的劳保服装和安全防护用品的种类和数量，确保购买的劳保用品符合实际需求。

第9条　明确不同工种、岗位所需的劳保服装和安全防护用品的规格、质量要求，建立劳保服装和安全防护用品的标准和规范，确保满足相关法律法规的要求。

第10条　比较不同供应商的报价和产品质量，选择性价比高、可靠的供应商建立合作关系，并与其签订长期合作协议，以获得更好的价格和服务。

第11条　使用更耐用、易清洁的新材料、新技术和新产品或可重复使用的设备，减少频繁购买和更换的成本，为工厂提供更经济高效的安全解决方案，降低安全防护用品的成本。

第12条　综合考虑员工数量、工种分类、替换周期等因素，制定合理的预算，控制劳保服装和安全防护用品的采购成本，并在预算内进行采购，避免超支情况的发生。

第13条　定期检查安全防护用品的磨损情况，对磨损严重的安全防护用品及时修复或更换。

第14条　建立库存管理系统，根据实际需求和使用情况，合理控制库存数量，定期盘点和更新库存清单，避免因过期、损坏等原因造成浪费，并优化订货周期，以避免过多库存积压或缺货的情况。

第4章　职业病防治费用控制

第15条　实施职业病预防措施，控制职业病的发生，包括开展职业卫生检查、实施工作场所环境监测、落实职业病危害因素的控制措施等，减少职业病发生的可能，从而降低治疗费用和赔偿费用。

第16条　制定详细的职业病防治费用管理制度，制度中应包括费用申报、费用审批、费用核算和预算控制等。建立职业病防治费用的清单，对职业病防治费用进行分类管理，确保费用的合理性和透明度。

第17条　对职业病防治费用进行预算控制，根据实际情况合理分配预算，并进行严格的预算监控。

第18条　引进先进的技术和设备，改善生产过程中的职业病危害因素，减少职业病的发生和职业病防治费用的支出。

第5章　安全监督与检查

第19条　制定和完善安全管理制度和规范，明确责任和要求，确保工厂生产现场环境的安全和健康。

第20条　建立健全安全监督机制，定期检查和评估劳保服装用品及安全防护用品的使用情况，防止浪费和不当使用，确保劳保服装用品的有效使用和延长使用寿命。

第21条　建立安全生产责任制，明确各级领导和员工的安全生产职责，加强对生产过程的监督和管理。

第6章　安全培训与考核

第22条　加强对员工的劳保意识和正确使用劳保服装用品的培训和宣传。提供相关知识和操作指导，培训员工正确使用和穿戴劳保服装用品，减少因误用或不当使用导致的损坏和浪费。

第23条　为员工提供安全防护用品的正确使用培训，确保员工了解如何正确佩戴、使用和维护安全防护用品，减少不必要的损坏和浪费。

第24条　加强员工职业病防治知识的培训，增强员工对职业病防治的意识，让员工了解职业病的危害性和预防措施，以减少职业病的发生，降低治疗费用和赔偿费用。

第25条　培训完成后，要及时对培训效果进行评估，采取问卷调查、意见反馈等形式，了解员工的培训效果及意见，以调整和改进培训工作。

第7章　附则

第26条　本办法由行政部负责编制、解释与修订。

第27条　本办法自××××年××月××日起生效。

4.4.3　财产保险费用控制办法

本办法可以决以下问题：一是风险评估不科学导致保险种类选择不合适，保险金额不足，无法覆盖实际的损失；二是保险合同的管理不够规范影响理赔效率，增加额外的经济损失；三是工厂一味地削减保险费用的支出，忽略了保险购买的合理性和覆盖面导致工厂遭受的损失。

财产保险费用控制办法

第1章　总则

第1条　为了尽可能地降低财产保险费用，从而为工厂降低成本、提高竞争力，提供保险保障，特制定本办法。

第2条　本办法适用于指导工厂的财产保险费用控制工作。

第2章　财产保险费用构成

第3条　建筑物保险费用。用于保护工厂的建筑物免受损失或损坏的风险，包括火灾、爆炸、自然灾害等。

第4条　设备保险费用。用于保护工厂的设备免受损失或损坏的风险，包括机器故障、意外事故、盗窃等。

第5条　库存保险费用。用于保护工厂的库存免受损失或损坏的风险，包括货物损失、货物被盗等。

第6条　运输保险费用。用于保护工厂的货物在运输过程中免受损失或损坏的风险，包括运输事故、货物丢失等。

第7条　污染责任保险费用。用于保护工厂免受因环境污染事故而导致的责任和赔偿风险，包括土壤、水源、大气等方面的污染。

第8条　商业中断保险费用。用于保护工厂在意外事故或灾害导致生产中断时的经济损失，包括损失的销售收入、利润及额外的开支等。

第3章　各构成项控制措施

第9条　建筑物保险费用的控制措施。

1.定期评估建筑物价值并确保保险金额与其相符。

2.加强建筑物的防火措施和安全设施，以降低火灾和其他损害的风险。

3.定期进行维护和检修，确保建筑物的结构和设备处于良好状态，减少潜在的风险。

第10条　设备保险费用的控制措施。

1.进行定期的设备维护和检修，确保设备的正常运行和安全性。

2.制订预防性维护计划，定期检查设备以发现潜在故障迹象，并及时采取修复措施，避免大规模的设备故障。

3.培训员工正确操作设备，避免不正确使用设备导致的设备损坏。

第11条　库存保险费用的控制措施。

1.实施严格的库存管理制度，定期进行库存盘点，及时更新库存记录，避免因误差导致的保险费用增加。

2.确保仓库储存环境符合要求，避免因温度、湿度等因素引起的库存损坏。

3.定期评估库存价值，根据实际需要调整保险金额，避免过度保险或保险不足。

第12条　运输保险费用的控制措施。

1.选择可靠的运输合作伙伴，并与其建立长期合作关系，确保货物在运输过程中得到适当的保护。

2.加强运输过程的监控和跟踪，避免货物丢失或损坏。

3.评估运输风险，选择合适的运输保险计划，根据货物的价值和运输距离确定保险金额。

第13条　污染责任保险费用的控制措施。

1.与环境保护专业机构合作，进行污染责任保险的咨询和评估，确保保险计划的合理性和适应性。

2.加强员工培训，增强他们对环境保护和污染防治的意识，减少意外事故的发生。

3.定期审查环境保护政策和措施，确保其符合最新的法规要求，并及时调整保险计划。

第14条　商业中断保险费用的控制措施。

1.进行商业中断风险评估，确定潜在的商业中断风险因素，并采取预防措施来减少风险。

2.制订紧急响应计划，以便在发生商业中断时能够快速采取措施，减少生产中断时间和经济损失。

3.定期审查商业中断保险计划，确保保险金额与企业的实际需求相匹配，避免过度保险或保险不足的情况发生。

第4章　保险合同管理控制

第15条　建立和完善保险合同管理制度，妥善保管保险合同，合同内容包括保险责任、免赔额、保险期限、保险金额等，根据实际情况进行仔细核对。

第16条　在工厂的设备更新、工艺改进等情况下，需要及时更新保险合同，以保证保险责任的全面覆盖和保险金额的准确计算。

第17条　定期对保险合同进行评估，确保相关条款始终符合工厂的实际情况和风险评估结果，如果实际情况发生变化，及时与保险公司对保险合同进行协商调整或变更。

第5章　保险理赔流程控制

第18条　建立健全理赔申报制度，规定理赔申报的流程、条件和标准，明确理赔时需要提供的资料和文件，并严格执行。

第19条　与保险公司建立良好的合作关系，及时沟通理赔事宜，确保理赔工作顺利进行。

第20条　加强理赔时效性的管理，建立严格的理赔时限制度，及时处理理赔事宜，并做好理赔的跟踪工作，确保理赔工作的及时性和准确性。

第6章　保险费用预算及控制

第21条　根据历年的保险费用开支情况，分析其变化趋势和影响因素，并对工厂可能面临的风险进行评估，包括自然灾害、盗窃、损坏等，根据风险水平制订适当的保险计划。

第22条　定期评估保险计划的执行情况，并了解保险公司保险产品的价格和政策，及时调整保险计划，以满足不同阶段的保险需求。

第23条　全面了解保险费用的构成，包括保险费用的基本保费、附加费用和税费等，保证对保险费用的合理控制，避免因过高的保险费用增加工厂的财务负担。

第24条　明确需要保险的范围，不要选择不必要的附加保险，以免增加多余的保险费用。

第25条　对于需要支付免赔额的保险种类，可以适当提高免赔额的金额，降低保险费用。

第7章　附则

第26条　本办法由行政部负责编制、解释与修订。

第27条　本办法自××××年××月××日起生效。

4.5　信息系统维护费用控制

4.5.1　信息系统维护费用控制问题清单

信息系统维护费用控制问题清单如表4-5所示。

表4-5　信息系统维护费用控制问题清单

序号	问题	具体描述
1	维护费用投入大	没有充分考虑系统维护所需的硬件、软件、人力资源等方面的费用，以及潜在的风险和突发事件，缺乏科学的维护费用预算计划，维护费用难以控制
2	供应商选择成本高	在选择维护服务供应商时，没有进行充分的市场调研，选择到高价且质量不佳的供应商，导致维护费用过高

序号	问题	具体描述
3	额外费用开支大	缺乏有效的维护费用监控机制，无法及时发现和纠正费用超支的情况，造成不必要的费用开支
4	员工培训成本高	信息系统维护人员专业度不足，导致维护效率低下和错误操作，需要聘请专业人员对其进行培训，或是需要招聘专业维护人员，进而增加信息系统的维护费用
5	供应商服务质量不稳定、收费高	工厂往往依赖第三方供应商提供的技术支持和维护服务。然而，供应商可能存在服务质量不稳定、延迟响应、维护费用高昂等问题，这可能导致维护成本上升和服务质量下降

4.5.2 信息系统维护费用控制办法

本办法可以解决以下问题：一是信息系统维护费用构成及其对应的控制措施不清晰、不明确；二是维护计划的制订与实施工作的开展不到位；三是相关控制人员的培训管理与考核工作不全面、不到位。

信息系统维护费用控制办法

第1章 总则

第1条 为了有效地控制信息系统维护费用，保障工厂信息系统地可靠运行，确保信息系统维护工作的资金、人力和物质资源得到最佳的配置和利用，特制定本办法。

第2条 本办法适用于指导工厂的信息系统维护费用控制工作。

第2章 信息系统维护费用构成

第3条 工厂应明确信息系统维护费用的构成，然后分析每个构成项的特征，针对每个构成项提出具体可行的费用控制措施。信息系统维护费用通常由以下几个方面构成。

1.硬件维护费用。包括对工厂使用的服务器、网络设备等硬件进行定期维护、故障修复、备份和升级等工作所产生的费用。

2.软件维护费用。涉及工厂所使用的各类软件系统，包括工厂资源计划数智系统、生产管理系统、仓储管理系统、质量管理系统等软件的维护、更新、升级等费用。

3.数据库维护费用。涉及对工厂的数据库进行备份、优化、维护和数据安全保护等工作所产生的费用，包括数据库管理员（DBA）的工资、数据库管理软件的许可证费用及数据备份和恢复的硬件和软件成本。

4.网络维护费用。涉及工厂网络基础设施的维护费用，包括网络设备的维护、升级和替换费用，以及网络安全防护措施的实施和维护费用。

5.外部技术支持费用。当工厂需要外部专业技术团队提供信息系统维护支持时，会产生外部技术支持费用，包括技术咨询、故障排除、系统调整和性能优化等方面的费用。

6.培训费用。为了确保员工具备良好的信息系统操作和维护技能，工厂需要进行培训工作，包括内部培训课程、外部培训活动、培训材料和培训讲师的费用。

7.许可证费用。涉及购买和维护信息系统软件的许可证费用，包括操作系统、应用软件和数据库软件等的许可证费用。

8.咨询和评估费用。当工厂需要进行信息系统的咨询、评估和规划工作时，会产生相应的费用，包括咨询公司的服务费用、专业评估费用和规划顾问的费用。

第3章　信息系统维护各项费用控制措施

第4条　硬件维护费用控制。

（1）定期进行预防性维护，避免硬件故障的发生。

（2）管理硬件设备的使用寿命，及时淘汰老旧设备，避免频繁的修复和更换成本。

（3）确保合理的备件库存，减少紧急维修时的停机时间和高额维修费用。

第5条　软件维护费用控制。

（1）定期更新和升级软件版本，以实现性能优化和安全性改进。

（2）精选适合工厂需求的软件套件，避免过度定制和复杂功能造成的额外维护成本。

（3）制订良好的软件使用规范和培训计划，提高员工的软件操作技能，减少操作失误和故障发生。

第6条　数据库维护费用控制。

（1）定期进行数据库备份和恢复测试，确保数据的安全性和完整性。

（2）优化数据库性能，减少查询和操作时间，提高系统的响应速度和效率。

（3）避免无效数据和冗余数据的储存，节约储存空间和备份成本。

第7条　网络维护费用控制。

（1）定期检查网络设备的运行状态和性能，确保设备正常工作。

（2）建立有效的网络安全措施，包括防火墙、入侵检测系统和安全访问控制，减少网络攻击和数据泄露的风险。

（3）实施网络带宽管理和流量监控，避免网络资源的浪费和滥用。

第8条 外部技术支持费用控制。

（1）建立长期合作伙伴关系，与可靠的外部技术支持供应商进行合作，以获得更有竞争力的费用和优质的服务。

（2）根据实际需求和紧急情况选择合适的技术支持方案，避免过度依赖外部技术支持而产生的高额费用。

第9条 培训和培养费用控制。

（1）制订有效的培训计划，结合内部培训和外部培训资源，提供具有针对性的培训课程，培养员工的信息系统操作和维护技能。

（2）培养工厂内部的技术专家，减少外部聘请或咨询费用的支出。

第10条 许可证费用控制。

（1）定期审查和评估已购买的许可证，确保实际使用情况与许可证的覆盖范围相匹配，避免过度购买造成浪费。

（2）与供应商谈判，争取更有竞争力的许可证费用和优惠政策。

（3）针对一些使用频率较少的软件，考虑使用开源或免费软件替代，减少许可证费用支出。

第11条 咨询和评估费用控制。

（1）在选择咨询和评估服务提供商时，进行综合评估并比较不同供应商的报价和服务水平，选择最具成本效益的方案。

（2）根据实际需求，明确咨询和评估的范围和目标，避免不必要的费用和过度的咨询活动。

（3）定期评估咨询和评估的效果，确保其对工厂的信息系统维护和发展具有实际的帮助。

第4章 维护费用预算控制

第12条 了解信息系统的维护需求，包括硬件、软件、网络等方面，对维护工作的规模、复杂度和频率进行评估，确定费用范围。

第13条 根据维护需求和计划，确定维护预算。综合考虑软件维护、硬件维护、数据库维护、网络维护、培训、外包等方面的费用，确保预算的全面性。

第14条　建立监控和报告机制，记录和跟踪信息系统维护费用的发生和变化，包括硬件设备的维护成本、软件许可费用、人员工资、外部服务费用等，定期生成费用报表，报表中应包括实际费用、预算费用、费用偏差和原因分析等，报表应及时报告给总经理，以调整预算的分配和控制策略，确保预算的合理性和可持续性。

第15条　使用外包服务或与供应商签订信息系统维护合同的，要审查合同条款，确保费用、服务水平、服务范围和时间要求等都约定明确，确保合同中的费用明确、合理且可控。

第16条　与外部服务供应商达成服务级别协议，明确服务水平和绩效指标，进行响应时间、故障处理时间、服务可用性等方面的约定。并对供应商的绩效进行监控和评估，确保其按照协议履行义务。

第17条　定期监控外部服务供应商的服务和费用情况，确保服务水平符合要求，费用合理且在预算范围内，并定期进行审计，核对外部服务费用的准确性和合规性，以提高费用控制的效果。

第18条　采取引入多个供应商的方式，避免对单一供应商的过度依赖，增加供应商之间的竞争，促进对信息系统维护费用的控制，并在其中一个供应商无法提供服务时有备选方案，避免无法及时进行信息系统维护而造成损失。

第5章　定期检查与更新

第19条　定期对系统的硬件设备进行检查，检查硬件设备的状态、温度、风扇运转情况等，确保其正常运行，及时发现和处理硬件故障，减少故障和安全事件的发生，减少维护费用和恢复成本。

第20条　检查系统的日志记录、错误报告和性能指标，以及系统的安全性配置和更新情况，确保系统能够抵御安全威胁，同时，检查软件系统的运行状况和性能，确保系统的稳定性和安全性，延长系统的使用寿命，减少更换和升级的成本。

第21条　定期检查数据库的备份和还原情况，确保数据的完整性和可恢复性。检查数据库的性能和空间使用情况，进行性能调优和空间管理。同时，审查数据库的访问权限和安全措施，以保护敏感数据的安全。

第22条　检查网络设备的连接状态和运行状况，确保网络的稳定性和可靠性。检查网络设备的配置和安全措施，以防止未经授权的访问和安全威胁。定期进行网络扫描和漏洞评估，发现和修补潜在的漏洞。

第6章　附则

第23条　本办法由行政部负责编制、解释与修订。

第24条　本办法自××××年××月××日起生效。

4.6　生产制造费用如何"降本增利"

4.6.1　生产制造费用"降本增利"实施要点

生产制造费用是工厂生产经营中的重要开支之一，对这一费用进行控制，强化"降本增利"，可推进工厂高质量发展。生产制造费用"降本增利"实施要点如图4-1所示。

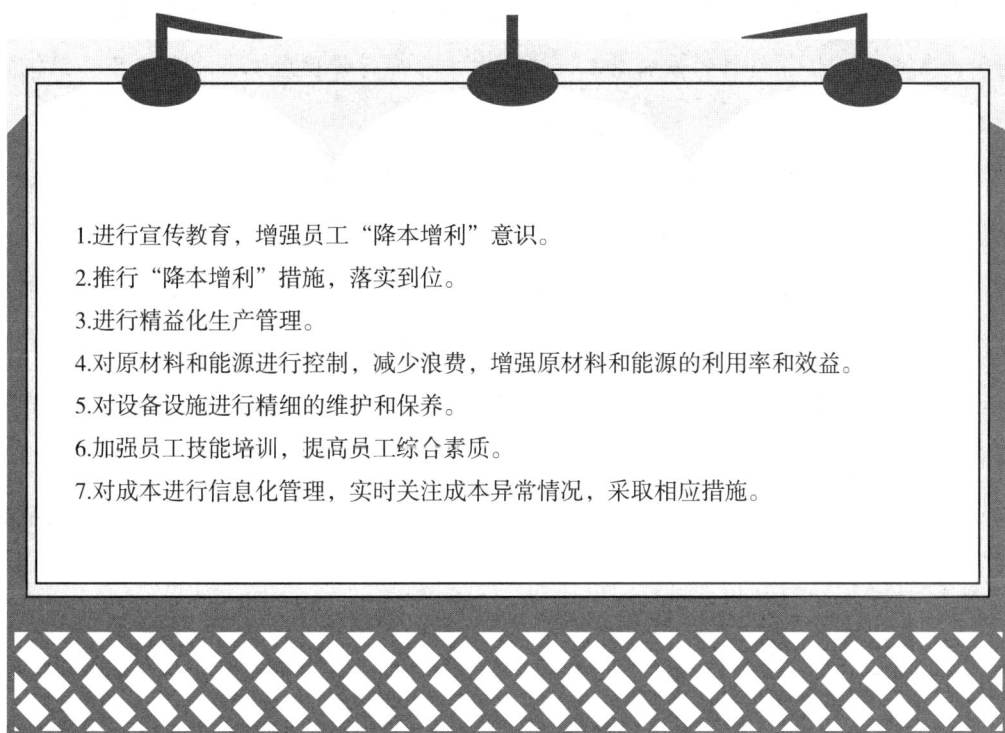

1.进行宣传教育，增强员工"降本增利"意识。

2.推行"降本增利"措施，落实到位。

3.进行精益化生产管理。

4.对原材料和能源进行控制，减少浪费，增强原材料和能源的利用率和效益。

5.对设备设施进行精细的维护和保养。

6.加强员工技能培训，提高员工综合素质。

7.对成本进行信息化管理，实时关注成本异常情况，采取相应措施。

图4-1　生产制造费用"降本增利"实施要点

4.6.2 生产制造费用"降本增利"实施方案

本方案可以解决以下问题：一是生产制造费用的各构成要素不明确、不清晰；二是对于各费用构成项目的控制措施不具备针对性与可行性；三是工厂"降本增利"文化建设不到位。

生产制造费用"降本增利"实施方案

一、目标

降低生产制造成本，提高生产效率和质量，实现工厂生产制造费用的"降本增利"。

二、生产制造费用构成

1.直接人工费用。与生产直接相关的劳动力成本，包括生产线上的操作人员、技术人员等的工资、津贴、奖金和福利等。

2.直接材料费用。生产过程直接转化为产品的原材料、零部件和其他直接使用的材料的成本。包括原材料的采购成本、运输成本、库存管理成本，以及废品和损耗的成本。

3.制造费用。用于产品生产过程的制造活动所产生的费用，包括机器设备的折旧、维护和修理费用、工厂设施的租赁费用、能源消耗和设备耗损等。

4.间接人工费用。与生产相关但不直接参与产品制造的劳动力成本，包括管理人员、监督员、质量控制人员和维修人员的工资、福利和培训费用等。

5.间接材料费用。与生产相关但不直接转化为产品的材料费用，如办公用品、清洁剂和耗材等的费用。

6.间接制造费用。用于支持生产过程的间接费用，如工厂管理、物料管理、设备维护、生产规划和生产监控等的费用。

7.包装和运输费用。包括将成品包装为最终产品的费用，以及产品的运输、配送和仓储管理费用。

8.质量成本。涉及产品质量管理的成本，包括质量检测、测试设备、品质控制和质量改进的费用。

9.环境与安全成本。用于环境保护和安全管理的费用，包括废物处理、污染控制、劳动保护、安全培训和安全设备的费用。

三、各构成项成本费用控制措施

1.直接人工费用控制措施。

（1）优化生产计划和调度，确保人力资源的合理利用和产能最大化。

（2）培养多技能工人，减少对外部专业人员的依赖，降低人工成本。

（3）实施激励机制，提高员工绩效和效率，以减少不必要的加班。

2.直接材料费用控制措施。

（1）优化供应链管理，与可靠的供应商建立长期合作关系，以获得更好的价格和交货条件。

（2）控制库存水平，避免库存积压和材料过期造成的浪费。

（3）实施严格的材料使用和损耗控制措施，减少废品和损耗的发生。

3.制造费用控制措施。

（1）定期进行设备维护和保养，延长设备寿命，减少突发故障和停机时间。

（2）优化设备布局和生产流程，提高生产效率和生产线平衡度。

（3）考虑租赁设备，根据实际生产需要灵活调整设备使用量，减少固定成本。

4.间接人工费用控制措施。

（1）优化组织结构和人员配置，减少不必要的管理和监督层级。

（2）建立绩效考核体系，激励员工提高工作效率和质量。

（3）提供员工培训和技能提升机会，提高员工的综合素质和适应能力。

5.间接材料费用控制措施。

（1）采购标准化的办公用品和耗材，降低成本并简化管理。

（2）建立合理的库存管理制度，控制间接材料的使用量和库存水平。

（3）考虑与供应商洽谈批量采购或集中采购，以获得更有竞争力的价格和优惠。

6.间接制造费用控制措施。

（1）精确估计和控制间接制造费用预算，确保支出与计划相符。

（2）优化生产规划和排程，减少生产资源的闲置和浪费。

（3）运用先进的生产管理系统和技术，提高生产过程的可见性和效率。

7.包装和运输费用控制措施。

（1）采用合适的包装设计，确保产品在运输过程中的安全性和完整性，尽量减少包装材料的使用量。

（2）评估不同的运输方式，选择成本效益最高的运输方式。

（3）与物流服务供应商进行合作，确定合理的包装和运输费用。集中采购可以获得更有竞争力的价格，通过谈判能够获得更好的服务和条件。

（4）优化运输路线和计划，缩短运输距离和时间，降低运输成本。利用物流技术和工具，进行运输路线规划和调度，以提高效率。

8.质量成本控制措施。

（1）建立健全质量管理体系，明确质量控制标准和流程，确保产品质量符合要求。通过良好的质量管理，减少不合格品和返工的成本。

（2）加强员工的质量培训意识，提高其质量意识和技能水平。确保员工了解和遵守质量标准和操作规程，降低质量问题。

（3）利用自动化技术和先进的检测设备，提高产品检测和测试的效率和准确性，减少不良品的产生。

（4）运用持续改进的方法和工具，例如，六西格玛、质量改进小组等，通过流程优化和缺陷预防，减少质量问题和相关成本。

9.环境与安全成本控制措施。

（1）确保符合与环境保护相关的法律法规和标准，遵守环境管理要求，建立环境管理体系，进行废物处理和污染控制，降低环境污染和相关成本。

（2）加强员工的安全培训，提高员工对安全管理的认识，宣传安全生产文化，鼓励员工参与安全管理和风险预防，降低安全事故的发生率。

（3）采购和使用符合安全标准的设备和防护装置，确保员工的安全，定期检查和维护安全设备，确保其有效性和可靠性。

（4）定期进行安全审查和评估，识别和纠正潜在的安全风险和问题，建立安全报告和指标，监控和追踪安全绩效，并采取必要的改进措施。

四、生产制造费用管理问题

1.生产制造费用预算不准确。生产制造费用预算不准确可能导致实际成本超出预算，从而影响"降本增利"的目标。

2.质量成本过高。质量成本是指与质量相关的成本，包括检验、审核、处理质量问题等的成本。如果质量成本过高，工厂需要寻找降低质量成本的方法。

3.间接人工成本过高。间接人工成本是指除直接人工成本和直接材料成本外的所有成本，如管理费用、财务费用等。如果间接人工成本过高，工厂需要寻找降低间接人工成本的方法。

4.缺乏有效的作业成本管理措施。作业成本管理是一种有效的成本管理方法，可以帮助工厂更好地了解每个作业的成本和收益。如果工厂缺乏有效的作业成本管理措施，会导致无法发现成本管理中的问题和瓶颈。

5.缺乏全面的成本分析。全面的成本分析可以帮助工厂了解整个生产过程的成本状况，并发现成本管理中的问题和瓶颈。如果工厂缺乏全面的成本分析，会导致无法识别出可以优化的地方。

6.信息不对称。由于信息不对称，工厂可能无法获得准确的成本信息，从而影响到"降本增利"的目标。

7.员工意识缺乏。员工缺乏节约意识和不遵守管理制度，造成生产过程中的一些不必要的浪费和损失，如过多的废品、材料过期等。

五、解决措施

1.加强预算管理。工厂应该加强预算管理，制订精准的预算计划，以确保成本控制的有效性。通过预算管理可以发现生产制造费用管理中的问题和瓶颈，从而及时采取相应措施。

2.优化生产流程。通过对生产流程进行优化，可以减少生产制造费用。例如，可以通过自动化技术来减少人工成本，或者通过优化生产线布局来提高生产效率。

3.引入作业成本法。作业成本法是一种先进的成本管理方法，它可以帮助工厂更好地了解每个作业的成本和收益。因此，工厂应该引入作业成本法，并对作业成本进行分析和管理，以发现成本管理中的问题和瓶颈。

4.实行目标成本管理。目标成本管理是一种以目标利润为导向的成本管理方法。通过制定目标成本，可以更好地了解成本状况，并为实现目标利润而努力。因此，工厂应该实行目标成本管理，并监控成本状况，及时进行调整。

5.加强信息管理。工厂应该加强信息管理，引入自动化、信息化、智能化工具或管理系统，确保获得准确的成本信息，并根据信息进行成本管理和控制。通过信息管理可以避免信息不对称带来的影响，从而更好地进行成本管理和控制。

6.增强员工节约意识。工厂应该采取有效的措施，将浪费行为纳入绩效考核中，通过培训员工来增强员工节约意识。

六、"降本增利"的推动措施

1.加强宣传，增强员工"降本增利"意识。

（1）开展多种宣传活动，传达"降本增效"的紧迫性、必要性意识，使员工能在潜移默化的环境中产生积极性和责任感。

（2）通过多方宣传，使员工在日常生活中也能够树立节约成本的意识，形成良好的风气和习惯。

2.提高员工素质，降低成本。

（1）对员工进行定期或不定期的技能培训、考核，提高员工的整体素质和工作效率，避免因技能不熟练、操作失误而造成的成本损失。

（2）应对考核中表现优异的员工进行奖励，以此提高员工的积极性，形成良性竞争。

3.对生产实施精益化管理。

（1）对市场进行分析，根据市场的变化调整工厂的生产计划，实施准时化生产管理，避免生产过量的产品而产生囤积现象，造成大量成本浪费。

（2）对成品库存进行精准把握，多余的库存会造成各方面成本的增加，要进行均衡化生产，尽量做到"零库存"，满足市场需求。

（3）强化工厂质量管理，设立质量管理部门，对每个生产环节都严格把关，发现问题及时解决，从源头控制质量问题，减少不合格率，从而减少因次品而带来的浪费现象。

4.对生产计划进行科学规划。

（1）根据市场需求进行生产预测，由生产预测结果及收到的客户订单，估算出需要制作的产品数量。

（2）结合库存成品数，最终制订合理的生产计划，使生产流水线流畅运行，既不积压库存，也不会无产品可卖，在满足客户需要的同时提高工厂的生产效益。

5.优化供应商管理。

（1）工厂车间的原材料、半成品、设备设施及各种生产工具都是一笔不小的开销，对其供应商进行优化管理可以大幅降低工厂的生产制造费用。

（2）工厂要根据市场变化，实时掌握潜在的供应商信息，开发更具竞争力的供应商，以帮助工厂降低生产成本，获得更好的供货环境。

（3）要对供应商进行实地考察和评估，选择出合格的供应商，获取物优价廉的设备设施和工具，提高工厂生产效率。

（4）根据供应商提供的产品和服务，对其进行绩效评估，在有问题处提出意见，促进供应商完善升级，从而为工厂提供更优质的产品和服务，降低工厂的采购成本和风险。

6.加强设备设施的维护保养。

（1）设立专门的存放点存放设备设施，并对其进行编号。存放点的环境应避免阴冷潮湿，在工具室和仓库等地方也要做好防潮措施。

（2）定期对设备设施进行检查并记录，若发现问题应及时处理，预防在使用过程中出现安全问题。

（3）对维修人员要进行培训和教育，使其能够掌握最新的维修技术和零件结构。在日常维护过程中，维修人员也要对坏损部位的维修进行工作总结，总结坏损原因和特点，每月形成报表进行报送，以便在出现相同问题时能更快速解决问题。

7.成本信息化管理。

（1）建立信息化系统，实施"可视化"的实时管理，设置生产项目综合管理模块，对生产项目进行统筹管理，对成本进行管控和分析，在平台上管理层可随时查看成本的动态实况，实施有效的成本控制。

（2）由于成本的分摊比例直接影响成本核算，所以在信息化系统中，需要根据生产收益情况和市场浮动情况设定合理的成本分摊比例，每月结算时按比例将成本费用分配到各收益成本项。

七、"降本增利"工作考核管理

1.定期进行成本分析和报告。定期对生产制造费用进行成本分析和报告，以便工厂管理层和相关人员能够及时了解生产制造费用管理的实际情况，评估"降本增利"的效果，找出潜在的问题并进行优化。

2.评估成本节约和超支情况。定期评估各部门或团队的成本节约和超支情况，以及实现"降本增利"目标的进展情况。帮助工厂管理层和相关人员及时发现问题并采取相应措施，实现成本控制的目标。

3.建立考核机制。建立科学、合理的考核机制，对"降本增利"工作进行量化考核，以便工厂领导和相关人员能够清楚了解各部门或团队的成本控制情况，并根据考核结果进行奖惩。以下是考核步骤。

（1）设定"降本增利"工作的具体考核指标，对成本节约和超支、生产效率提升、产品质量改善等方面进行考核，并根据实际情况进行调整和完善。

（2）明确各部门或团队的成本控制标准和要求，并确保考核标准的执行和监督。

（3）设立专门的考核小组，负责对各部门或团队的成本控制情况进行考核和奖惩。考核小组应该具有广泛的代表性，以确保考核结果的公正性和可信度。

（4）根据考核结果，对达到考核标准的部门或团队进行奖励，对未达标的部门或团队进行相应的惩罚，并且公布考核结果，接受员工的监督。

（5）要求各部门或团队定期向上级领导和相关人员汇报成本控制情况和"降本增利"目标的实现情况，以便及时发现问题并采取相应措施。

（6）建立信息共享平台，促进各部门之间的信息交流和共享，以便更好地进行成本管理和控制。

4.客户反馈。通过客户反馈可以了解客户对工厂产品和服务的满意度，并根据反馈意见进行改进。同时，客户反馈也可以帮助工厂了解客户对生产制造费用管理的要求和建议，从而更好地进行成本管理和控制。

5.透明度管理。透明度管理是一种提高工厂生产制造费用管理透明度的方法。通过提高工厂生产制造费用管理的透明度，可以促进内部监督和外部监督相结合，确保生产制造费用管理的有效性和合理性。

05

工厂管理费用"精进化"

5.1　人力开发费用控制

5.1.1　人力开发费用控制问题清单

人力开发费用控制问题清单如表5-1所示。

表5-1　人力开发费用控制问题清单

序号	问题	具体描述
1	开发投入大	开发人力资源需要大量的广告费用、招聘中介费用，以及面试和选拔的成本，吸引和留住高素质的人才往往需要投入更多的资源
2	招聘难度大	高科技和专业技能领域的人才市场竞争激烈，可能导致很难招聘到合适的人
3	稳定性不强	招聘到合适的人才后，如果员工感到不被重视或没有机会晋升，可能会离开
4	培训成本高	为了确保员工能够获取最新的技能和知识，培训和发展计划至关重要。然而，制订一个有效的培训计划并让员工参加可能会很昂贵且耗时
5	合规风险大	在人力资源的招聘过程中，必须遵守各种法规，包括平等就业、工资和工时、隐私等相关法规，不遵守这些规定可能会导致严重的法律风险
6	绩效管理难和奖励措施不合理	确定有效的绩效评估方法和适当的激励措施需要考虑很多因素，采取多种方式，工厂需要确保绩效评估公正、准确，促使激励措施能够有效地激发员工的积极性和动力

5.1.2　技术研发人员开发费用控制管理规定

本规定可以解决以下问题：一是技术研发人员开发费用控制工作中各部门主管人员职能不明确；二是费用预测工作步骤不详细、不具备可行性；三是费用控制工作程序不规范、不合理；四是开发费用节约措施不适用。

技术研发人员开发费用控制管理规定

第1章 总则

第1条 为了明确技术研发人员开发费用控制工作的工作职责、工作要求、工作步骤等内容，指导技术研发人员开发费用控制工作，降低开发费用，提升工厂整体效益，特制定本规定。

第2条 本规定适用于技术研发人员开发费用控制工作的管理。

第2章 费用预测工作步骤

第3条 收集相关信息。人力资源管理部需要收集有关技术研发人员招聘、引进的相关信息，包括人力资源市场的行情、薪资水平、社会保障费用等方面的信息，以及工厂自身的招聘需求和预算计划等。

第4条 分析人员需求。人力资源管理部根据工厂的发展战略和研发业务需求，确定所需技术研发人员的岗位类型、人数、薪资等级、福利待遇等方面的要求，以及招聘渠道和方式等。

第5条 制订预算计划。人力资源管理部在分析人员需求的基础上，制订技术研发人员招聘、引进的预算计划，包括预计薪资、福利、社会保障费用、招聘渠道和费用等方面的内容。

第6条 建立预测模型。人力资源管理部通过对历史招聘数据的分析，建立技术研发人员招聘、引进的预测模型，根据预算计划中的人员需求、招聘渠道和薪资等级等信息，预测未来一段时间内的招聘费用和人员引进费用。

第7条 不断优化和调整。人力资源管理部根据实际招聘情况和预算计划的执行情况，对预测模型进行优化和调整，确保预测结果的准确性和可靠性。

第3章 费用控制工作流程

第8条 制定预算。财务部、人力资源管理部和技术部共同制定技术研发人员开发费用的预算，预算应基于工厂战略和发展规划，并考虑到市场需求、竞争环境、人力资源等因素，预算应合理、详细、准确，同时要与实际情况相符。

第9条 管理和控制费用支出。工厂应监督和管理技术研发人员开发费用的支出情况，具体可通过采取预算控制、报表分析、成本核算等方法，及时发现和纠正费用支出偏差，保证费用支出的透明度和可控性。

第10条 审批和授权。财务部负责人在预算范围内审批和授权技术研发人员开发费用的支出，同时对于超预算的支出进行审批和授权，审批和授权过程应该规范、公正、透明，确保费用支出的合理性和合规性。

第11条　绩效评价。人力资源管理部应建立绩效评价体系，对技术研发人员进行绩效评价，以激励和约束员工的行为和工作结果，同时，根据评价结果对员工进行奖惩，从而进一步提高员工的工作效率和工作质量。

第12条　分析和评估。财务部负责对技术研发人员开发费用进行分析和评估，找出成本变化的原因和解决方案，同时，对比分析各项指标，评估费用的经济效益和竞争力，以便优化管理策略和决策。

第13条　持续优化。厂长应领导持续优化技术研发人员开发费用的控制管理工作，不断探索新的管理方法和技术，提高管理效率和成本控制能力。

第4章　开发费用节约措施

第14条　控制预算。制订明确的预算控制计划，考虑招聘流程中各个环节的费用，并确保与招聘目标和财务状况相匹配。

第15条　招聘目标导向。确立明确的招聘目标，以便筛选合适的技术研发人员，明确招聘的技能、经验和背景要求，避免过度招聘或招聘到不合适的人员，从而减少招聘费用。

第16条　渠道选择。选择合适的招聘渠道，以更好地吸引合适的候选人，通过在线招聘平台、专业社交媒体、人才中介机构等渠道，深入了解目标人群的招聘渠道偏好和行为，更精准地投入招聘资源，提高招聘效果并控制费用。

第17条　内部推荐和员工引荐计划。工厂应通过员工内部推荐和引荐计划，利用现有员工的网络和资源来寻找合适的技术研发人员。

第18条　招聘流程优化。审查和优化招聘流程，以提高效率并降低费用。通过简化流程、采用自动化工具和技术来提高招聘的速度和适配率，同时，确保流程中各环节（面试、背景调查和候选人评估等）的费用可控。

第19条　费用效益分析。定期对招聘活动的费用和效果进行评估和分析，根据不同渠道、方法和策略的费用与招聘结果之间的关系，进行成本效益分析，以便调整和优化招聘策略，确保在费用控制的前提下达到良好的招聘效果。

第5章　附则

第20条　本规定由总经办负责编制、解释与修订。

第21条　本规定自××××年××月××日起生效。

5.1.3　人才引进管理费用控制方案

本方案可以解决以下问题：一是人才引进管理费用控制工作中，棘手问题不明确且无相应的解决措施；二是人才引进流程逻辑不通、内容不详细；三是猎头与专有技术人才等关键人才的引进费用控制措施不可行、不具备针对性。

人才引进管理费用控制方案

一、目标

1.降低成本。人才引进管理费用包括招聘、培训、薪酬和福利等方面的开支，通过控制和节约这些费用，工厂可以降低人力资源成本，从而提高利润率。

2.提高效率。通过优化招聘流程和筛选机制可以减少不合适的人员进入工厂，从而提高人力资源的匹配度和效率，减少浪费。

3.提高人才质量。优化人才引进费用结构，吸引更高质量的人才，提升团队的整体素质和能力水平，从而推动工厂的创新和发展。

4.应对市场不确定性。市场环境经常发生变化，包括经济波动、竞争压力和技术进步等。通过控制和节约人才引进管理费用，工厂可以更好地降低成本，帮助工厂保持盈利能力，取得竞争优势。

5.实现组织战略目标。通过对人才引进管理费用进行控制和节约，工厂可以将更多的资源投入到其他关键领域，如研发创新、市场推广和提升生产效率等，有助于加速组织的发展和实现长期目标。

二、费用控制问题

在人才引进管理费用的控制工作中，常见的问题如下。

1.成本核算难度大。由于人才引进费用涉及多个环节，如猎头费、薪资福利、培训补贴等，因此成本核算难度较大，容易出现误差。

2.费用分摊争议。对于由多个部门共同引进的人才，如何分摊费用常常存在争议。

3.引进人才质量不佳。若工厂没有建立科学的人才引进评估机制，加上人才市场良莠不齐，引进的人才质量难以保证。

4.人才流失率高。若工厂引进的人才流失率较高，不仅会造成费用的浪费，还会影响工厂的运营和发展。

5.费用管控流程不完善。人才引进管理费用需要各个环节的协同配合，若费用管控流程不完善，就容易造成费用的滥用和浪费。

6.跨地域引进人才困难。若工厂需要跨地域引进人才，就可能涉及很多的复杂问题，如人才的住宿、交通、医疗等问题，这些问题难以一次性解决。

三、解决措施

1.建立费用核算制度，明确费用的组成和核算标准，确保费用核算的准确性。

2.根据工厂的发展情况和市场需求，及时调整人才引进计划，确保引进的人才与工厂的需求相符。

3.通过招标、询价等方式，寻找合适的人才引进服务商，降低管理费用。

4.通过开发招聘渠道、优化招聘流程等方式，提高引进人才的质量。

5.与当地政府和服务机构合作，共同解决跨地域引进人才的问题，如提供住宿、交通、医疗等方面的支持。

四、人才引进流程控制

1.确定招聘需求。根据工厂战略规划和业务需求，确定需要招聘的岗位、数量和任职要求等。

2.制订招聘计划。在招聘需求的基础上，制订详细的招聘计划，包括招聘渠道、时间节点、预算等。

3.发布招聘信息。根据招聘计划，在工厂官网、第三方招聘网站等多个渠道发布招聘信息，吸引合适的人才应聘。

4.筛选简历。根据招聘需求和岗位要求，筛选符合条件的简历，初步筛选出合适的候选人。

5.进行面试。对初步筛选出来的候选人进行面试，根据岗位需求和工厂文化等因素，综合考虑候选人的素质和能力，选择合适的人才。

6.进行背景调查。对被录用的候选人进行全面的背景调查，确保候选人的履历真实可靠，并核实是否存在不良记录等情况。以下是背景调查的详细要求。

（1）了解基本信息。获取人才的基本信息，包括姓名、年龄、学历、工作经验等，建立人才信息档案。

（2）联系推荐人。与推荐人联系，了解人才的专业技能、工作能力、性格特点等，了解推荐人对人才的评价。

（3）验证工作经历。通过合法渠道，了解其工作经历、工作能力、工作表现等。

（4）验证学历证书。通过学校官方网站、教育部学历证书电子注册备案平台等途径，验证人才的学历证书真伪。

（5）验证技能证书。通过向相关权威机构、证书颁发机构等官网查询，验证人才的技能证书真伪。

（6）检查信用记录。通过征信机构查询人才的信用记录，了解其信用状况和不良记录。

（7）面谈核实。对于特别关键的岗位或人才，可以进行面谈，了解其个人背景、职业规划、工作态度等。

（8）在进行背景调查时，需要确保遵循相关的法律法规，保护人才的隐私权和个人信息安全。同时，需要注意调查结果的可靠性和真实性，避免出现不准确或误导性的信息。

7.确定录用人员。根据面试结果和背景调查情况，确定最终录用人员，签订合同并安排入职。

8.进行培训。对新员工进行入职培训，使其能够快速适应岗位和工厂文化，提高工作效率。

9.评估和调整。对新员工进行评估，根据工作表现和工厂需求，适时进行调整和优化，确保人才引进工作的顺利进行。

五、关键人才引进费用控制

1.猎头引进费用控制措施。

猎头指一种专业的招聘人员，其工作是为雇主寻找、筛选和招聘高级管理人才和专业人才。猎头通常会与用人单位签订合同，代表雇主招聘合适的人才，并按照一定比例获得酬劳。猎头引进费用控制措施如下。

（1）制定合理的招聘预算。在招聘之前，工厂应根据战略规划和实际需求，制定合理的招聘预算，明确招聘所需的人员数量和招聘范围，并根据招聘需求和招聘市场的行情确定合理的招聘费用预算。

（2）猎头费用谈判。在与猎头合作之前，工厂可以与多个猎头公司洽谈，比较不同猎头公司的服务内容和费用，并选择价格合理的猎头公司进行合作。同时，在与猎头公司签订合同时，要与猎头公司商定服务费用，并约定服务费用的结算方式和标准。

（3）控制招聘流程。工厂可以优化招聘流程，缩短招聘周期，减少招聘次数和成本。例如，可以在工厂内部先行招聘，避免通过猎头进行外部招聘。同时，也可以优化招聘渠道，如使用社交媒体、招聘网站等低成本渠道来发布招聘信息。

（4）管理猎头服务质量。工厂在与猎头公司合作过程中，应密切关注猎头公司的服务质量，如合作期间的沟通效率、推荐的候选人素质、招聘效果等。如发现猎头公司服务质量不佳，应及时与其沟通并调整合作方式。

2.专有技术人才引进费用控制措施。

引进专有技术人才可以为工厂带来先进的技术和管理经验，推动工厂的技术升级和转型发展。但是，引进专有技术人才也需要一定的费用和投入，为控制引进费用，可以从以下几个方面考虑。

（1）制订合理的引进计划。在确定引进专有技术人才的时候，可以结合工厂的实际需要和发展规划，制订合理的引进计划，避免专有技术人才过多或不足的情况发生。

（2）优化招聘渠道。在招聘专有技术人才时，可以通过多种渠道获取信息，如社交媒体、招聘网站、人才中介机构等，并选择合适的招聘渠道和方式，避免不必要的中间环节，降低招聘费用。

（3）确定合理的薪酬待遇。为吸引和留住专有技术人才，工厂需要提供合理的薪酬待遇和福利保障，同时合理控制薪酬支出。可以根据专有技术人才的实际情况，确定合理的薪酬水平和福利待遇，避免高昂的人力成本对工厂的财务状况产生过大的压力。

（4）增加培训和交流机会。除了直接引进专有技术人才，工厂也可以通过培训和交流等方式，提高内部人才的技术水平和管理经验，减少对外引进专有技术人才的需求。

（5）合理规划人才引进费用预算。在引进专有技术人才前，工厂需要制定合理的人才引进预算，明确人才引进费用的组成和分配，并根据实际情况进行动态调整，确保引进专有技术人才的费用控制在预算范围内。

六、人才引进费用控制要求

1.需求明确。明确工厂的实际需求，确定引进人才的职位、岗位和要求，确保引进的人才能够真正满足工厂的需求，发挥其最大的作用。

2.选人标准合理。用规章制度、岗位说明书等方式确定选人标准，确保引进的人才具备高素质、高技能和高道德标准，保证其能够胜任所在岗位。

3.公正选择。在引进人才时，需要进行公正、透明的选拔和评估过程，避免人为因素的干扰和影响，确保引进的人才真正具有所需的技能和能力。

4.合法合规。引进的人才时，需要符合相关的法律法规和政策规定，确保引进行为的合法性和合规性。

5.薪酬合理。对于引进的人才，工厂需要给予合理的薪酬和福利待遇，确保薪酬与福利待遇与其所承担的工作和岗位相匹配，提高其工作积极性和主动性。

6.培养激励。引进人才不仅需要给予适当的薪酬待遇，也需要进行培训和激励，提升其能力和素质，激发其创新和创造力，实现人才的可持续利用。

七、薪酬计划的制订

在制订薪酬计划时，工厂需要注重公正、透明和可持续性，确保薪酬计划的合理性和有效性。同时，需要与员工进行沟通和协商，听取员工的意见和建议，提高员工对薪酬计划的认可度和满意度。以下是薪酬计划的制订要求。

1.确定薪酬目标。工厂需要明确薪酬计划的目标，如吸引和留住人才、提高员工绩效等。

2.确定薪酬策略。工厂需要制定薪酬策略，包括基本薪资、绩效薪资、奖金、福利等方面的安排，并考虑到员工对薪酬的需求和期望。

3.评估岗位价值。工厂需要评估不同岗位的价值和重要性，确定不同岗位的薪酬水平和差异，以体现岗位的价值和员工的贡献。

4.设计薪酬结构。工厂需要设计薪酬结构，包括对薪酬区间、差异度、薪酬带、晋升空间等方面的规划，以保证薪酬结构的公平和合理。

5.制定绩效考核标准。工厂需要制定科学合理的绩效考核标准和评估体系，确保绩效考核的客观性和公正性，并据此确定员工的绩效薪酬。

6.确定薪酬调整机制。工厂需要确定薪酬调整的机制和周期，如每年一次或每季度一次，并结合工厂的业务状况和员工的表现进行调整。

7.考虑薪酬成本。工厂需要考虑薪酬计划的成本，确保在可承受的范围内，同时需要尽可能满足员工的需求和期望。

八、人才引进费用的归集与分配控制

在引进人才时，涉及的费用包括招聘费、人才介绍费、签约费、入职费、迁居费、培训费、社保费、住房补贴、奖金等，这些费用的归集与分配需要遵循以下要求。

1.明确责任主体。归集与分配的责任主体应该明确，以避免因责任不清导致的费用纠纷。

2.建立预算管理制度。在人才引进前，需要制订详细的预算计划，并建立预算管理制度，包括费用的申请、审批、支付和监控等环节，以确保费用的合理、规范和可控。

3.确定费用标准。根据引进人才的不同类型和级别，确定不同的费用标准和范围，对于一些额外的费用，如社保、住房补贴、奖金等，应该根据当地的政策和工厂的实际情况进行合理配置。

4.公开透明。在费用的归集和分配过程中，需要保持公开透明，对于每项费用都需要有相应的单据和记录，以方便管理和审计。

5.监控和优化。归集和分配完成后，需要对费用进行监控和分析，对于存在的问题需要进行及时的调整和优化，以提高费用的使用效率和管理水平。

九、人才管理工具

1.人力资源信息系统。通过建立一个全面的人力资源信息系统，可以实现对人才引进、招聘、培训、绩效管理等各个方面的数据集成、分析和管理。

2.云平台。利用云平台可以实现对员工档案、薪酬、考核等信息的统一管理和共享，同时还能提高信息的安全性和稳定性。

3.移动端应用。通过移动端应用可以实现对员工的考勤、工作进度、任务分配等的实时监控和管理，同时也可以方便员工进行申请和反馈。

4.人才测评工具。采用科学的人才测评工具可以更准确地了解员工的能力、潜力和发展方向，从而制定更有效的人才管理策略。

5.协同办公工具。利用协同办公工具可以实现员工之间的实时沟通和协作，提高工作效率和工作质量。

十、人才引进考核控制

1.考核范围。

对于人力资源管理部引进人才的工作，应该对引进工作的质量和效果进行考核。考核人才引进工作的质量可以由工厂内部的人力资源管理部或相关领导进行，也可以由第三方评估机构进行。工厂内部的人力资源管理部或相关领导应该根据工厂的实际情况和考核要求，制定相应的考核标准和流程，确保考核的公平、公正、客观。同时，需要及时反馈考核结果和问题，以便进行调整和优化。

一般来说，人才引进工作的考核应该包括以下几个方面。

（1）引进数量。对引进人才的数量进行统计分析，与招聘计划进行对比，评估人才引进工作的数量是否达到了工厂的要求。

（2）引进质量。采用面试、笔试、能力测试等方式，评估引进的人才的综合素质、专业技能、工作经验等是否符合工厂的需求。

（3）引进成本。对人才引进的各项费用进行详细核算，如猎头费、签约费、引进补贴、薪酬待遇等，评估成本是否符合预算，经济是否合理。

（4）引进周期。统计引进人才的时间、进展情况等，与招聘计划进行对比，评估引进周期是否合理，是否能够满足工厂的紧急需求。

2.考核措施。

考核措施的选择应该根据工厂的具体情况和考核目标来制定，可以采用定量、定性相结合的方法，通过数据统计、问卷调查、现场考察等方式进行综合评估。同时，应该将考核结果与奖惩机制相结合，对考核表现优秀的员工给予表彰、奖励，对表现不佳的员工进行督促、培训和整改。

3.奖惩机制。

（1）在引进工作和引进费用控制工作中，对于表现优异的员工，工厂应当对其进行奖励。需要注意的是，奖励方式应该与员工的工作表现和贡献度相匹配，避免出现不公或误判的情况。同时，在奖励时，应该充分考虑员工的个人意愿和发展需求，根据其实际情况和需求，提供相应的奖励和支持，以增强员工的工作积极性和归属感。以下是具体奖励措施。

①薪酬奖励。根据员工的工作表现和绩效评价结果，对其进行薪酬上的奖励，如适当加薪或发放奖金等。

②晋升机会。对于工作表现突出的员工，可以提供晋升机会，让其有更高的职位和更广阔的发展空间。

③培训机会。为工作突出的员工提供培训机会，让其能够持续提升专业技能和知识水平，更好地适应工厂发展的需要。

④福利待遇。为工作突出的员工提供更好的福利待遇，如提供更好的保险、津贴等，提高员工的生活质量和满意度。

⑤表彰和颁发荣誉。通过表彰和颁发荣誉的方式，对工作突出的员工进行表扬和嘉奖，增强员工的荣誉感和自豪感，同时激励其继续保持优秀的工作作风。

（2）对于工作不到位的员工，应当对其进行惩罚。需要注意的是，采取惩罚措施时，应该充分考虑员工的实际工作情况，避免不公和误判。同时，应该在采取惩罚措施前，进行充分的沟通，让员工知道其工作不到位的原因，以及需要改进的方向和具体措施，帮助员工改正错误，提高工作能力和水平。以下是具体惩罚措施。

①薪酬惩罚。如果员工的引进工作不到位，导致引进人才的质量不高或引进周期延长，可以对其进行薪酬扣减的惩罚。

②岗位调整。如果员工的引进工作一直不到位，可以考虑将其从担任人才引进工作的职位调整到其他岗位，让其去从事其他能够胜任的工作。

③考核评级下调。在绩效考核评价中，将员工的评级下调，通过影响员工的晋升、薪酬涨幅等相关待遇，对其进行考核方面的惩罚。

（3）若人才引进过程中出现了重大失误，导致工厂蒙受了重大损失，需要对责任人员进行责任追究。以下是一些可能的责任追究措施。

①内部调查。在发现问题后，要第一时间开展内部调查，深入了解事件发生的原因和责任人员的行为，以确定责任人员和责任层面。

②行政处罚。如果责任人员存在违规行为，可以考虑采取行政处罚措施，如口头警告、书面警告、调整岗位、停职留薪、降职或辞退等。

③经济赔偿。如果责任人员的失误导致了工厂的经济损失，可以考虑要求责任人员进行经济赔偿。

④法律诉讼。如果责任人员的行为构成违法犯罪，可以依法对其进行起诉，追究其相关责任。

⑤注意事项。责任追究应该在充分调查和证实的基础上进行，不能出现误判或冤

柜好人的情况。同时，对于不同层级和职能的责任人员，责任层面和责任程度也会有所不同，需要根据实际情况进行区分和划分。

5.2　线上营销费用控制

5.2.1　线上营销费用控制问题清单

线上营销费用控制问题清单如表5-2所示。

表5-2　线上营销费用控制问题清单

序号	问题	具体描述
1	费用预算不够	工厂往往会制定营销费用预算，但实际上线上营销可能需要更多的资金才能产生所需的效果，工厂需要权衡营销的投资回报率（以下简称ROI）和收益，并进行必要的调整
2	专业知识和技能缺乏	线上营销需要一定的专业知识和技能，如果工厂内部缺乏相应的人才，就需要考虑外包或聘请专业的营销人员，同时也会增加成本
3	投资回报率不确定	线上营销效果通常需要一定时间才能显现出来，而且投资回报率可能不如预期，工厂需要耐心等待并及时调整营销策略
4	竞争激烈	在线上营销中，竞争对手的数量很多，因此工厂可能需要继续加大投入，制定出更多、更有效的营销策略，以获得更高的转化率
5	数据分析能力不足	工厂需要对线上营销数据进行分析和优化，如果工厂缺乏数据分析能力，就需要寻求外部支持或提高内部员工的技能水平
6	退换货导致额外成本增高	有些消费者可能滥用退换货政策，故意进行欺诈，如虚假报告产品损坏或故意购买后退货，这些情况可能导致额外的费用和损失

序号	问题	具体描述
7	退换货流程复杂	退换货流程通常涉及多个环节和各种利益相关方，包括客户、售后服务团队、物流供应商和质量控制部门，整个流程会产生很大的费用
8	二次销售成本增加	当产品被退回时，其二次销售可能会受到影响，如果产品有损坏或破损，工厂可能需要进行修复或重新包装，以再次销售，这会增加额外的成本

5.2.2　线上推广费用控制方案

本方案可以解决以下问题：一是线上推广费用控制要点不充分、不明确；二是对于费用控制人员的工作要求不规范、不严格；三是线上推广费用测定工作没有专门机构来推动；四是线上推广产品费用控制措施不详细、不具备可行性。

线上推广费用控制方案

一、目标

使工厂在线上推广投入的成本都产生可量化的效益，控制成本，提高利润率。

二、线上推广费用构成

1.广告费用。这是线上推广的核心成本，包括在搜索引擎、社交媒体、电子商务平台等各种在线渠道购买广告位的费用。广告费用的具体金额取决于广告形式、投放平台、受众规模等因素。

2.媒体购买费用。除了广告费用，还需要购买其他在线媒体的推广资源，如在行业门户网站、新闻网站等平台上发布赞助文章、新闻稿或合作推广的费用。

3.内容创作费用。为了吸引目标受众，通常需要生产高质量的线上内容，如文章、博客、视频、图片等。内容的制作、编辑、排版等工作都需要投入一定的费用。

4.搜索引擎优化（SEO）费用。为了提高网站在搜索引擎中的排名，吸引更多流量，工厂需要投入费用进行关键词研究、网站优化、内容优化等工作。

5.社交媒体运营费用。维护和管理社交媒体账号也需要一定的费用，包括内容策划、发布、互动、社群管理等。

6.数据分析费用。为了评估线上推广活动的效果，工厂可能需要投入费用购买或使用数据分析工具和服务，进行数据收集、报告生成、趋势分析等工作。

三、线上推广费用控制要点

1.制定明确的预算。工厂应该在开始推广之前，制定明确的推广预算，并按照预算来安排不同渠道的广告投放。预算应该考虑到产品的销售目标、目标客户群体及推广效果等因素，并进行合理的分配。

2.优化广告策略。工厂应定期对广告策略进行优化，如对广告素材、广告文案、广告渠道等进行调整，以提高广告效果和转化率。此外，应该使用数据分析工具来分析广告数据，及时发现问题并进行调整。

3.选择合适的广告渠道。工厂应该选择适合自己产品的广告渠道，并对每个渠道的广告效果进行监测和评估。同时，应该优化广告投放的时机和频率，避免广告投放浪费。

4.采用精细化投放策略。工厂应该根据产品的定位和目标客户群体，采用精细化的广告投放策略，避免广告浪费。例如，可以通过定向投放、重定向、搜索引擎优化等方式，让广告针对性更强。

5.实施数据监测和分析。工厂应该使用数据监测和分析工具，对广告数据进行监测和分析，及时发现问题并进行调整。例如，可以根据不同广告渠道的数据表现进行A/B测试，找出最佳的广告效果，提高转化率和ROI。

6.遵守法律法规。工厂在进行线上推广时，应该遵守广告与电子商务相关的法律法规，此外，应该注重保护消费者隐私，不得违反相关隐私保护法规。

四、费用控制人员工作要求

1.费用控制人员应该具备相关的专业知识和技能，包括成本管理、财务管理、风险管理、数据分析等方面的知识和技能。

2.费用控制人员应该具备良好的团队协作能力，能够与其他部门紧密合作，有效推进成本管控工作。

3.费用控制人员应该具备分析和解决问题的能力，能够深入分析业务数据，发现问题并提出解决方案。

4.费用控制人员应该具备良好的沟通能力，能够与不同层级和部门的人员进行有效沟通，传达成本管控的目标和要求。

5.费用控制人员应该具备良好的自我管理和学习能力，能够不断学习新知识和技能，不断提升自己的能力水平。

6.费用控制人员应该遵守职业道德和行业规范，严格遵守工厂的成本管控政策和相关法规法律，保证工作的公正、透明和合规。

五、线上推广费用测定

1.组建一个费用标准委员会（小组），以帮助工厂测算线上推广产品的标准费用。费用标准委员会（小组）的组建要求如下。

（1）费用标准委员会（小组）应由工厂的财务、营销、数据分析等相关部门的专业人员组成，通过对线上推广产品的各项成本进行细致的分析和评估，制定出合理的标准费用。

（2）费用标准委员会（小组）应系统和科学地掌握线上推广产品的成本费用情况，从而更加准确地评估推广产品的效果和成本收益比，为工厂的营销战略和成本控制提供科学依据。

（3）费用标准委员会（小组）需要充分考虑不同的因素对费用的影响，如不同平台的广告费用、推广人员的薪酬、数据分析和监测费用等。

（4）费用标准委员会（小组）需要定期对标准费用进行更新和调整，以适应市场环境和工厂内部的变化。

2.费用标准委员会（小组）在进行费用的测算时，可以采用以下方法。

（1）广告花费分析法。该方法是通过对广告活动的花费进行统计和分析，来测算推广产品的费用。该方法可以根据广告平台、广告类型、时间段等因素进行分析和比较。

（2）直接成本法。该方法是对推广产品的直接成本进行核算，包括广告投放、推广人员薪酬、数据分析和监测费用等。通过将直接成本与推广产品的销售额进行比较，可以得出成本收益比，以便评估推广活动的效果和成本效益。

（3）渠道分析法。该方法是通过对不同推广渠道的投入和回报进行比较，来测算推广产品的费用。该方法可以根据不同渠道的转化率、投入和回报数据等因素进行分析和评估，以便确定最具效益的推广渠道。

（4）ROI分析法。该方法是通过比较推广产品的投资和回报来计算ROI。ROI可以通过将推广产品的回报除以投资进行计算，以便确定推广活动的效果和成本效益。

3.以下是测算推广产品费用的工作步骤。

（1）明确测算目的和范围。首先需要明确测算的目的和范围，确定是测算某一特定推广活动的费用，还是测算某一时间段内所有推广活动的总费用等。

（2）确定测算指标和费用分类。需要确定测算的指标和费用分类，可以根据推广渠道、推广目标、推广内容等对费用进行分类，然后根据分类确定各项费用指标。

（3）收集数据。需要收集相关的推广数据和费用数据，如推广活动的曝光量、点击量、转化率等数据，以及广告投放费用、人员费用、软件费用等数据。

（4）计算费用。根据收集到的数据计算各项费用指标，如平均每次点击费用、平均每个转化费用、每个用户的费用等，然后进行分类统计，得出各项费用总和。

（5）分析和评估。根据计算出的费用数据进行分析和评估，如评估各项推广活动的费用效益、确定哪些渠道或策略更具费用效益等。

（6）优化和调整。根据分析和评估结果，对推广策略进行优化和调整，如减少低效推广渠道的投入、增加高效渠道的投入等，以提高推广效果和降低费用。

（7）定期复盘。定期对推广费用进行复盘，可以选择每个月或每个季度进行一次，以便对推广策略和费用进行优化和调整。

六、线上推广产品费用控制措施

1.设置推广预算。在制订推广计划时，可以根据工厂的财务状况和推广目标，制定一个合理的推广预算，并在推广过程中进行实时监控和调整。

2.精细化投放。可以通过选择精准的推广渠道、定位目标受众群体、制定个性化的推广内容等方式，提高推广效果和投资回报率，减少不必要的投入和浪费。

3.控制竞价。对于需要竞价投放的广告渠道，可以设置每日竞价上限，调整竞价策略，以控制推广成本。

4.优化广告内容和创意。通过持续监测广告效果和用户反馈，对广告内容和创意进行优化。优化后的广告能够更好地吸引目标受众，提高点击率和转化率，从而降低每次转化的费用。

5.定期分析和评估数据。定期分析推广数据，包括点击量、转化率、成本等指标，以评估推广活动的效果和成本效益。根据数据的反馈，及时调整推广策略，优化资源分配，确保费用控制在合理范围内。

6.使用追踪工具和分析软件。借助追踪工具和分析软件，如谷歌分析、百度统计等，深入了解用户行为和推广效果。这些工具能够提供详细的数据和报告，帮助识别哪些推广渠道、广告位或关键词效果较好，进而调整投入和优化费用控制。

7.关注竞争对手投放策略。密切关注竞争对手的推广活动，了解其投放策略和成本情况。根据竞争对手的行动，合理调整自己的推广策略，确保在竞争中具备成本优势。

8.精细化目标设定。设定明确的推广目标和指标，如点击量、转化率、ROI等，以更加精准地控制费用。同时，对于不同的推广活动，可以设定不同的目标和预期结果，以便有针对性地进行控制和优化。

9.定期审查推广合作伙伴。如果与推广代理商或平台合作，定期审查合作伙伴的表现和成本效益。确保合作伙伴能够提供高质量的服务和有效的推广方案，同时与其协商费用控制的方法和策略。

5.2.3　退换货成本控制细则

本细则可以解决以下问题：一是退换货成本控制相关人员的控制职责不明确、不详细、不到位；二是退换货成本控制工作要求不规范、不严格；三是退换货成本测算内容不清楚，步骤不具备逻辑性；四是退换货成本控制措施不可行。

退换货成本控制细则

第1章　总则

第1条　为了实现成本效益、达到利润最大化目标，提高客户满意度，提升品牌声誉，特制定本细则。

第2条　本细则适用于指导退换货成本控制工作。

第2章　退换货成本控制工作要求

第3条　退换货政策。销售部应制定明确的退换货政策，包括退换货的条件、期限、责任分配和退款方式等，为员工和客户提供清晰的指导，确保退换货的处理符合规定，减少混乱和纠纷。

第4条　数据记录和跟踪。销售部应建立有效的数据记录和跟踪系统，以便准确记录退换货的相关信息，包括退换货原因、产品状态、处理时间等，以推进退换货的模式和趋势的分析，并作为改进措施的依据。

第5条 成本分类和计算。财务部应明确成本的分类和计算方法，将退换货相关的直接成本（物流费用、人力成本等）和间接成本（库存损失、再销售成本等）纳入计算范围，以提升退换货的实际成本评估的准确性。

第6条 退换货流程和责任分工。仓储部和销售部应建立明确的退换货流程，确定各个环节的责任和职责分工，从客户申请退换货到最终处理和补偿，每个环节都应该有明确的指导和流程规定，确保高效和一致的处理。

第7条 供应商和合作伙伴要求。工厂应明确与供应商和合作伙伴之间的退换货要求，包括退货授权程序、返还货物的条件、协调沟通等，做到与供应链伙伴之间建立良好的合作关系，并促进退换货流程的顺利实施。

第8条 客户沟通和服务水平。客户服务部应明确与客户的沟通方式、回应时间和解决方案的提供。建立高效的客户服务团队，并提供培训和指导，以确保及时、专业和友好地处理客户的退换货请求。

第9条 绩效评估和改进措施。设定绩效指标，对退换货处理的成本和效率进行定期评估，通过数据分析和反馈机制，确定改进的方向，并采取相应的措施来优化退换货流程和控制成本。

第3章 退换货成本测算步骤

第10条 成本分类。测算人员应首先将退换货处理相关的成本进行分类。这些成本包括以下方面。

1.物流费用。包括退货运输、重新发货的运输费用及退货仓储费用等。

2.人力成本。涉及退换货处理的员工工资、培训费用、管理成本等。

3.库存损失。由于退换货导致的产品损失或降值所产生的成本。

4.再销售成本。重新处理退回的产品所需的再加工、重新包装、质检等成本。

5.客户补偿费用。根据政策或协议约定，需要向客户提供的退款、折扣或赔偿费用等。

第11条 数据收集。收集退换货处理的相关数据。包括退换货的数量、退货原因、产品状态、处理时间等。确保数据的准确性和完整性。

第12条 成本计算。根据收集到的数据和成本分类，计算每个成本项目的具体金额。可以使用成本核算方法，如直接成本法或间接成本法，根据实际情况进行成本分配和计算。

第13条 综合计算。将各项成本加总，得到退换货处理的总成本费用。确保考虑到所有相关的成本项目，并将其纳入计算范围。

第14条 数据分析和评估。分析退换货处理的成本数据，评估成本占比和趋势。比较退换货成本与其他相关指标，如销售额或产品质量问题的频率，以获取更全面的数据。

第15条 持续改进。根据数据分析的结果，识别成本控制的机会和问题点。制定改进措施，如优化物流流程、提高产品质量、加强售后服务等，以降低退换货处理的成本。

第16条 建立成本测算控制机制。退换货处理的成本测算是一个动态的过程，受到多种因素的影响，工厂应建立有效的数据收集和分析机制，并持续监测和评估退换货处理的成本，以实现成本控制和优化。

第4章 退换货成本控制步骤

第17条 确定目标和指标。成本控制人员应确定退换货成本控制的目标，即减少总体成本、提高生产效率；成本控制人员应确定关键的指标和衡量标准，即退换货率、成本比例等，用于跟踪和评估成本控制的效果。

第18条 收集数据。成本控制人员应收集退换货处理相关的数据，包括退货数量、退换货原因、物流费用、人力成本、库存损失等。成本控制人员应确保数据的准确性和完整性，可以借助信息系统、数据记录表格等工具进行数据收集和记录。

第19条 分析成本结构。成本控制人员应将收集到的数据进行成本分类和分析，确定退换货处理的各项具体成本费用。成本控制人员应深入分析各个成本项的占比和趋势，找出主要的成本驱动因素，以及可能存在的成本浪费或高风险的领域。

第20条 评估成本效益。成本控制人员应将退换货处理的成本与相关效益进行对比评估，如与销售额的比例、客户满意度、品牌声誉等。成本控制人员应评估成本控制措施的实际效果，判断是否达到预期的成本降低或效率提高。

第21条 制定控制措施。成本控制人员应根据分析和评估的结果，制定具体的成本控制措施和改进方案。包括优化物流流程、改善产品质量、提高售后服务水平、加强供应链合作等，以降低退换货处理的成本。

第22条 实施和监测。成本控制人员应将制定的成本控制措施付诸实施，并建立监测机制，持续跟踪和评估成本控制的效果。成本控制人员应定期检查和审查退换货的成本数据，及时发现潜在问题，并采取纠正措施。

第23条　持续改进。成本控制人员应不断学习和改进，根据实际经验和反馈结果，调整和优化成本控制的策略和方法。成本控制人员应定期回顾成本控制的目标和指标，对成本控制工作进行持续改进和迭代。

第5章　退换货处理程序

第24条　验收和检查。工作人员在收到退换货产品时，应进行验收和检查以确认退换货的完整性和符合条件，检查产品的状态、配件和包装等，并与退货申请或政策进行比对。

第25条　记录退换货信息。记录退换货的详细信息，包括退货原因、退货日期、退货数量、客户信息等。这些记录将作为后续处理和跟踪的依据。

第26条　客户沟通。如有必要，与客户进行沟通，了解其退换货的具体原因和需求。表现出积极的态度，确保客户感受到关注和支持。

第27条　制定处理方案。根据退换货的性质和政策规定，制定适当的处理方案。包括退款、换货、维修、补偿等，根据具体情况进行决策。

第28条　处理退换货。根据制定的处理方案，执行相应的退换货操作。包括与客户进行协商、安排物流、修复产品、更新库存等。

第29条　跟踪和记录。跟踪退换货处理的进展，并记录每个处理阶段的详细信息。包括处理时间、负责人员、相关成本等。

第30条　客户补偿和回馈。如有需要，根据政策或协议约定，向客户提供适当的退款、折扣、赠品或其他补偿措施，以弥补客户的不便和失望。

第31条　分析和改进。定期分析退换货数据和处理过程，识别退换货的原因和模式，并采取改进措施减少退换货的发生和改善客户满意度。

第6章　退换货成本控制工作考核指标

第32条　对于退换货成本的控制工作，人力资源管理部应明确考核指标，对相关成本控制人员进行考核。

第33条　成本控制效果。

1.退换货成本占比。评估退换货成本在总体成本中的占比，目标是降低退换货成本占比。

2.成本节约比例。衡量退换货成本与相应销售额或总成本之间的比例，目标是实现成本的节约和效率提升。

第34条　退换货处理效率。

1.处理时间。评估退换货处理所需的平均时间，目标是缩短处理时间，提高处理效率。

2.处理准确率。衡量处理过程中的错误率或重复率，目标是减少处理错误，提高处理准确性。

第35条　客户满意度。

1.客户反馈和评价。通过客户调查、投诉反馈等渠道，评估客户对退换货处理的满意度。

2.客户保留率。考察在退换货处理过程中客户的忠诚度和保留率，目标是维护良好的客户关系。

第36条　数据分析和报告。

1.数据准确性。评估收集和分析的退换货数据的准确性和完整性。

2.分析能力。考查成本控制人员对退换货数据的分析和解读能力，以及提出改进措施的能力。

3.报告质量。评估相关人员提供的数据报告和分析结果的质量和有效性。

第37条　团队合作和协调能力。

1.团队合作。考察控制人员与其他部门、团队之间的协作能力，以确保流程的顺利运行。

2.问题解决能力。评估在处理退换货问题和困难时，控制人员提出解决方案和推动问题解决的能力。

第38条　人力资源管理部应确保考核标准具体、可衡量，并与组织的目标和战略一致，定期进行评估和反馈，与控制人员进行沟通和讨论，帮助其理解和改进自己的工作绩效。

第7章　附则

第39条　本细则由总经办负责编制、解释与修订。

第40条　本细则自××××年××月××日起生效。

5.3 办公、招待费用控制

5.3.1 办公、招待费用控制问题清单

办公、招待费用控制问题清单如表5-3所示。

表5-3 办公、招待费用控制问题清单

序号	问题	具体描述
1	实际支出与预算不符	办公、招待费用的支出与预算不符，通常表现为超支、超预算
2	预算规划和监控成本高	为了确保办公、招待费用的支出与预算相符，需要对各项费用进行规划和监控，规划和监控工作同样需要一定的成本费用
3	费用分类和追踪难	将办公、招待费用分配到正确的成本中心或项目，以便进行准确的成本核算和报告，费用分摊或分配往往比较复杂和困难
4	员工舞弊	有些员工会虚报费用，用私人开支冒充工厂开支，为自己谋私利
5	员工滥用办公、招待费	员工没有节约意识，铺张浪费，滥用办公、招待费

5.3.2 办公、招待费用控制制度

本制度可以解决以下问题：一是行政部的办公、招待费用控制要求不详细、不到位；二是办公、招待费用制定标准不明确、不合理；三是办公、招待费用控制方法不具备可操作性；四是对于办公、招待费用控制工作的监督管理不规范。

办公、招待费用控制制度
第1章 总则

第1条 为了加强对办公、招待费用的控制，减少不必要的开支和浪费，帮助工

厂更有效地分配资源，降低工厂的运营成本，提升工厂利润和财务绩效，特制定本制度。

第2条　本制度适用于规范、约束和指导办公、招待费用的控制工作。

第2章　办公、招待费用控制要求

第3条　办公、招待费用的经手人员应熟悉工厂的办公、招待费用政策，了解费用报销和审批流程，并能够准确解释和执行这些政策和流程。

第4条　行政部人员应具备预算管理能力，能够制定、监控和执行办公、招待费用的预算，对费用预算的编制和控制有一定的经验和能力，以确保费用支出与预算相符。

第5条　行政部主管负责审批员工的办公、招待费用报销申请，并核实费用凭证和合规要求，同时需要对各类费用项目的合规性和合理性进行评估，并确保报销申请符合工厂政策和相关规定。

第6条　行政部人员应具备数据分析和报告能力，能够收集、整理和分析与办公、招待费用相关的数据，生成准确的报告，评估费用的效益，并提供决策支持和改进建议。

第7条　行政部人员应与员工、管理层和其他相关部门进行有效的沟通和协调，能够解答员工关于费用政策和程序的疑问，并与其他部门合作，确保费用控制的一致性和协调性。

第8条　行政部人员应具备合规意识，能够识别和管理与办公、招待费用相关的风险，了解法律、合规和道德要求，并确保工厂在费用控制方面的合规性和透明度。

第9条　行政部人员需要具备细致的工作态度，以确保对费用申请和凭证的审查和核实无误，关注细节，避免遗漏或错误的费用处理。

第10条　行政部人员应使用信息化的费用管理系统或其他相关的技术工具进行费用控制和管理，具备良好的技术和系统操作能力，以便高效地处理费用数据和信息。

第3章　办公、招待费用制定标准

第11条　工厂预算。制定办公、招待费用标准时，应该参考公司的预算限制，根据工厂财务状况和战略目标，确定可用于办公、招待费用的总预算。

第12条　行业标准。了解相关行业的办公、招待费用水平，可以参考同行业的竞争对手或类似规模的工厂，了解他们在这方面的支出水平，从而制定相对合理的标准。

第13条　内部政策和流程。工厂应该建立内部政策和流程，明确办公、招待费用的使用规则和审批流程，确保员工了解哪些费用是可以报销的，以及报销所需的资料和流程。

第14条　费用细分和限制。对办公、招待费用进行细分和限制，制定每月或每季度的办公用品预算，限制员工在特定范围内的费用支出。

第15条　实际需求和效益。制定标准时，应该考虑到实际需求和效益，对于招待费用，可以根据员工级别、业务发展需要和客户关系重要性等因素，确定不同级别的招待费用标准。

第16条　监控和评估。制定标准后，需要建立监控机制和评估体系，定期审查和评估办公、招待费用的实际支出情况，确保符合制定的标准，并及时采取纠正措施。

第4章　办公、招待费用控制方法

第17条　成本分析。通过对办公、招待费用的成本进行分析，可以详细了解各项费用的构成和金额。可以通过审查财务记录、发票和报销单等来实现。成本分析可以帮助发现费用支出的潜在问题和优化机会。

第18条　标准成本测定。制定办公、招待费用的标准成本，即单位产品或服务所需的费用。可以通过历史数据、行业标准和经验知识等来确定，标准成本可以作为衡量实际费用支出的基准，以便进行比较和评估。

第19条　变动成本测定。办公、招待费用可能会随着业务量、项目需求或员工人数的变化而发生变动，工厂可以通过变动成本测定办法，将这些费用与相关的业务活动或指标进行关联，以确定其变动规律和对业务变化的敏感度。

第20条　预算控制。制定预算并进行预算控制，确保办公、招待费用在可接受的范围内，设定费用的上限，并监控实际支出与预算的偏差情况，及时采取调整措施。

第21条　采购管理。建立有效的采购管理制度，寻求优质且具有竞争力的供应商，与供应商进行谈判，争取更有利的价格和条件，并确保采购的办公用品和招待品的质量和性能符合要求。

第22条　流程优化。审查和优化办公、招待费用的相关流程，寻找流程中的浪费环节和低效点，并采取措施加以改进，具体可简化审批流程、优化采购流程、减少不必要的会议等。

第23条　资源共享。鼓励员工共享办公设备、会议室和其他资源，避免资源的重复购买和闲置浪费，可以通过合理安排工作时间和资源预订系统来促进资源的有效利用。

第24条　培训和提升意识。加强对员工的培训，增强节约意识，使员工更加关注费用控制，提供相关培训，教育员工如何在办公、招待活动中合理使用资源、控制费用。

第25条　绩效评估和激励机制。人力资源管理部应建立与办公、招待费用相关的绩效评估和激励机制，根据办公、招待费用与业绩指标的关联性进行评估，了解这些费用对业务绩效的影响程度，可以考虑销售额、客户满意度或员工工作效率等指标，并与相关费用进行关联分析。人力资源管理部应设定费用控制的目标和指标，并将其纳入绩效考核体系，通过激励手段鼓励员工积极参与费用节约活动。

第26条　考核标准和指标。考核办公、招待费用的控制工作时，可以使用以下标准和指标。

1.费用预算执行情况。评估实际费用支出与预算费用之间的差异。较小的差异表明费用控制得较好，而较大的差异可能需要进一步调查和解释。

2.费用比例。计算办公、招待费用占总支出或总收入的比例。较低的费用比例可能表示较好的费用控制和资源分配。

3.费用趋势分析。对一段时间内的费用数据进行比较和分析，观察费用的变化趋势。持续的费用降低或稳定的趋势可能是良好费用控制的表现。

4.合规性和内部控制。评估费用管理的合规性和内部控制的有效性。评估审批流程是否符合规定、费用凭证是否完整和准确、合规要求是否得到满足等方面。

5.费用效益分析。评估费用支出所带来的效益和回报。可以考察具体的业务目标是否得到实现，如客户满意度提升、销售增长、业绩改善等。

6.审计结果。审计部门对费用管理的审计结果和建议。审计结果可以提供独立的评估和改进建议，帮助改进费用控制工作。

7.员工意见调查。向相关员工进行调查，了解他们对费用控制工作的看法和建议。员工的反馈可以提供实际操作层面的改进方向。

8.外部对比。与同行业或类似规模的工厂进行比较，评估费用控制的水平。帮助工厂了解自身在费用控制方面的相对水平，找出改进的空间。

9.合理性和透明度。评估费用支出的合理性和透明度，包括费用分类和归集的准确性、费用凭证的合规性，以及费用相关信息的透明度和可追溯性。

10.成本效益分析。对费用控制措施的成本效益进行评估，即评估费用控制措施所节省的费用是否超过了控制措施的实施成本。

第27条　持续监控和评估。建立持续的监控和评估机制，定期审查和评估办公、招待费用的支出情况，及时发现问题和优化机会，并及时采取相应的措施进行改进。

第5章　办公、招待费用控制工作的监督管理

第28条　设立审批和核查制度。各部门负责人应确保所有的办公、招待费用支出都经过严格的审批程序，并进行核查和验证。核查程序应包括审核费用凭证、发票和相关文件的真实性和合规性。

第29条　强化内部控制措施。工厂应建立和实施有效的内部控制制度，包括分离职责、审计轮换、审计和监察机构的独立性等。确保有足够的审查和监督机制，以防止利益输送、虚假支出及其他不当行为。

第30条　实施预算管理和费用限制。工厂应设定合理的费用预算和限制，对办公、招待费用进行严格控制。确保费用支出与预算一致，并定期进行费用分析和比较。超出预算的费用支出需要经过合理的解释和批准。

第31条　数据分析和异常检测。工厂应运用数据分析工具和技术，监测和识别异常的办公、招待费用模式。通过分析费用数据、比较不同时间段的支出和识别异常趋势，可以发现潜在的舞弊行为和利益输送。

第32条　建立举报渠道和保护机制。工厂应设立匿名举报渠道，鼓励员工和其他相关方举报任何可疑的舞弊行为和利益输送。同时，确保对举报者的保护和保密，避免报复行为的发生。

第33条　定期审计。工厂应定期进行内部审计和外部审计，对办公、招待费用的支出进行全面的审查和评估。审计应该独立进行，确保对费用控制工作评估的合规性和有效性。

第34条　培训和教育。工厂应提供针对员工和管理人员的培训和教育，加强对办公、招待费用控制政策、程序和风险的认识。培养员工诚信意识和风险意识，减少舞弊行为和利益输送的发生。

第35条　加强领导示范和监督。领导层要树立良好的榜样，积极参与办公、招待

费用的控制工作，并确保自身行为合规。领导应监督并检查费用支出，对违规行为采取适当的纠正和惩罚措施。

第36条　审查供应商和合作伙伴关系。工厂应审查和评估与办公和招待活动相关的供应商和合作伙伴关系。确保选择可靠、合规和透明的供应商，并与其建立明确的合作协议和监督机制。

第37条　定期进行风险评估。工厂应定期进行风险评估，识别和评估与办公、招待费用相关的潜在风险和漏洞。并根据评估结果制订改进计划，加强控制措施并优化费用管理的流程和制度。

第6章　附则

第38条　本制度由行政部负责编制、解释与修订。

第39条　本制度自××××年××月××日起生效。

5.4　差旅、食宿费用控制

5.4.1　差旅、食宿费用控制问题清单

差旅、食宿费用控制问题清单如表5-4所示。

表5-4　差旅、食宿费用控制问题清单

序号	问题	具体描述
1	费用控制标准难统一	差旅、食宿费用在不同地区可能存在较大的差异，这使得费用控制变得复杂，同样的服务在不同地方的价格可能相差很大，因此很难确定一个统一的标准来控制费用
2	费用难以预测和控制	有时候出差期间可能会出现一些意外或紧急情况，导致额外费用的发生，如突发事件、航班变动或住宿取消等，这些费用往往难以提前预测和控制

序号	问题	具体描述
3	审批和报销流程烦琐	差旅、食宿费用需要有一套有效的审批和报销流程来监控和管理，然而，这些流程可能存在烦琐的手续、耗时的审批及报销纠纷等问题，从而导致费用控制工作变得复杂和困难
4	数据收集和分析成本高	要实施有效的费用控制，需要对差旅、食宿费用进行数据收集和分析，然而，获取准确的数据及对数据进行分析和解读需要很大的投入

5.4.2　差旅、食宿费用控制细则

本细则可以解决以下问题：一是差旅、食宿费用控制相关人员的控制职责不明确、不到位；二是差旅、食宿费用控制要求不严格、不规范；三是差旅、食宿费用控制的工作步骤不清晰、无逻辑性；四是差旅、食宿费用标准过于单一、不符合实际情况。

差旅、食宿费用控制细则

第1章　总则

第1条　为了指导差旅、食宿费用的控制工作，明确控制职责、要求、步骤等，减少不必要的开支，提升工厂效益，特制定本细则。

第2条　本细则适用于差旅、食宿费用控制工作的管理，除另有规定外，均需参照本细则执行。

第2章　差旅、食宿费用控制要求

第3条　制定差旅、食宿政策。行政部应建立清晰的差旅、食宿政策，明确费用控制的目标、限制和规定。政策应涵盖费用报销的范围、限额和审批流程等方面，确保员工了解工厂的费用控制要求。

第4条　预算规划和管理。行政部、人力资源管理部和财务部应共同制定差旅、食宿费用的预算，并进行有效管理。预算应考虑不同职务级别和出差目的地的差异，并在可行的范围内控制费用支出，以保持合理的开支水平。

第5条 预订和安排。行政部应与员工协调安排差旅、食宿需求，预订机票、酒店和餐厅等服务。在预订过程中，要考虑成本效益和合理性，选择符合预算要求的选项，并与供应商协商获取优惠价格和服务。

第6条 费用核算和报销。财务部应确保员工按照规定的流程提交差旅、食宿费用的报销申请。核查费用单据的准确性和合规性，包括机票、酒店账单、餐饮发票等，并在审批通过后及时进行费用报销。

第7条 费用审批和控制。行政部应建立明确的费用审批流程，确保费用在预算范围内得到审批。审批流程应明确界定不同级别的审批权限，并通过预算控制和限额设置来约束费用支出，避免超支情况的发生。

第8条 数据收集和分析。行政部应收集差旅、食宿费用的相关数据，并进行分析和评估。通过数据分析，可以发现费用支出的趋势和模式，识别潜在的节约机会，并为预算规划和决策提供依据。

第9条 持续改进和优化。行政部应定期评估差旅、食宿费用控制工作的效果，并根据实际情况进行改进和优化，通过与员工沟通寻找改进点并解决问题，同时关注行业的优秀案例和新技术的应用。

第3章 差旅、食宿费用控制工作步骤

第10条 确定预算和政策。制定差旅、食宿费用的预算，并明确相关的政策和规定。预算应基于工厂的财务能力和费用控制目标，政策应包括费用报销范围、限额、审批流程等方面的规定。

第11条 出差需求评估。与员工沟通和了解出差需求，包括出差目的地、行程安排、时间限制等。根据需求评估出差的重要性和紧急程度，以确定费用控制的重点和策略。

第12条 预订差旅、食宿服务。根据出差需求和预算限制，预订机票、酒店和餐厅等服务。与供应商协商以获得最优惠的价格，并关注费用合理性。

第13条 提交费用报销申请。员工根据工厂规定的流程提交差旅、食宿费用的报销申请。申请包括费用明细和相关的票据、发票等凭证，以便核查费用的准确性和合规性。

第14条 费用审批流程。设立明确的费用审批流程，根据预算和政策要求，确定不同级别的审批权限和审批程序。费用报销申请需要经过逐级审批，确保费用符合预算和政策要求。

第15条 费用核算和控制。对报销申请中的费用进行核算和控制，确保费用的准

确性和合规性。核查费用单据和发票，比对预算和政策要求，审查费用支出是否合理和必要。

第16条　费用分析和报告。对差旅、食宿费用进行数据分析和报告，了解费用支出的趋势、变化和结构。通过分析结果，评估费用控制的效果，并提出改进措施和节约建议。

第4章　差旅、食宿费用标准

第17条　交通费用标准。确定不同出差距离和方式的交通费用标准，如飞机、高铁、火车、汽车等。费用标准可以基于距离、出差目的地和经济性进行区分，并设定上限。

第18条　住宿费用标准。设定不同级别和类型酒店住宿费用的标准，如经济型酒店、中档酒店、高档酒店等。费用标准可以根据地区、出差目的地和出差级别进行调整。

第19条　餐饮费用标准。制定合理的餐饮费用标准，涵盖早餐、午餐、晚餐和零食等费用。标准可以根据地区、员工级别和出差目的进行设定，并设定每餐费用的限额。

第20条　其他费用标准。明确其他相关费用的标准，如会议费、行李托运费、通信费等。这些费用标准应根据实际需求和工厂政策进行设定。

第21条　额外费用控制。明确额外费用的控制要求，如取消费、改签费、超额行李费等。设定限额和审批程序，确保额外费用的合理性和必要性。

第22条　报销政策和流程。明确差旅、食宿费用报销的政策和流程，包括报销申请的时间限制、费用凭证的要求、审批程序等，员工应了解和遵守报销政策和流程。

第5章　差旅、食宿费用节约措施

第23条　提前计划和预订。提前规划出差行程，并及早预订机票、酒店和餐厅等服务。

第24条　比较价格和优惠政策。在预订差旅、食宿服务时，比较不同供应商的价格和优惠政策，利用在线预订平台或旅行代理商，寻找最具竞争力的价格和特价优惠。

第25条　灵活出行安排。尽量安排灵活的出差行程，避开旅游旺季或高峰时间段，选择非高峰时段的机票和酒店。

第26条　控制餐饮开支。在出差期间，合理控制食品开支，选择经济实惠的餐厅或外卖服务，避免过度奢华的餐饮消费。

第27条　遵守工厂政策。严格遵守工厂设定的差旅、食宿费用政策和限制，了解工厂对费用的要求和限额，确保在合理的范围内进行费用支出。

第28条　节约其他费用。除了差旅、食宿费用，还要注意节约其他相关费用，避免不必要的会议费用、通信费用等，审慎使用工厂资源。

第6章　差旅、食宿费用控制工作考核管理

第29条　考核范围。

1.费用控制政策执行情况。考核工厂制定的差旅、食宿费用控制政策的执行情况，包括费用标准的遵守、审批流程的合规性等。

2.费用预算管理。考核差旅、食宿费用预算的制定和执行情况，包括费用预算的合理性、预算超支的控制情况等。

3.费用报销准确性和合规性。考核员工提交的差旅、食宿费用报销申请的准确性和合规性，包括费用明细的准确性、票据的完整性等。

第30条　考核指标。

1.费用控制率。评估差旅、食宿费用与预算的比较，以费用控制率为指标进行评估。该指标可根据不同部门、职位级别、出差目的地等因素进行分析。

2.费用支出变化率。比较不同时间段内差旅、食宿费用的支出变化率，评估费用控制的效果。可以比较月度、季度或年度的费用支出变化情况。

3.费用合规性。评估差旅、食宿费用的合规性，包括费用报销单据的完整性、准确性，以及是否符合工厂政策和法律法规的要求等。

第31条　考核措施。

1.定期审查和核对。定期对差旅、食宿费用进行审查和核对，确保费用的准确性和合规性。可以由内部审计部门或相关部门负责进行审核。

2.数据分析和报告。对差旅、食宿费用的数据进行分析和报告，识别费用控制的问题和潜在风险。根据分析结果提出改进建议和措施。

3.培训和指导。为员工提供差旅、食宿费用控制的培训和指导，确保他们了解工厂的政策要求和合规标准，并能正确操作报销流程。

4.奖惩机制。设立相应的奖惩机制，对于费用控制出色的个人或团队给予表彰和奖励，对于违反费用控制政策的行为进行纠正和惩罚。

第7章　附则

第32条　本细则由行政部负责编制、解释与修订。

第33条　本细则自××××年××月××日起生效。

5.5　咨询、审计、评估、设计费用控制

5.5.1　咨询、审计、评估、设计费用控制问题清单

咨询、审计、评估、设计费用控制问题清单如表5-5所示。

表5-5　咨询、审计、评估、设计费用控制问题清单

序号	问题	具体描述
1	定价不透明	咨询、审计、评估、设计等专业服务的定价通常是根据项目的复杂性、规模和所需的专业知识来确定的,因此,难以准确评估服务的实际价值,导致定价不透明
2	服务质量难以鉴定	缺乏标准化的评估体系和客观的指标,使得评估服务提供商的质量变得困难,而信誉和口碑信息往往也无法做到完全可靠
3	项目管理和沟通成本高	对于复杂的咨询、审计、评估、设计等项目,需要多个利益相关方的参与,包括内部员工、外部顾问和供应商等,项目管理和沟通信息的传递可能不完整、不准确,导致项目延误、成本增加或结果不如预期
4	成本费用归集分配困难	对于咨询、审计、评估、设计等专业服务费用在不同部门之间的归集和分配,往往工作量大且难度高,需要投入巨大的人力成本

5.5.2　咨询、审计、评估、设计费用控制制度

本制度可以解决以下问题:一是咨询、审计、评估、设计等服务的费用控制工作中各相关人员的职责不明、权限不清;二是费用控制工作不规范、没有依据;三是费用控制步骤不详细、不具备逻辑性;四是费用控制工作考核工作不到位。

咨询、审计、评估、设计费用控制制度

第1章　总则

第1条　为了规范、约束和指导咨询、审计、评估、设计费用的控制工作，减少不必要的开支，提升工厂整体效益，特制定本制度。

第2条　本制度适用于咨询、审计、评估、设计费用控制工作的管理。

第2章　控制规范

第3条　预算管理。制订明确的预算计划，包括对咨询、审计、评估、设计等费用的预算分配，确保费用控制在合理范围内，并及时调整预算以适应变化的需求。

第4条　供应商选择与合同管理。建立合适的供应商选择程序，评估供应商的专业能力、信誉和价格竞争力，确保费用、服务范围和质量得到有效管理和约束。

第5条　费用审批流程。确立明确的费用审批流程，包括费用申请、审批和核准程序，确保费用支出经过适当的内部审核和批准，避免未经授权的费用发生。

第6条　费用核算和报告。建立完善的费用核算和报告机制，确保对咨询、审计、评估、设计等费用的支出进行准确记录和报告，定期提供费用报告，使管理层能够实时了解费用状况和趋势。

第7条　费用效益分析。对于咨询、审计、评估、设计等费用，进行费用效益分析，评估其对工厂目标和绩效的贡献，确保费用支出能够带来合理的回报和增值，避免不必要的浪费和过度支出。

第8条　透明度与合规性。确保费用控制工作的透明度和合规性，遵守相关的法规、法律和内部规章制度。建立合适的内部控制机制，监测和防止任何形式的费用滥用、挪用或欺诈行为。

第9条　持续改进。持续改进费用控制工作，寻求提高效率和节约成本的机会。定期评估和优化费用控制流程，引入新的技术和方法，以提高效率和准确性。

第10条　合作与沟通。建立良好的内部合作和沟通机制，各部门之间应紧密合作，分享信息和经验，与服务提供商建立积极的合作关系，保持良好的沟通，确保双方对费用控制目标和期望的理解一致。

第3章　咨询、审计、评估、设计费用控制步骤

第11条　确定需求和目标。工厂应明确对于咨询、审计、评估、设计等专业服务的需求和目标，确定需要进行的具体项目或活动，明确所需的服务范围和预期成果。

第12条 供应商选择与谈判。通过招标、竞争性谈判或推荐等方式，筛选合适的供应商，评估他们的专业能力、经验、信誉和价格竞争力，并与候选供应商进行谈判以达成合适的合同协议。

第13条 签订合同。与选定的供应商签订合同，明确费用、服务范围、工作时间、交付期限、保密条款等关键条款，确保合同中包含适当的控制措施，以管理和控制费用的支出。

第14条 预算制定和批准。制定与咨询、审计、评估、设计等专业服务相关的预算，包括费用估计和预算分配，将预算提交给相关部门或管理层进行审批，确保费用控制的合理性和可行性。

第15条 费用控制和监测。对咨询、审计、评估、设计等费用进行实时的控制和监测，跟踪费用支出情况，确保符合预算和合同约定。监测项目进展和质量，及时解决问题和调整费用支出。

第16条 费用核算和报告。对费用支出进行准确的核算和报告。建立费用核算系统，记录和汇总各项费用支出，定期生成费用报告，向管理层提供费用状况和趋势的信息，以支持决策和控制。

第17条 变更管理。对于可能的费用变更或增补需求，建立适当的变更管理机制，确保变更请求经过评估、批准和记录，避免未经授权的费用增加或调整。

第18条 评估和总结。对完成的咨询、审计、评估、设计等项目进行评估和总结。评估项目的成果和效益，与预期目标进行比较，总结经验教训，提炼出改进的控制措施和最佳实践。

第4章 咨询、审计、评估、设计费用控制工作考核

第19条 工厂应组建咨询、审计、评估、设计费用控制考核小组，定期对各部门的费用控制工作进行考核，找出薄弱环节，提出改进建议。

第20条 对于咨询、审计、评估、设计等费用的控制工作，可以考虑从以下方面进行考核。

1.费用控制效果。评估工厂在咨询、审计、评估、设计等费用控制方面的整体效果。考察费用支出是否符合预算和合同约定，是否实现了节约和优化的目标。

2.费用预算执行情况。对比实际费用支出和预算费用，评估工厂在预算执行方面的表现。考察费用预算的准确性和合理性，以及费用控制的执行情况。

3.供应商绩效评估。评估与咨询、审计、评估、设计等相关业务的供应商的合作绩效。考察供应商的工作质量、及时性、专业能力等方面的表现，以确保获得优质的服务和回报。

4.费用效益分析。进行费用效益分析，评估咨询、审计、评估、设计等费用的投入与产出关系。考察服务的实际效果和对工厂业务目标的贡献，以确定费用支出的合理性和价值。

5.内部控制与合规性。评估工厂的内部控制机制和合规性管理情况。考察是否建立了适当的费用控制流程和审批程序，以及是否遵守相关法规、法律和内部规章制度。

6.项目管理与交付质量。评估咨询、审计、评估、设计等项目的管理情况和交付质量。考察项目的进展和成果，考察是否按时交付、是否达到预期目标、是否符合质量标准和要求。

7.满意度调查。开展员工或用户满意度调查，收集对咨询、审计、评估、设计等服务的反馈和意见。了解员工或用户对服务质量、沟通效果、问题解决能力等方面的满意程度，以及对费用控制工作的评价。

第21条　在对咨询、审计、评估、设计等费用控制工作进行考核评价时，可以考虑以下奖惩措施。

1.绩效奖金。为在费用控制方面表现出色的员工或团队提供额外的绩效奖金，作为对他们工作成绩的认可和鼓励。

2.晋升机会。将费用控制工作作为评估员工晋升的一个重要指标，对在这方面表现优秀的员工提供晋升机会。

3.公开表彰。通过内部通告、颁发证书或举办庆功会等形式，公开表彰在费用控制方面取得显著成就的个人或团队，以提高他们的荣誉感和归属感。

4.奖励方案。建立针对费用控制工作的奖励方案，如设立节约成本奖项、最佳实践奖项等，鼓励员工提出创新的节约方案和实施有效的成本控制措施。

第22条　在对咨询、审计、评估、设计等费用控制工作进行考核评价时，可以考虑以下奖惩措施。

1.费用超支扣减。对超出预算的费用支出进行扣减，以激励员工更加谨慎地管理和控制费用，避免不必要的开支。

2.考核降级。对在费用控制方面表现不佳的员工降低考核评级，限制其晋升机会和福利待遇，以警示和激励员工提高费用控制的能力。

3.个别培训与辅导。针对费用控制能力较差的员工，提供针对性的培训和辅导，帮助他们提升技能和知识，提高费用控制的能力。

4.纪律处分。对故意违反费用控制政策或滥用资源的员工，根据工厂规定给予相应的纪律处分，以确保费用控制纪律的执行。

第23条 奖惩措施的设计应考虑公平、合理和可执行性，并与绩效考核体系相结合，以激励和引导员工积极参与费用控制工作，并促进整体绩效的提升。

第5章 附则

第24条 本制度由行政部负责编制、解释与修订。

第25条 本制度自××××年××月××日起生效。

5.6 管理费用控制如何"持续改进"

5.6.1 管理费用控制"持续改进"实施要点

管理费用控制"持续改进"实施要点如图5-1所示。

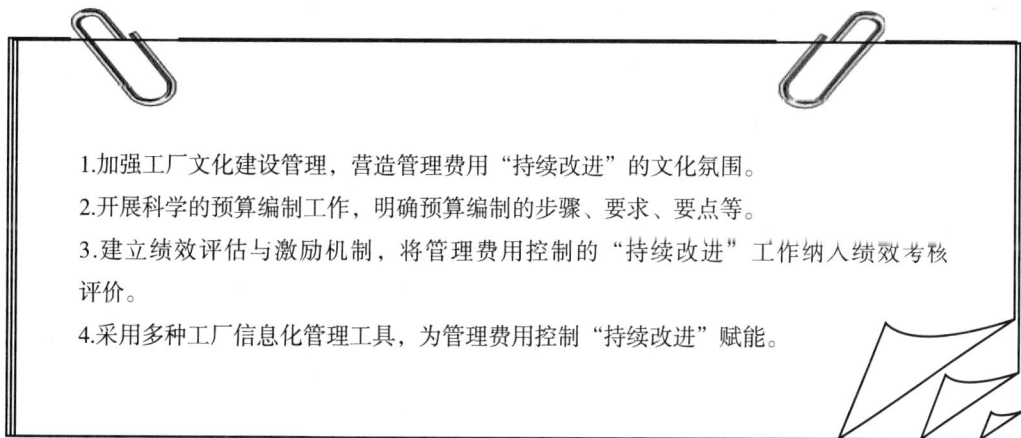

1.加强工厂文化建设管理，营造管理费用"持续改进"的文化氛围。
2.开展科学的预算编制工作，明确预算编制的步骤、要求、要点等。
3.建立绩效评估与激励机制，将管理费用控制的"持续改进"工作纳入绩效考核评价。
4.采用多种工厂信息化管理工具，为管理费用控制"持续改进"赋能。

图5-1 管理费用控制"持续改进"实施要点

5.6.2　管理费用控制"持续改进"实施细则

本细则可以解决以下问题：一是各管理部门的控制工作职责不明确、部门间不协同；二是管理费用控制"持续改进"工作要求不严格、不详细；三是管理费用控制"持续改进"的预算工作不到位、不规范。

管理费用控制"持续改进"实施细则

第1章　总则

第1条　为了推动管理费用控制工作的"持续改进"，降低管理费用，提升管理效能，实现工厂成本管理的精进化，特制定本细则。

第2条　本细则适用于对管理费用控制"持续改进"工作的管理，除另有规定外，均需参照本细则执行。

第2章　管理费用控制"持续改进"要求

第3条　预算管理。制定详细的管理费用预算，并在实际执行过程中进行监控和实时调整，预算应包括各项管理费用的具体指标和限额，以便进行有效的控制和比较。以下是详细的管理费用预算的制定步骤。

1.确定预算期限和范围。确定管理费用预算的时间范围，通常为一年，可以按月、季度或半年划分。

2.收集历史数据。收集过去一段时间的管理费用数据，可以从财务报表、成本核算记录和会计系统中获取，制定合理的预算应主要基于这些数据。

3.确定费用项目。列出所有需要纳入预算的管理费用项目，根据工厂实际情况进行适当调整和补充。

4.设定预算指标和限额。为每个费用项目设定预算指标和限额，指标可以是具体的数值，如金额或数量，也可以是比例或百分比。

5.考虑增长和变动因素。考虑费用的增长和变动因素，如通货膨胀率、人员薪资调整、市场竞争压力等，根据相关数据和趋势，合理估计未来费用的变动，并在预算中予以反映。

6.制订预算分配计划。将预算分配到各个成本中心、部门或项目，根据工厂的组织结构和业务需求，合理划分费用预算，确保各个部门和项目的需求得到满足。

7.制定预算控制措施。确定预算控制措施，包括费用的监控、审批流程、限额设定等，确保费用支出符合预算，并及时采取措施进行调整和纠正。

8.审核和批准预算。经过内部审查和核准程序，确保预算的合理性和可行性，相关管理层和财务部的人员应参与预算审核和批准的过程。

9.沟通和培训。与相关部门和员工沟通预算目标、指标和限额，并提供培训和指导，确保他们理解和配合预算的实施。

10.监控和评估。建立有效的监控机制，定期跟踪费用支出与预算的差异，并进行评估和分析，通过比较实际支出与预算，可以及时发现费用偏差，并采取相应的措施进行调整和控制。

11.预算修订和调整。根据实际情况和评估结果，及时修订和调整预算，如果发现某个费用项目超出预算或存在重大偏差，可以重新评估并重新分配预算。

12.持续改进和学习。根据预算执行的经验教训，进行持续改进和学习，分析预算执行的成功因素，以不断提升管理费用的效率和质量。

第4条　监控与反馈。建立有效的费用监控和反馈机制，确保预算执行的透明性和可追踪性，及时收集、分析和反馈预算执行情况的数据，为管理和调整决策提供依据。

第5条　费用分析和控制。对各项管理费用进行详细的分析和控制，包括将费用分配到不同的成本中心或项目，并通过监控和审查确保费用的合理性和有效性。以下是一些常见的措施，可以帮助工厂实现成本控制。

1.采购优化。通过优化采购策略和管理供应链来控制成本，包括与供应商进行谈判以获得更有竞争力的价格和优惠条件，并建立长期合作关系以获得更好的价格和服务，进行采购成本分析以确定最佳采购方式等。

2.合理使用资源。确保资源的合理使用，避免浪费和过度消耗，包括有效管理库存，减少废料和损耗，优化生产线布局和工作流程，提高资源利用率等，通过合理使用资源，可以降低成本并提高效率。

3.节约能源和材料。采取措施来节约能源和材料的使用，降低相关成本。包括使用节能设备和照明系统优化生产过程，推行回收再利用和废料处理计划等，有效的能源和材料管理有助于降低管理费用并减少对环境的影响。

4.制定预算和成本控制目标。制订详细的预算计划，包括管理费用的各个方面，设定明确的成本控制目标，确保各部门和团队明白其责任和目标，积极参与成本控制工作，定期审查和监控预算执行情况，并进行必要的调整和优化。

5.风险管理。识别和管理与管理费用相关的风险，以避免额外的支出和损失，合理购买适当的保险，采取适当的措施来防范风险和事故，以及进行供应商风险评估和管理等，通过有效的风险管理，可以降低额外的费用和潜在的损失。

6.培训和增强员工成本控制意识。通过培训和增强员工成本控制意识，加强他们对成本控制重要性的认识，培训员工关于成本和节约相关的知识和技能，激励他们在日常工作中积极参与成本控制措施的实施。

7.持续监测和改进。建立监测和评估机制，定期监测管理费用的支出情况，并进行成本分析和比较。通过监测，及时发现费用异常和潜在的成本增加因素，并采取相应的纠正措施。同时，定期评估和改进成本控制措施的有效性，寻找优化和节约的机会。

8.激励和奖励措施。设立激励和奖励机制，鼓励员工提出节约和成本控制的建议。

9.使用自动化技术。应用适当的自动化技术解决问题，提高效率和降低成本，使用工厂资源计划系统进行成本控制和费用跟踪，使用自动化技术完成重复性和烦琐的管理任务，减少人力资源成本。

10.定期审查和优化。定期进行管理费用的审查和优化，包括对各个费用项目进行评估，寻找节约和改进的机会，并制定相应的措施，持续的审查和优化将帮助工厂实现长期的成本控制和效率提升。

第6条　管理费用效率提升。通过不断提高管理效率和流程优化来降低管理费用，包括采用信息技术工具和系统来自动化和简化管理流程，减少人力和时间成本。

第7条　成本控制措施。采取有效的成本控制措施，如采购优化、合理使用资源、节约能源和材料等，以降低管理费用的支出。

第8条　绩效评估与激励机制。建立与管理费用控制目标相匹配的绩效评估和激励机制，鼓励员工在管理费用方面作出积极贡献，同时对不合理的费用支出进行监督和惩罚。

第9条　合理外包与合同管理。对于某些管理活动或服务，可以考虑外包以降低费用，但需要建立合理的外包合同和监督机制，以确保合同执行的质量和费用的控制。

第10条　持续改进和创新。鼓励员工提出改进和创新的建议，以降低管理费用并提高效率，建立持续改进的文化和机制，通过团队合作和知识共享来推动管理费用控制的持续提升。以下是持续改进和创新的详细要求。

1.创建改进和创新文化。创建一个鼓励员工提出改进和创新的工厂文化，通过强调工厂对改进和创新的价值观和重要性来实现，员工可以思考和质疑现有的管理费用做法，并提出新的想法和方法。

2.设立改进机制和渠道。设立改进机制和渠道，使员工可以轻松地提出他们的建议和意见，包括设立在线建议箱、定期举行改进会议或工作坊等，重要的是确保员工有机会分享他们的想法，并确保这些想法被认真考虑和评估。

3.提供奖励和激励机制。为员工提供奖励和激励机制，以鼓励他们积极参与改进和创新，包括奖励制度、表彰计划和晋升机会等，通过明确的奖励体系，员工将更有动力和积极性来提出创新的管理费用控制方法。

4.团队合作和知识共享。鼓励团队合作和知识共享，以推动管理费用控制的持续改进，员工应被鼓励与其他团队成员分享他们的经验、最佳实践和成功故事，这种知识共享和团队合作的文化将促进创新和优化管理费用。

5.培训和发展。提供员工培训和发展机会，提高他们的能力，帮助他们更好地理解和应用改进和创新的方法，包括提供管理费用控制的培训课程、参加行业研讨会和提供跨部门培训等。

6.提供支持和资源。为员工提供必要的支持和资源来实现他们的创新想法，包括提供必要的技术工具、专业咨询支持和适当的预算，确保员工所需的支持和资源得到满足，使他们能够更好地推动管理费用控制的改进和创新。

第3章　管理费用控制"持续改进"工具

第11条　工厂应使用数据分析和业务智能管理工具，对管理费用进行深入的数据挖掘和分析，揭示费用的趋势、模式和驱动因素，帮助管理人员进行决策。

第12条　工厂应引进工厂资源计划数智系统，帮助整合和协调工厂各个部门和功能的活动。它可以提供实时的财务和成本数据，帮助管理人员了解费用的情况并作出相应的决策，帮助采购、供应链、生产计划等方面的管理，帮助优化费用控制。

第13条　财务部应使用成本管理软件，帮助工厂进行费用的预算编制、分配、跟踪和分析等。

第14条　工厂应使用供应链管理软件，帮助工厂优化供应链活动。

第15条　工厂应使用项目管理工具，帮助管理人员跟踪项目进度、资源使用情况和费用支出，并提供报表和分析功能，以及时调整和控制费用。

第16条　工厂应使用电子采购平台，简化采购流程，提高采购效率，并帮助工厂比较不同供应商的价格和条件，实现更好的采购优化，从而降低采购成本。

第17条　在一些重复性和劳动密集的管理任务中，工厂应使用人工智能技术，以减少人力投入，提高工作效率。

第4章　附则

第18条　本细则由财务部负责编制、解释与修订。

第19条　本细则自××××年××月××日起生效。

06

第6章

工厂采购成本控制"精益化"

6.1　采购成本分析

6.1.1　采购成本分析控制问题清单

采购成本分析控制问题清单如表6-1所示。

表6-1　采购成本分析控制问题清单

序号	问题	具体描述
1	数据收集和分析不准确	数据收集和分析不准确，会导致采购成本控制措施的不准确
2	人为因素影响	采购人员个人的经验和技能水平会影响采购成本的控制效果
3	供应链风险多	供应商、运输、库存等多个环节均存在风险，采购成本的控制可能会受到影响
4	外部因素影响	政策、市场需求、竞争等会导致原材料价格上涨，使采购成本的增加
5	缺乏有效的控制措施	没有采取有效的供应商评估机制，可能无法及时识别供应商的问题，影响采购成本的控制

6.1.2　供应商管理制度

本制度可以解决以下问题：一是对供应商的评估标准不够全面；二是对签订的采购合同的管理不规范；三是没有明确供应商风险管理和应对措施；四是缺乏对供应商的绩效评估。

供应商管理制度

第1章　总则

第1条　为了确保对供应商的选择、评价、合作和维护等方面的管理得到有效控制和监督，满足工厂的业务和产品质量要求，提高供应商的整体质量水平，降低采购成本，减少质量问题，特制定本制度。

第2条　本制度适用于工厂所有供应商的管理工作。

第2章　优化供应商的选择

第3条　工厂需要先确定自己需要什么样的产品或服务，包括质量、数量、交货期限、价格等，以便找到满足需求的供应商。

第4条　通过互联网、行业协会、贸易展会、商业目录、推荐等途径搜寻供应商，并对潜在供应商进行记录和信息收集。

第5条　建立供应商档案，全面了解供应商的情况，为供应商的选择、考核和管理提供依据，供应商档案的建立有以下几个要点。

1.收集供应商的基本信息，包括名称、地址、联系人、联系方式、企业背景、组织架构、注册资本、经营范围等。

2.评估供应商的资质，包括企业的注册情况、资质认证情况、产品质量认证情况等。

3.评估供应商的生产能力、交货能力、技术能力等，评估标准主要有以下几点。

（1）供应商的质量管理体系是否符合标准，产品和服务能否满足工厂的质量要求。

（2）供应商的价格是否合理。能否提供具有竞争力的价格，并在制造过程中控制好成本。

（3）供应商的能力和稳定性如何。是否有足够的能力满足工厂需求；能否在有需求时快速响应。

（4）供应商的可靠性和服务水平如何。能否按时交货并处理好产品问题？是否能够为工厂提供专业的服务和技术支持。

4.评估供应商的信誉，包括其在行业内的声誉、历史业绩、客户反馈等。

5.根据收集到的信息，建立供应商档案，包括供应商的基本信息、资质认证情况、能力评估情况、信誉评估情况等。

6.定期对供应商档案进行更新，保持信息的及时性和准确性。当出现以下情况时，应及时将供应商信息从供应商档案中删除。

（1）合作终止。当供应商与工厂的合作关系终止时。

（2）资质过期。当供应商的资质认证、证照等过期或无法维持时。

（3）业绩不佳。当供应商业绩无法满足工厂的需求或存在质量问题时。

（4）公司合并或关闭。当供应商的公司被合并或关闭时。

（5）其他。供应商涉嫌违法或不道德行为等。

第6条　通过供应商档案中的信息，筛选符合要求的供应商，对收到的供应商报价和信息进行评估和比较，考虑供应商的质量、价格、交货期限、服务、技术能力等方面的表现，最终选择合适的供应商。

第3章　规范采购合同管理

第7条　在签订合同前，工厂必须明确合同中所涉及的内容，包括商品或服务的类型、质量标准、数量、价格、交货期限、付款方式等。

第8条　在合同履行过程中，工厂需要监督供应商的交货、质量、服务等方面是否符合合同约定。

第9条　如果需要对合同内容进行变更，工厂应在变更前与供应商协商，并在变更后及时更新合同内容。

第10条　如果供应商违反了合同约定，工厂可以考虑解除合同，并对其违约行为进行追责。

第11条　工厂需要定期对供应商合同进行评估，以确保合同的有效性和适应性，并采取必要的措施来改进合同管理制度。

第12条　工厂需要对签订的合同进行妥善保管，以便在需要时能够及时查阅和追溯。

第4章　加强供应商风险管理

第13条　通过对供应商资质、信誉、经营状况、安全管理能力等进行评估，了解其潜在风险，对评估结果进行综合分析，制定相应的风险管理策略。

第14条　与多家供应商建立合作关系，减轻对单一供应商的依赖，为工厂提供稳定、可靠和持续的产品及服务供应。

第15条　对供应商的交货质量、交货时间、服务水平等进行考核，及时发现问题，采取措施解决，并将考核结果及时反馈给供应商，提高其服务质量和管理水平。

第16条　建立合同管理机制，明确双方权利和义务，制定合理的违约责任和补救措施，降低合作风险。

第17条　通过现场检查、质量抽检、定期评估等多种方式对供应商的生产流程、品质管理等进行监督，确保其符合质量和安全要求，避免可能的风险和事故。

第18条　建立供应商风险应急预案，预判和应对供应商可能遇到的突发事件，以减少对工厂的影响。预案中应明确可能遇到的风险情况、应对措施、责任人等。

第19条　与供应商建立良好的信息共享机制，要求供应商提供订单执行情况、库存状况、交货情况等信息，以便工厂能够及时了解供应商的动态信息，发现风险并及时处理，确保供应链的稳定运作。

第20条　建立供应商管理的流程和标准，确保所有供应商都接受同样的管理和监督。流程须包括供应商申请、评估、考核、合同签订、交易、问题解决、退出等环节，每个环节都需要有相应的标准。

第21条　持续对供应商管理流程进行改进，不断完善和优化供应商管理的各个环节，确保供应链的高效和稳定运作。同时还要不断学习和吸收供应链管理的最新理念和技术，提高管理水平和能力。

第5章　供应商关系管理和维护

第22条　建立供应商管理委员会或者供应商管理团队，与供应商保持良好的沟通和协商，通过定期召开会议或电话、电子邮件等方式与供应商交流信息和解决问题。

第23条　工厂与供应商均须严格遵守合同规定和商业道德，做到信守承诺，保证产品和服务质量。

第24条　与供应商建立长期稳定的合作关系，为双方共同发展创造良好的条件，促进供应商的技术升级、生产能力提升等，为工厂提供稳定可靠的供应链。

第25条　当供应链出现问题时，工厂应与供应商共同解决问题，共同承担责任，实现解决问题的最佳结果。

第26条　建立供应商绩效评估制度，对表现优秀的供应商进行奖励，包括提高订单量、延长合作时间、给予优惠政策等；对表现不佳的供应商进行惩罚，包括减少订单量、终止合作等。具体考核指标可参考以下几点。

1.产品质量。

（1）优秀。缺陷率不超过1%。

（2）良好。缺陷率在1%～3%。

（3）一般。缺陷率超过3%。

2.交货期限。

（1）按时交货。交货期限准确无误。

（2）超时交货。交货期限延迟一周以内。

（3）严重超时交货。交货期限延迟一周以上。

3.服务水平。

（1）优秀。响应时间在2小时内。

（2）良好。响应时间在24小时内。

（3）一般。响应时间超过24小时。

第6章　附则

第27条　本制度由采购部负责编制、解释与修订。

第28条　本制度自××××年××月××日起生效。

6.2　采购成本控制

6.2.1　采购成本费用控制问题清单

采购成本费用控制问题清单如表6-2所示。

表6-2　采购成本费用控制问题清单

序号	问题	具体描述
1	采购需求评估不仔细	工厂对采购需求评估不仔细，会出现采购过量或采购不必要产品的情况
2	采购流程不规范	采购流程不规范可能导致重复采购、采购周期过长等问题，增加采购成本
3	供应商管理不当	供应商不按时交货或提高产品价格等情况，均会造成采购成本的上升
4	采购决策失误	采购决策失误，如选错供应商、选错材料等情况均会导致采购成本的增加
5	缺乏采购成本数据分析	工厂缺乏对采购成本数据的分析和监控，难以发现采购成本的问题，也难以采取有效的控制措施

6.2.2 采购物流成本控制方案

本方案可以解决以下问题：一是供应链网络设计没有实现有效优化；二是不知道可以采取什么方式来优化物流运输成本；三是没有将物流成本控制与先进科学技术有效融合。

采购物流成本控制方案

一、目标

有效控制工厂的采购物流成本，提高物流效率和质量，降低工厂的物流成本，提高工厂的运营效率和竞争力。

二、现状及问题

1.物流成本占比增加。随着工厂规模扩大、供应链变得越来越复杂，物流成本在成本中所占比重逐渐增加，这对工厂的盈利能力和市场竞争力带来了挑战。

2.供应链风险增加。工厂的供应链面临着资金链断裂、物流中断、产品质量问题等风险，这些风险可能导致采购物流成本的增加和生产停滞。

3.采购物流管理缺乏一体化。一些工厂的采购和物流管理仍然存在疏漏，采购部门和物流部门之间缺乏有效的协调和沟通，导致采购物流成本难以控制。

4.信息化水平低下。一些工厂对采购和物流的管理还停留在传统模式，缺乏有效的信息化支持和技术应用，导致采购物流成本的控制和管理效率低下。

5.市场竞争压力加大。市场竞争的加剧，使得工厂必须不断提升采购物流效率、降低采购物流成本，否则就难以在市场上保持竞争力。

三、方案设计与执行

1.优化供应链网络。

评估和优化供应链网络设计，主要考虑因素有以下几点：

（1）供应商选择。

①对供应商的能力、资源、质量管理体系等方面进行评估，确保供应商能够满足工厂的需求。

②工厂应考虑供应商的交货可靠性、供应连续性和响应能力，选择能力较强的供应商合作。

③综合考虑供应商的价格、交货成本、售后服务等因素，以确保采购成本的合理性。

（2）供应商位置和分布。

①选择供应商时应考虑到供应商与工厂之间的距离和交通便利性，以确保供应链的流畅运作。

②工厂需考虑供应商所在地的地理、气候等条件，明确对材料采购和物流运输可能产生的影响。

③工厂需考虑供应商的地理位置，以降低物流成本、缩短供应链的响应时间。

（3）物流中心的布局。

①根据货物的流向和销售市场的位置，合理规划物流中心的布局，缩短货物的运输距离和时间。

②工厂应考虑物流中心与供应商、制造工厂、销售渠道之间的运输网络，选择物流中心的位置，以优化整个供应链的物流效率。

③根据产品特性和市场需求，设计仓储设施和配送中心，提高货物的储存效率和配送效率。

④物流中心须应用信息技术系统和设备，实现物流中心的信息化管理，提高物流效率和可视性。

（4）优化供应商管理与合作。建立紧密的供应商关系，与供应商进行长期合作，建立互信和合作共赢的伙伴关系，以降低成本。

（5）准确预测需求与制订计划。准确预测市场需求和产品销售趋势，以便更好地计划采购和生产。通过改进需求预测的准确性，可以避免库存积压和缺货情况，降低库存成本和减少销售机会损失。

2.优化物流运输。

（1）选择运输模式。评估不同运输方式的成本和效益，并选择最适合的运输方式，选择运输方式时需考虑货物特性、紧急程度、运输距离和运输量等因素，以下是各种运输方式的一般适用情况。

①公路运输。适用于短距离、小批量和紧急交货的情况。它具有灵活性高、运输时间短、适应性强的优势。尤其适合货物的门到门运输，能够直接到达目的地。

②铁路运输。适用于长距离、大批量和对运输时间要求相对较低的情况。它具有

运力大、稳定性强、运输成本较低的优势。特别适用于大宗货物、重货物和跨国货物的运输。

③水路运输。适用于大批量、长距离、对运输时间要求相对较低且可通过水路连接的地区。它具有运力大、运输成本低的优势，尤其适用于大宗货物、散装货物和跨国货物的运输。

④航空运输。适用于紧急交货、对运输时间要求高、跨国货物和高附加值货物的情况。它具有运输速度快、运力灵活、全球范围内覆盖广的优势。尤其适合有时间要求的货物和远程国际货物的运输。

（2）优化运输路线。使用物流规划软件和地理信息系统，分析运输路线的距离、交通状况、运输时间和运输成本，选择最经济和最快捷的运输路线。

（3）选择运输合作伙伴。选择可靠的物流运输服务提供商，进行承运商评估和谈判，并建立长期合作关系，选择时的主要考虑因素有以下几点。

①运输能力。评估潜在合作伙伴的运输能力，考虑他们的运输车辆、设备、仓储能力等是否符合工厂的需求，并评估他们的运输网络覆盖范围和运输能力是否足够满足工厂的运输需求。

②服务质量。重视承运商的服务质量，评估他们的交货准时率、货物损失率、投诉处理能力等指标，以确保货物的安全和及时交付。

③成本效益。比较不同承运商的价格和成本结构，综合考虑运输费用、附加费用、服务费用等，找到最具成本效益的合作伙伴。

④安全和风险管理。考虑运输合作伙伴的安全管理措施和风险管理能力，全面了解他们的保险覆盖范围、货物跟踪系统、风险应对措施等，以确保货物在运输过程中的安全。

（4）整合货运量。通过合并装载、合并配送和合并供应商发货等方式，将多个订单或货物进行整合，实现集中运输和批量运输，以减少空载率和降低运输成本。

3.应用先进技术。

（1）采用物流管理软件或建立供应链管理系统，实时追踪货物位置、监测运输状态、优化运输路线、进行库存管理等，实现对采购物流过程的全面监控和管理。

（2）引入自动化仓储设备，如自动储存和检索系统（AS/RS）、自动导引车（AGV）、机器人等，减少人力成本，提高仓库吞吐量，提高仓储操作的效率和准确性。

（3）利用物联网技术，将传感器、标签和设备与物流系统连接，监测货物状态、温湿度、运输条件等参数，优化运输计划、减少货物损耗，提高物流运输的质量和效率。

（4）建立电子商务平台，实现供应链信息的实时共享、订单的电子化处理、在线支付和跟踪等功能，简化采购物流流程，提高效率和可操作性。

（5）应用供应链金融技术，包括供应链融资、电子发票、供应链信用评估等，优化采购物流的资金流动和风险管理，为供应商和采购商提供更灵活的支付和结算方式，提高资金周转率。

（6）利用人工智能和机器学习技术，自动识别供应链瓶颈、优化运输路线、预测需求波动等，提高物流运作的智能化和自动化水平。

（7）采用数字化合同和电子化文档，简化采购物流的合同管理和文件处理流程。通过数字化合同和电子化文档，可以提高合同签署和审批的效率，减少纸质文档的使用和储存成本。

（8）利用跨境电商平台和全球化物流网络，开拓新的采购和销售渠道，优化跨境物流和供应链运作，降低采购成本、拓展市场，提高采购物流的国际化水平。

4.加强人员培训。

（1）采购团队成员。

①对员工进行采购技能培训，包括供应商谈判技巧、合同管理、采购流程等内容，提升采购团队成员的采购专业知识和技能。

②对员工进行成本分析方法、成本节约策略等培训，以帮助采购团队成员更好地控制采购成本。

③对员工进行供应链管理培训，涵盖供应链战略、供应商评估与管理、需求预测等，提高供应链管理能力。

（2）物流团队成员。

①物流运作培训。对员工进行运输管理、仓库管理、物流信息系统应用等培训，提高物流团队成员的物流运作能力。

②对员工进行运输路线优化、运输模式选择、运输成本控制等方面的培训，帮助物流团队成员降低物流运输成本。

③对员工进行库存优化、安全库存计算、ABC分类管理等方面的培训，提高库存管理效率，降低库存成本。

（3）跨部门协作人员。

①进行采购物流的基本概念、重要性及协作关系等方面的培训，提高协作人员对采购物流的理解和支持。

②培训员工有效沟通、团队协作、问题解决等技能，以促进跨部门的合作和协调。

四、成果预测

1.通过实施采购物流成本控制，工厂可以降低采购成本、仓储成本、运输成本，提高工厂的盈利能力。

2.采购物流成本控制方案的实施还可以提高工厂的采购物流效率，包括供应商的响应速度、采购的周期时间、仓储的周转时间、配送的准时率等。

3.通过实施该方案可以提高采购物流的质量，包括采购物料的质量、库存管理的准确性、配送的准确率等。

4.通过采购物流成本控制方案的实施，工厂可以提高自身的采购物流效率和质量，降低采购成本，从而提高自身的竞争力，占领更大的市场份额。

6.3　采购成本费用控制如何"降本增利"

6.3.1　采购成本费用控制"降本增利"实施要点

采购成本费用"降本增利"可以提高生产效率，提高产品质量，降低生产成本，进而提高工厂的效益。采购成本费用控制"降本增利"实施要点如图6-1所示。

1.成本分析。对采购成本进行全面分析和评估，包括原材料成本、运输成本、库存成本、供应商管理成本等。

2.供应商管理。建立供应商评估和管理体系，评估供应商的能力、信誉和可靠性，与供应商进行有效的谈判和合作，争取更有竞争力的价格和优惠条件。

3.库存管理。通过合理的需求预测和供应链协调，实现库存的精确控制，减少库存滞销和过期损失。

4.优化采购流程。简化采购流程，提高采购效率。引入电子采购平台、供应链管理软件、自动化工具和系统，提高采购过程的可见性和效率。

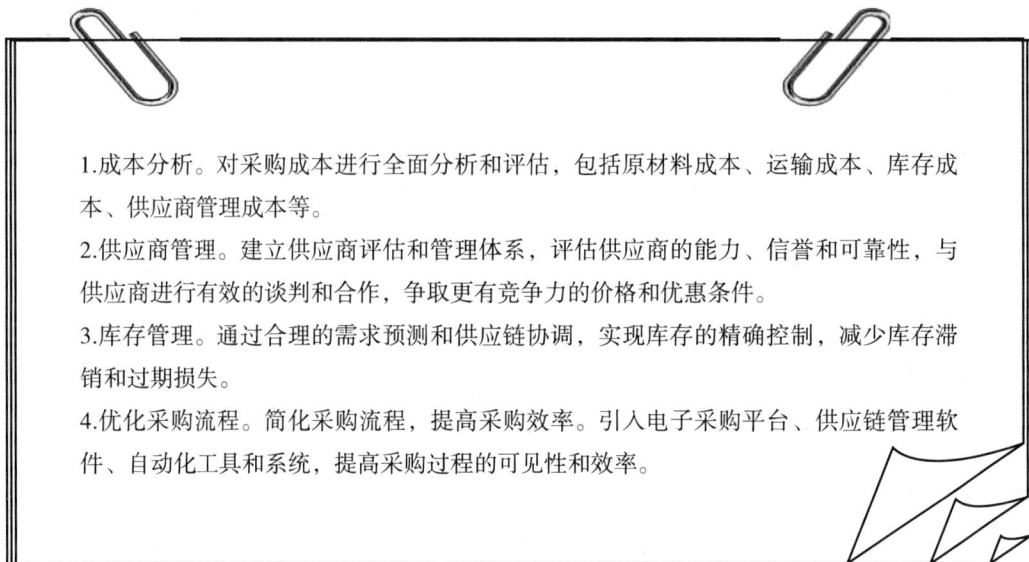

图6-1　采购成本费用控制"降本增利"实施要点

6.3.2　采购成本费用控制"降本增利"实施方案

本方案可以解决以下问题：一是采购成本费用没有得到有效控制；二是供应商管理的优化工作不知从何处下手；三是采购流程不够清晰、不够完整；四是工厂没有充分利用现代化、数字化和自动化工具来优化采购。

采购成本费用控制"降本增利"实施方案

一、目标

确保采购材料高质量、低价格，降低采购成本，规范采购价格审核管理程序。

二、现状及问题

1.由于缺乏竞争、供应链不稳定和供应商定价策略等，供应商提供的价格较高，导致采购成本增加。

2.无法准确预测需求量和时间，导致过量采购、库存积压或频繁补货，从而增加仓储成本。

3.没有足够的信息来评估供应商的表现、库存水平和运输状况，可能导致效率低下和成本增加。

4.复杂、烦琐和低效的采购流程可能导致时间和资源的浪费。

5.工厂没有充分利用现代化、数字化技术和自动化工具来优化采购、物流、仓储流程，造成效率低下，成本上升。

6.工厂成本控制意识不够强，没有对员工进行成本控制培训，导致整个采购流程效率低下。

7.突发事件、物流中断或供应商破产等风险可能引发成本上升，缺乏采取适当的风险管理措施。

三、方案设计与执行

1.优化供应商管理。

（1）供应商评估和选择。建立有效的供应商评估体系，综合评估供应商的质量、交货能力、价格竞争力、供应稳定性等因素，并根据评估结果，选择合适的供应商建立长期的合作关系。

（2）成本管理和谈判。通过与供应商建立长期合作关系，或进行成本管理和谈判，寻找降低成本的机会。

（3）合同管理和谈判。与供应商进行合同谈判，明确合同条款，包括产品质量要求、交货期限、价格和付款条件等。工厂须监督供应商合同履行情况，确保供应商按照约定的条款和条件提供产品和服务。

（4）供应链协同管理。与供应商建立紧密的合作关系，包括信息共享、需求预测、库存管理等方面的合作，进行供应链的协同管理，以优化供应链的效率和成本。

（5）供应商协作和创新。通过与供应商的技术合作和创新合作，共同开发新产品或改进现有产品，降低产品开发成本，提高产品质量和竞争力。

（6）风险管理。建立供应商风险评估和监控机制，识别和管理与供应商相关的风险，包括供应商的财务稳定性、地理位置、可靠性等方面的风险，以便及时应对和管理风险。

（7）供应商绩效管理。建立供应商绩效评估体系，定期评估供应商的绩效，并与供应商进行沟通和反馈，根据绩效评估结果，采取相应的措施，包括奖惩机制、改进计划等，以促进供应商的持续改进和优化。

2.优化采购流程。

（1）评估流程和识别瓶颈。分析每个环节的效率、延迟和资源利用情况，对现有的采购流程进行评估，识别存在的瓶颈和问题，找出影响采购成本和时间效率的关键问题。

（2）简化和标准化流程。建立标准化的采购流程和操作规范，统一流程标准和要求，消除不必要的环节和冗余操作，以提高采购流程的效率和一致性。

（3）自动化和数字化。采用采购管理系统和数字化工具，将采购申请、审批、合同管理和付款等环节通过系统自动化处理，减少人工干预和错误。

（4）电子采购和招投标。采用电子采购和招投标平台，简化采购和文件管理流程，提高采购活动的透明度和效率，降低采购成本和时间。

（5）风险管理和合规性。在采购流程中关注风险管理和合规性要求，确保采购活动符合法律法规和工厂内部政策；建立风险评估和控制机制，降低采购风险和潜在的法律责任。

（6）数据分析和绩效评估。通过数据分析和绩效评估，持续监测和改进采购流程。分析采购数据和指标，及时发现问题和机会，并采取相应的改进措施。

（7）培训和沟通。工厂应加强采购流程培训，确保所有相关人员了解和遵守采购流程，提高采购团队的专业能力，增强成本控制意识，提高流程执行的一致性和效率。

3.优化物流管理。

（1）优化供应链网络。评估和优化供应链网络设计，包括供应商的选择、位置和分布、物流中心如何布局等，降低物流运输成本。

（2）选择运输模式。评估不同运输方式的成本和效益，并选择最适合的运输方式，选择运输方式时需考虑货物特性、紧急程度、运输距离和运输量等因素。

（3）优化运输路线。使用物流规划软件和地理信息系统，分析运输路线的距离、交通状况、运输时间和运输成本，选择最经济和最快捷的运输路线。

（4）选择运输合作伙伴。选择可靠的物流运输服务提供商，进行承运商评估和谈判，并建立长期合作关系。

（5）加强对物流团队成员的培训，包括运输管理、物流信息系统应用、运输成本控制、安全库存计算、ABC分类管理等方面的培训，提高物流团队成员的物流运作能力，降低物流运输成本。

4.优化库存管理。

（1）准确预测需求。制订合理的库存计划，利用市场趋势、历史数据和需求分析等，预测产品需求，并基于预测结果进行库存规划，以避免库存积压或断货现象。

（2）优化库存水平。通过合理的库存规划、库存控制和库存调整，优化库存水平，确保库存数量与实际需求相匹配，避免过高或过低的库存水平，以降低库存成本和风险。

（3）供应链协同。通过共享信息、协调生产和物流等，与供应商和其他供应链伙伴进行协同管理，优化供应链的响应速度和准确性，降低库存储备和运输成本。

（4）提高库存周转率。通过提高库存周转率，减少库存占用资金、降低储存成本，并缩短库存滞留时间，降低过期和陈旧库存的风险。

（5）ABC分析法。采用ABC分析法对库存进行分类管理，将库存按照重要性和价值分为A、B、C类，重点管理A类库存，优化库存周转和资金利用效率。

（6）定期盘点。定期进行库存盘点，确保库存数量的准确性和一致性，并建立库存监控机制，及时发现异常情况和库存偏差，采取相应的纠正措施，以提高库存管理的精确性和可靠性。

（7）JIT供应和生产。采用"即时供应"原则，与供应商和生产部紧密协调，实现按需采购和生产，降低库存占用和库存管理成本。

（8）优化库存管理工具。利用ERP系统、物流管理软件和数据分析工具等现代化库存管理工具和技术，提高库存管理的效率和准确性，实现库存流转和需求预测的精确控制。

5.创新与技术应用。

（1）创新采购模式。引入新的采购模式，包括电子采购、集中采购、共享采购等，优化供应链管理，降低采购成本，提高效率和可持续性。

（2）技术驱动的采购。借助先进的技术，包括人工智能、大数据分析、物联网等，提升采购的智能化和自动化水平，优化供应链可见性、需求预测和库存管理等环节，减少人为错误和成本。

（3）建立采购技术平台。建立采购技术平台，集成采购流程、供应商管理、数据分析等功能，提高采购的信息共享、协同管理和数据分析能力，支持决策和效率的提升。

（4）新产品开发和设计。推动供应商和研发部门合作，采用新的材料、工艺和设计，优化产品成本结构，降低采购成本，提高产品质量和竞争力。

（5）供应链可持续发展。关注环境友好型和社会责任型的采购，选择符合环保标准的供应商，优化物流和运输方式，减少碳排放和资源消耗，推动供应链的可持续发展，提高工厂形象和竞争力。

（6）创新采购策略和合同。制定创新的采购策略和合同条款，促进成本控制和降低风险，包括引入供应链金融、供应链共享经济等概念，优化采购成本结构和资金利用效率。

四、持续改进

1.数据分析和监控。建立有效的数据分析和监控机制，定期收集和分析采购相关的数据，关注采购成本比率、供应商绩效、采购周期等关键指标，识别潜在的成本节约和效率提升的空间。

2.加强供应链合作。与供应商建立稳固的合作伙伴关系，密切合作并分享共同的目标，定期对供应商的质量、交货准时率、售后支持等方面的表现进行评估，通过积极的供应商管理和合作，找到更具竞争力的供应商，探索降低成本的机会。

3.进行市场调研。密切关注市场动态和新技术的发展，寻找具有竞争力的供应商和产品，确保采购价格的合理性。

4.组织持续改进活动。定期组织持续改进活动，邀请团队成员提供改进建议和意见。鼓励团队成员参与培训和学习，提升采购管理的专业知识和技能。

5.加强团队培训。工厂应借助内部和外部资源，组织培训课程和研讨会，分享最佳实践和行业趋势，推动采购管理效率的不断提升。

6.建立奖惩机制。建立有效的绩效管理体系，设定明确的目标和指标，评估采购团队成员的绩效，并基于绩效评估结果，设定奖励机制，激励员工的优秀表现和贡献。奖励可以是薪资激励、奖金、晋升机会或其他形式的认可，以激发团队成员的积极性和创造力。

五、成果预测

1.通过优化采购流程、供应链管理和供应商管理等措施，预计可以降低采购成本。包括采购材料和产品的价格协商、减少库存成本、提高供应链效率等方面的成本节约。

2.通过改善库存管理、供应链协同和需求预测等方面的措施，可以提高资源的利用效率。减少过度库存和废弃物，优化采购和供应链的运作，降低相关成本。

3.通过更好的供应商管理和合作关系，可以提高供应链的可靠性和稳定性。减少供应链中的延误和风险，降低应急采购和补救措施的成本。

4.通过关注创新和技术应用，可以引入新的采购模式、数字化工具和新兴技术，从而获得竞争优势，包括创新产品的开发、供应链的数字化转型等，为工厂带来更高的价值和市场地位。

07

第 7 章

工厂研发成本费用"精进化"

7.1　产品研发成本控制

7.1.1　产品研发成本控制问题清单

产品研发成本控制问题清单如表7-1所示。

表7-1　产品研发成本控制问题清单

序号	问题	具体描述
1	解决技术难题成本高	产品研发常常需要涉及先进的技术和专业知识，而这些技术可能是相对较新或较复杂的，解决这些技术难题可能需要额外的研发投入，从而增加研发成本
2	设计变更频繁导致新增额外成本	在产品研发过程中，由于市场需求变化、技术突破或竞争对手的产品改进等原因，可能会出现设计变更的情况，设计变更会导致额外的研发成本，包括重新设计、重新测试及调整供应链等方面的费用
3	原材料成本波动大	原材料是产品制造的基础，其成本可能会受到市场供需关系、国际贸易政策和自然灾害等因素的影响，原材料成本的波动可能增加产品研发成本，并对制造成本产生连锁效应
4	制造工艺优化投入大	在产品研发过程中，需要对制造工艺进行不断的优化和改进，以提高生产效率和质量，然而，制造工艺优化可能需要额外的设备、培训和工程改造等成本投入
5	人力资源成本高	拥有高素质的研发团队是产品研发成功的关键，但是，吸引、培养和保留优秀人才需要投入大量的人力资源管理成本，包括薪酬、培训、福利和团队建设等方面的费用
6	专利和知识产权保护成本高	在产品研发过程中产生的创新和知识产权需要得到保护，以防止被他人非法使用或复制。专利和知识产权保护的成本可能很高，如专利申请费用、法律咨询费用和维权成本等

序号	问题	具体描述
7	风险管理投入大	产品研发本身具有一定的风险，如技术失败、市场失败或竞争失败等。为了控制这些风险，可能需要采取一些风险管理措施，如市场调研、技术评估和竞争分析等，这些风险管理活动可能增加产品研发成本
8	时间成本大	市场竞争激烈，工厂通常需要尽快推出新产品以满足市场需求，这可能导致时间压力增大，需要在有限的时间内完成产品研发工作，这可能增加成本，如加班费用、紧急采购和加速开发进程所需的额外资源等

7.1.2　产品研发调研成本费用控制方案

本方案可以解决以下问题：一是产品研发调研成本费用控制目标不突出；二是产品研发调研的成本费用构成及其控制措施不明确；三是产品研发调研成本费用控制问题不清晰及问题解决措施不具备可行性；四是产品研发调研成本费用控制工作要求不严谨、不规范。

产品研发调研成本费用控制方案

一、目标

1.实现成本效益。通过合理的成本控制措施和资源利用，最大限度地降低调研成本，使其与预期收益相匹配，确保产品研发调研活动在可接受的成本范围内进行，以实现成本效益。

2.实现预算控制。确保产品研发调研成本不超出预算范围，根据预算计划和资源限制，对产品研发调研活动的成本费用进行有效的控制和分配，避免超出可承受的成本范围。

3.资源优化。合理利用可用资源，包括人力资源、技术设备、外部咨询等，以最大限度地优化研发调研成本，确保资源的有效配置和利用，减少浪费和重复的开支。

4.可行性评估。通过成本控制，确保产品研发调研成本费用与项目的可行性相匹配，目标是对研发项目的需求、市场前景和预期收益进行综合评估，以确定产品研发调研成本费用的合理性和可接受程度。

5.风险管理。在成本控制方案中考虑风险管理，以降低不可预见的风险对产品研发调研成本费用的影响，目标是通过风险识别、评估和控制措施的制定，降低可能导致成本增加的风险，并提高成本控制的稳定性和可持续性。

6.绩效评估。建立绩效评估机制，定期评估产品研发调研成本费用控制方案的执行效果，目标是通过制定关键绩效指标（KPI）和定期的成本分析，对成本控制方案的有效性进行评估和反馈，及时发现问题并采取改进措施。

二、方案设计

1.明确方案的目标，即控制产品研发调研成本，并提供相关背景信息，包括研发项目的性质、范围和重要性等。

2.明确参与方案执行和管理的各个部门、团队或个人的责任和角色，确保每个人都清楚自己的职责，并有责任推动成本控制的实施。

3.制定产品研发调研的预算，并确保预算的合理性和准确性。预算应包括调研活动所需的人力资源、市场调研、数据采集、外部咨询费用等方面的支出。

4.建立成本核算的方法和流程，确保对调研成本进行准确的记录和跟踪。包括确保各项支出都得到正确分类和归集，以便进行后续的成本分析和控制。

5.制定具体的成本控制策略和措施，以确保产品研发调研成本的有效控制。包括限制资源使用、寻求成本节约的机会、优化供应商选择、合理控制外部咨询费用等。

6.识别和评估可能对产品研发调研成本产生影响的风险，并制订相应的风险管理计划，以保证产品研发调研成本控制的稳定性和可持续性。

7.建立绩效评估机制，定期评估产品研发调研成本控制方案的执行效果。如制定关键绩效指标（KPI）、进行定期的成本分析和报告，以及对成本控制措施的效果进行评估和反馈。

8.建立定期的方案审查和改进机制，以确保方案的持续改进和优化。包括定期回顾方案的执行情况、识别潜在的改进机会，以及采取相应的措施进行调整和改进。

9.确保与相关部门、团队和利益相关方之间的沟通和协作，以促进成本控制方案的顺利执行。定期的沟通会议和报告可以保证方案进展顺利。

三、产品研发调研成本费用构成

1.人力资源费用。包括研发调研团队的工资、奖金、福利及培训费用。调研团队包括研发人员、工程师、科学家等。

2.设备和设施费用。包括购买、租赁和维护研发所需的设备、仪器、实验室设施等的费用。这些设备和设施用于实验、测试、原型制作等研发活动。

3.材料和供应品费用。包括购买研发过程中所需的原材料、试剂、耗材等的费用。这些材料和供应品可能用于样品制备、实验验证、测试等环节。

4.外部服务费用。包括外部咨询、研究机构合作、专利申请、市场调研等的费用。

5.差旅和交通费用。包括研发团队在调研过程中的差旅费用、交通费用和住宿费用等。这些费用涉及出差、会议参与、参观考察等活动。

6.数据分析和信息采集费用。包括收集、整理和分析调研所需的数据和信息的费用。

7.其他支出。涵盖其他与产品研发调研相关的费用，如文件和报告制作、专利费用、行政支持等。

四、各构成项成本费用控制措施

1.人力资源费用控制措施。优化研发调研团队的组织结构和人员配置，确保合理的人员数量和技能匹配，避免人员冗杂和工作重复。同时，通过培训和知识共享，提高团队成员的综合能力，提高研发调研工作效率。

2.设备和设施费用控制措施。评估研发调研所需设备和设施的实际需求，避免不必要的购买或租赁。优先考虑共享设备和资源，与其他部门或研究机构建立合作关系，降低成本。合理安排设备维护和保养，延长设备寿命，减少维修费用。

3.材料和供应品费用控制措施。优化材料的采购管理，与供应商谈判合理价格并建立长期合作关系，以获得更好的采购条件。审查研发调研过程中的材料使用，寻求替代方案或节约用量的方法，减少材料浪费。

4.外部服务费用控制措施。与外部服务提供商进行谈判，争取更有竞争力的价格和服务条款。定期评估外部服务的必要性，避免不必要的费用支出。对外部服务商进行严格的选择和审查管理，确保服务质量和成本控制的平衡。

5.差旅和交通费用控制措施。合理安排差旅计划，统筹行程以减少不必要的出差。选择经济实惠的交通方式和住宿地，如选择航班、酒店和交通工具的折扣、特价或团体预订等，以降低差旅费用。

6.数据分析和信息采集费用控制措施。合理规划数据收集和信息采集的范围和方法，避免重复工作和冗余数据。优先使用已有的内部数据和资源，充分利用市场调研工具和公开数据，以减少额外的数据采集成本。采用高效的数据分析工具和技术，提高数据处理和分析的效率。

7.其他支出控制措施。审查和评估其他支出的必要性和合理性，确保支出与研发调研目标相一致。建立审批流程和控制机制，对其他支出进行严格的预算管理和费用核销，避免超支和浪费。

五、调研成本费用控制问题

1.不确定性。调研过程中，市场和技术等方面的不确定性可能导致难以准确评估成本。市场需求的变化、技术难题的出现等都可能对成本产生不可预见的影响。

2.预算限制。研发项目通常都有预算限制，但调研活动可能涉及多个方面的支出，如市场调研费用、数据采集成本、外部咨询费用等。在有限的预算内，如何合理分配资源和控制成本是一个挑战。

3.多方利益关系难以平衡。在调研活动中，可能涉及多个利益相关方，如高层管理人员、研发团队、市场部门等。不同利益相关方对调研成本的预期和要求可能不同，如何平衡各方利益，同时控制成本是一项复杂任务。

4.市场竞争压力大。在市场竞争激烈的行业，为了迅速推出新产品，可能需要进行更加全面和深入的调研工作。这可能会增加调研成本，但同时也需要权衡成本与市场竞争优势之间的关系。

5.数据可靠性和采集难题。调研活动通常需要收集大量的数据和信息，但数据的可靠性和采集的难题可能导致成本控制的困难。数据来源的可靠性、数据采集的成本和时间等都是需要考虑的因素。

6.外部合作困难。在调研活动中可能需要依赖外部合作和供应商，如市场调研工厂、咨询机构等。如何管理外部合作关系，确保合作伙伴的专业能力和成本效益，也是一个需要解决的问题。

六、解决措施

1.建立合理的不确定性估计方法，考虑不同的市场和技术情景，并对成本进行敏感性分析。进行前期可行性研究和风险评估，以尽量减少不确定性对成本的影响。

2.制订详细的调研预算计划，考虑各项调研活动所需的资源和成本，并根据项目的优先级和重要性进行合理的资源分配。寻找成本效益较高的调研方法，如利用在线调查和数据分析工具，以减少传统调研方法所需的高成本。

3.以工厂战略为出发点，建立有效的沟通渠道，统筹各方利益相关方的利益，理解各方利益相关方的需求和期望，并在成本控制方案中予以平衡。

4.建立共识和协作机制，以确保各方的合作和参与，并解决可能出现的冲突和问题。进行前期市场调研和分析，以确定关键市场需求和竞争态势，从而有针对性地进行调研活动，减少不必要的成本支出。与市场部和销售团队紧密合作，确保调研成果能够迅速转化为市场竞争优势，以实现更好的成本效益。

5.选择可靠的数据来源和合作伙伴，进行数据质量评估，并确保数据采集的准确性和全面性。制订详细的数据采集计划，优化数据采集的方法和工具，以提高效率和准确性。

6.选择合适的外部合作伙伴和供应商，考虑其专业能力、经验和成本效益。建立明确的合作协议和合同，确保合作双方责任和权益明确，同时进行有效的供应商管理和绩效评估。

七、成本控制工作要求

1.制定调研预算。根据项目需求和目标，制订详细的调研预算计划，包括各项调研活动所需的资源和成本，并确保预算的合理性和可行性。以下是制定调研预算的详细要求。

（1）项目需求和目标。首先要明确项目的需求和目标，了解所需的调研内容和范围，可以通过与项目团队、市场部和利益相关方的讨论和沟通来确定，确保对项目的整体要求有清晰的认识，这有助于制定准确的调研预算。

（2）调研活动和资源需求。根据项目需求，列出需要进行的调研活动，并全面考虑每个活动所需的资源和成本，包括人力资源、技术设备、外部咨询和数据采集等，要对每个调研活动的工作量、时间需求和相关资源进行评估，以便合理制定预算。

（3）成本估算。对每个调研活动进行成本估算，考虑直接成本和间接成本，直接成本包括人员工资、外部咨询费用、数据采集和分析费用等，间接成本包括项目管理费用、办公场地费用、设备和软件使用费用等，仔细考虑各项成本，并结合市场行情和实际情况进行综合估算。

（4）评估预算的合理性和可行性。制定调研预算时，要确保其合理性和可行性，预算应该基于充分的数据分析，并考虑到市场竞争、行业标准和项目需求等。同时，还要与财务部和管理层进行沟通和协商，确保预算的合理性和可行性，以便获得必要的支持和批准。

（5）预算控制和监测。制定预算后，需要进行预算控制和监测，包括与实际支出进行比较，及时发现和解决成本偏差，建立相应的预算追踪和报告机制，监控成本支出情况，并根据需要进行调整和优化。

2.成本控制。对每个调研活动进行成本估算，包括数据采集、市场调研、外部咨询等方面的成本，在实施过程中，进行成本控制，监测和控制实际成本与预算成本之间的差异。

3.资源管理。合理分配和利用调研所需的资源，包括人力资源、技术设备、外部合作伙伴等，确保资源的有效配置和管理，以降低成本并提高工作效率。

4.调研方法选择。根据项目的特点和调研目标，选择合适的调研方法和工具，考虑成本效益、数据可靠性和采集难度等因素，选择最适合的方法，以降低成本和提高调研效率。

5.外部合作管理。与外部供应商、合作伙伴进行合作时，需要进行供应商选择和管理，评估合作伙伴的专业能力和成本效益，确保成本控制效果和工作质量。

6.绩效评估和反馈。建立绩效评估机制，定期对调研成本控制工作进行评估和反馈，制定关键绩效指标（KPI），监测成本控制的效果，并根据评估结果进行改进和调整。

7.风险管理。识别和评估调研过程中可能面临的风险，并制定相应的风险管理措施，确保及时应对风险，减少对成本控制的不利影响。

8.文档记录和报告。及时记录和报告调研成本相关的信息和数据，包括预算、实际成本、成本差异、资源使用情况等，建立详细的文档和报告，以便跟踪和分析成本控制的情况。

八、成本控制考核管理

1.考核范围。考核应涵盖整个产品研发调研过程中的成本控制工作，包括预算制定、成本估算、实际成本管理和成本差异分析等方面。

2.考核对象。主要考核对象包括项目经理、财务部、调研团队成员等与成本控制相关的人员。

3.考核指标。以下是一些的考核指标，可以根据具体情况进行调整和衡量。

（1）成本控制效果。评估实际成本与预算成本之间的差异，并分析差异的原因和影响，衡量成本控制的效果。

（2）成本核算准确性。审查成本核算的准确性和完整性，确保调研活动的成本正确计量和归集。

（3）资源利用效率。评估调研资源的利用效率，包括人力资源、物力资源和财务资源的合理利用程度。

（4）风险管理。评估对调研成本相关风险的识别和管理，包括对不确定性和变动因素的应对能力。

（5）合规性。评估调研成本的合规性，包括对财务制度和法规的遵守，避免违规行为和不当成本支出。

（6）成本报告和分析。评估成本报告的准确性和及时性，分析成本数据，提供对成本控制的有益建议和决策支持。

4.考核措施。

（1）定期审查和评估。定期对研发调研成本控制工作进行审查和评估，以确保成本控制策略和措施的有效性。

（2）分析和报告。要求相关人员提交成本分析和报告，进行成本差异分析和成本控制效果评估。

（3）内部审计。由内部审计部门对研发调研成本进行审计，评估成本控制的合规性和有效性。

（4）绩效考核。将成本控制绩效纳入相关人员的绩效考核体系中，与其他关键绩效指标进行对比。

（5）360度反馈。通过收集团队成员、上级、同事及相关利益相关方的反馈，评估个人在调研成本控制中的表现和贡献。

（6）关键绩效指标。制定明确的关键绩效指标（KPI），如成本偏差率、成本控制率、调研成本占比等，用于衡量和评估成本控制工作的绩效。

（7）管理层评估。通过定期会议、汇报和讨论等方式，由管理层对成本控制工作进行评估，以确保成本控制工作与组织战略和目标的一致性。

5.考核标准。考核标准的确定应该根据工厂的目标和需求进行制定。具体标准考虑以下几个方面。

（1）成本控制目标。根据工厂的战略和目标，设定合理的成本控制目标，如降低研发调研成本、提高成本效益等。

（2）绩效目标。制定与成本控制工作相关的关键绩效指标，如预算准确性、成本控制效果、资源利用效率等，作为评估的依据。

（3）行业标准。参考行业内其他类似项目或工厂的成本控制实践和指标，确保在行业范围内具有竞争力。

（4）内部参照。对过去的调研项目进行分析和比较，根据历史数据和经验制定合理的成本控制目标和指标。

（5）专业标准。参考相关的专业标准、法规和指南，确保产品研发调研成本控制的合规性和适应性。

7.1.3　产品研发试制物料节约管控方案

本方案可以解决以下问题：一是物料节约管控关键步骤不清晰、无逻辑性；二是物料节约管控工作要求不严格、不具有针对性；三是物料消耗标准成本管控小组职责不明、工作不到位；四是试制物料节约管控考核工作不够全面。

产品研发试制物料节约管控方案

一、目标

1.成本控制。节约试制物料的使用可以降低研发成本，通过合理规划和管理物料的采购和使用，实现控制物料成本的增长，确保研发过程在可接受的成本范围内进行。

2.提升资源利用效率。有效管控试制物料的使用，避免浪费和过度消耗。合理安排试制工作流程，优化物料的使用方法和技术，提高物料的利用率，最大限度地节约资源。

3.提高时间效率。合理管理试制物料的供应和使用，确保物料的及时供应和库存控制。减少物料供应和调配的时间，避免因物料不足或过剩而造成的延误和浪费，提高研发工作的效率。

二、物料节约管控关键步骤

1.研发需求分析。确定新产品的设计要求和技术规格，明确所需物料的种类、数量和性能指标。

2.寻找供应商。根据物料需求，寻找可靠的供应商或生产商，与其建立合作关系，确保物料的供应和质量。

3.试制样品。根据设计要求，使用所需物料进行样品试制。这可能需要多次尝试和调整，以达到预期的产品性能。

4.检测和验证。对试制的样品进行各项测试和验证，确保其符合设计要求和性能指标。包括物理性能、化学成分、耐久性等测试。

5.优化和改进。根据试制样品的测试结果和反馈，进行必要的优化和改进。这可能涉及调整物料比例、更换供应商或改进生产工艺等。

6.批量生产前验证。在进行批量生产之前，通常需要进行小规模的批量生产前验证，以确保生产过程的稳定性和产品的一致性。

7.物料采购和管理。根据试制和批量生产的需求，制订物料采购计划，并建立物料管理系统，确保及时供应和库存控制。

8.跟踪和监控。在整个研发过程中，需要对物料的使用情况进行跟踪和监控，及时调整采购计划和管理策略。

三、物料节约管控工作要求

1.物料需求分析。对新产品的设计要求进行详细分析，明确所需物料的种类、数量、性能指标等。

2.物料选择和评估。根据产品需求和设计要求，评估和选择合适的物料。考虑物料的性能、可获得性、成本和环境因素等。

3.物料采购计划制订。根据试制和研发进度，制订物料采购计划，包括采购时间表、数量和预算等。确保及时供应和避免物料过剩。

4.供应商管理。建立稳定的供应商关系，选择可靠的供应商或生产商，并与其建立良好的合作关系。定期评估供应商的质量和服务，确保物料的质量和可靠性。可靠的供应商或生产商应具备以下特征和能力。

（1）质量可靠。可靠的供应商或生产商应该提供符合规定标准和要求的物料，确保物料的质量稳定和可靠，还应具备完善的质量控制体系和流程，能够提供相关的质量认证或证明。

（2）供货稳定。可靠的供应商或生产商应该能够保证物料的及时供应，并确保供货的稳定性，有足够的产能和资源，以满足研发项目的需求，并能够应对突发情况，如生产故障或供应链中断等。

（3）交付准时。可靠的供应商或生产商能够按照约定的交货时间准时交付物料，具备有效的生产计划和物流管理能力，以确保物料的准时交付，并能够及时沟通和解决交付方面的问题。

（4）成本合理。可靠的供应商或生产商提供的物料应具备合理的成本效益，提供具有竞争力的价格，并在价格和质量之间找到合适的平衡点，以满足研发项目的成本控制要求。

（5）技术支持。可靠的供应商或生产商能够提供必要的技术支持和协助，具备相关的技术专业知识，能够理解产品需求和要求，并提供相应的技术建议和解决方案。

（6）合规合法。可靠的供应商或生产商应符合相关法律法规和行业标准，遵守商业道德和社会责任，还应具备合法的经营资质和证照，并遵守知识产权、环境保护和劳动权益等方面的要求。

（7）长期合作意愿。可靠的供应商或生产商应该具有与工厂建立长期合作关系的意愿和诚意，应该与工厂保持良好的沟通和合作，共同发展并解决潜在的问题，以实现共赢和持续发展。

5.物料使用和控制。合理安排物料的使用，避免浪费和过度消耗，确保物料按照设计要求和工艺流程使用，控制物料的使用量和损耗。

6.物料质量控制。建立物料质量控制标准和流程，对采购的物料进行质量把关，进行物料的质量验证和测试，确保物料的质量符合要求。

7.库存管理。建立物料库存记录和管理系统，进行库存清点和盘点工作，确保库存的准确性和及时补充，避免物料的过期损失和浪费。

8.数据分析和优化。对物料的采购、使用和成本数据进行分析，以发现潜在的优化和节约机会，根据分析结果，进行物料使用方法的优化和改进。

9.团队协作和沟通。各相关人员之间需要进行有效的沟通和协作，确保各个环节的协调配合，共同推动试制物料的节约管控工作。

10.持续改进。定期评估和反思试制物料的节约管控工作，总结经验教训，制定改进措施和策略，不断提升工作效率。

四、物料消耗标准成本管控

1.成立物料消耗标准成本管控小组，代表研发、采购、生产、财务和质量等相关部门，以确保物料消耗的全面管控和协调。小组成员之间应具备良好的沟通和合作能力，以及对物料消耗管控工作的专业知识和经验。小组成员应共同制定和执行物料消耗标准成本管控策略，监督并优化新产品研发试制阶段的物料使用，以实现成本的节约和控制。物料消耗标准成本管控小组的小组成员构成如下。

（1）项目经理：负责整体的项目管理和协调，确保项目目标的达成。

（2）研发工程师：负责新产品的研发和试制工作，对物料消耗具有深入的了解。

（3）采购专员：负责物料采购，能够提供物料成本和供应的相关信息。

（4）生产工程师：负责确定生产工艺和流程，对物料消耗的影响具有较高的了解。

（5）财务分析师：负责对成本和利润进行分析，能够提供成本数据和经济效益评估。

（6）质量控制专员：负责确保产品质量符合标准，对物料的使用和消耗具有重要的影响。

（7）运营经理：负责整体生产运营，能够提供关于物料消耗的实际情况和运营需求。

2.物料消耗标准成本管控小组应该对物料消耗标准成本进行测算，可以使用以下测算方法。

（1）标准工时法。根据产品的设计和工艺流程，计算每个工序所需的标准工时，并结合工人的效率和生产能力，估计完成该产品所需的总工时。通过工时与人工成本的关系，可以推算出物料消耗的标准成本。

（2）工程估算法。通过对新产品的设计和工艺流程进行详细分析，结合物料清单和工艺路线，对每个工序所需的物料数量进行估算，并以相应的物料价格计算出标准成本。

（3）历史数据分析法。基于类似产品或类似工艺的历史数据，统计和分析物料消耗情况，结合市场行情和供应链变化，推算出新产品的物料消耗标准成本。

（4）专家评估法。邀请相关领域的专家，通过对新产品的设计和工艺流程的评估，结合经验和知识，进行物料消耗标准成本的估算。

（5）实验室测试法。通过实际的试制和测试工作，测量和记录物料的消耗量，并结合成本信息，计算出物料消耗的标准成本。

（6）成本驱动法。基于产品的设计和要求，分析并确定对物料消耗产生重要影响的因素，并通过建立成本驱动模型，对这些因素进行量化评估，从而计算出物料消耗标准成本。

以上方法可以单独使用，也可以结合使用，具体选择取决于产品的特点、数据的可获得性和准确性，以及可行性和成本效益的考量。同时，定期收集实际数据和成本反馈，可以帮助小组成员不断优化和更新物料消耗标准成本的测算方法。

3.物料消耗标准成本管控小组制定标准成本涉及以下步骤。

（1）确定标准成本的目的和范围。确定制定标准成本的原因及标准成本应该覆盖的范围，标准成本可以用于预测、控制和衡量实际成本的表现。

（2）识别成本要素。识别与产品或服务相关的各个成本要素，如直接材料、直接人工、制造费用、销售和行政费用等。

（3）确定成本驱动因素。对于每个成本要素，确定主要的成本驱动因素。成本驱动因素是影响成本变化的主要因素，如生产数量、工时、物料单价等。

（4）收集数据和分析。收集有关成本要素和成本驱动因素的数据。这可能涉及对历史数据的分析、实地观察和专家评估。通过数据分析，确定成本要素和成本驱动因素之间的关系，以及它们对成本的影响程度。

（5）制定标准成本。基于数据分析和成本要素的关系，制定标准成本。标准成本可以根据每个成本要素的数量和价格来计算，通常使用标准数量和标准价格的乘积。

（6）定期评估和调整。标准成本应定期进行评估和调整，以反映实际情况的变化。这可以通过比较实际成本与标准成本的差异来实现。

4.如果物料消耗实际成本与标准成本之间存在很大的偏差，应采取以下措施。

（1）分析成本差异的原因。首先，对实际成本与标准成本之间的差异进行分析，以确定差异的具体原因。可能的原因包括材料成本增加、人工成本变动、制造过程变化、生产效率下降等。通过具体的分析，确定造成差异的主要因素。

（2）评估影响程度。对不同成本差异的影响程度进行评估。某些差异可能只是临时性的或偶然发生的，而其他差异可能是持续性的或与核心业务问题相关的，评估影响程度可以帮助确定对差异的处理优先级。

（3）调整标准成本。如果分析结果表明标准成本不再准确或合理，可以考虑调整标准成本。标准成本的调整可以根据实际情况和经验进行，以更好地反映当前的成本水平和成本驱动因素。

（4）采取纠正措施。根据成本差异的原因和影响程度，制定相应的纠正措施，这可能包括优化生产流程、提高生产效率、优化采购策略、加强成本控制和核算等，通过采取适当的措施，可以减少或消除成本差异，以接近标准成本。

（5）定期监控和调整。在纠正措施实施后，需要定期监控实际成本和标准成本的差异情况，如果仍存在差异，可能需要进一步调整标准成本或采取额外的改进措施，以持续改善成本管理和控制。

（6）经验总结和知识积累。对成本差异进行经验总结和知识积累，以便将这些经验应用于未来的标准成本制定和成本控制，这样可以不断提高成本管理的准确性和效果。

五、试制物料节约管控考核

对于产品研发试制物料的节约管控工作，可以考核以下方面。

1. 物料成本控制。考核物料的采购成本是否在预算内，并与实际需求相匹配。评估采购成本的节约程度，包括物料价格谈判、优化采购渠道等。

2. 物料使用效率。评估物料的使用效率和利用率，是否避免了浪费和过度消耗。考察研发人员是否按照设计要求和工艺流程正确使用物料，以及是否提出合理的物料使用建议和优化方案。

3. 物料质量控制。考核物料的质量是否符合要求，是否存在质量问题和不良品率。评估质量控制措施的有效性，包括供应商选择、质量把关流程、检测方法等。

4. 供应商绩效评估。评估供应商的绩效，包括供货稳定性、交货准时性、供应商对质量问题的处理能力等。通过定期评估供应商的表现，了解供应商的可靠性和供应水平。

5. 物料库存管理。评估库存管理的准确性和及时性，考核库存清点和盘点的频率和准确度，以及库存补充和调整的灵活性。

6. 数据分析和优化效果。评估数据分析的结果和优化措施的实施效果。通过数据分析，发现物料使用的潜在问题和优化机会，并对改进措施进行评估和追踪。

7. 质量成果和客户满意度。考核研发项目的质量成果和客户满意度，包括产品质量、交付准时性和客户反馈等。评估研发项目在物料节约管控方面的贡献和效果。

8. 持续改进和创新。评估团队在物料节约管控工作中的持续改进和创新能力，包括提出改进措施、采用新的物料替代方案等，以提高节约管控的效果和效率。

这些考核指标可以根据具体情况进行定量或定性评估，并结合实际情况制定相应的考核方法和评估体系。重要的是，考核应该是全面的、公正的，并与工厂的目标和战略相一致。

7.1.4　产品研发质量成本控制办法

本办法可以解决以下问题：一是产品研发质量成本控制的工作要求不详细、不可行；二是质量成本控制步骤不规范、无逻辑性；三是质量成本控制考核管理工作中考核指标不清晰、考核方法不实际、考核措施不具备针对性。

产品研发质量成本控制办法
第1章　总则

第1条　为了减少修复和重新加工的成本、提高研发效率、优化资源利用效率、提高产品质量和用户满意度、最大限度地降低质量问题的风险，确保在产品研发过程中以最小的成本实现预期的质量水平，特制定本办法。

第2条　本办法适用于产品研发质量成本的控制工作。

第2章　产品研发质量成本构成及控制措施

第3条　以下是产品研发质量成本的各构成项。

1.内部质量成本。内部质量成本涉及研发团队内部的活动和资源投入，其中包括以下方面。

（1）质量规划和管理成本：包括制定质量目标、制订质量管理计划、质量管理体系的建立和运行等成本。

（2）设计和验证成本：涵盖产品设计、原型制作、功能验证、性能测试等阶段的成本。

（3）过程控制成本：包括监控和管理研发过程中的质量控制措施、风险管理、变更管理等的成本。

2.外部质量成本。外部质量成本与外部合作伙伴、供应商和客户之间的质量相关活动及关系有关。具体包括如下内容。

（1）供应商质量成本：包括选择、审核和监督供应商的成本。

（2）客户支持和售后质量成本：包括售后服务、质量问题解决和客户满意度调查等的成本。

3.外部质量损失成本：外部质量损失成本与产品研发质量不符合要求而引发的问题和损失相关。具体包括如下内容。

（1）缺陷成本：包括产品退货、修理、替换和召回的成本，以及因质量问题而导致的产品损失和声誉损害等成本。

（2）客户索赔和赔偿成本：因产品质量问题而导致的客户索赔和赔偿费用，包括法律诉讼、赔偿金和补偿措施等的成本。

第4条 以下是各构成项的成本控制措施。

1.内部质量成本控制措施。

（1）质量规划和管理成本控制：制定清晰的质量目标，确保合理的资源分配和任务安排。优化质量管理流程，避免重复工作和不必要的文件制作。提供必要的培训和指导，确保团队成员理解和遵守质量管理要求。

（2）设计和验证成本控制：优化设计流程，通过使用模型和仿真技术减少实际原型制作的成本。建立合理的验证计划，避免频繁的测试和迭代，提高测试效率和准确性。

（3）过程成本控制：建立有效的过程控制措施，减少质量问题的发生。引入自动化工具和检测设备，提高质量控制的准确性和效率。及时识别和纠正问题，避免质量问题的扩大和影响。

2.外部质量成本控制措施。

（1）供应商质量成本控制：与供应商建立长期合作伙伴关系，进行有效的供应商评估和管理。确保供应商的质量控制体系符合要求，并进行定期审核和监督。与供应商合作，共同解决质量问题，降低不合格产品产生的成本。

（2）客户支持和售后质量成本控制：建立高效的客户支持系统，提供准确和及时的技术支持和解决方案。通过培训和信息共享，帮助客户正确使用产品，减少质量问题的发生。定期进行客户满意度调查，及时改进产品和服务，降低售后成本和客户流失率。

3.外部质量损失成本控制措施。

（1）缺陷成本控制：实施全面的质量控制措施，包括从设计阶段到生产阶段的全程质量管控。建立质量检测和测试流程，确保产品符合质量标准和要求。通过引入质量管理工具和方法，及时识别和纠正问题，减少缺陷成本。

（2）客户索赔和赔偿成本控制：确保产品质量符合法规和标准要求，以减少质量问题引起的法律纠纷和索赔。建立明确的售后服务政策和流程，加强对客户投诉和索赔的管理和处理，尽快解决问题，避免因滞后处理而导致的额外费用。

第3章 产品研发质量成本控制工作要求

第5条 设定质量目标。工厂应明确新产品的质量目标，并将其纳入项目计划和目标中。确保质量目标具体、可衡量和可追踪，以便在项目实施过程中进行监控和评估。

第6条 风险管理。进行全面的风险评估和管理，识别可能对新产品质量造成影响的风险因素。采取适当的预防措施和缓解策略，降低质量风险的发生概率和影响程度。

第7条 制订质量计划。制订详细的质量计划，涵盖新产品研发的各个阶段。明确质量控制活动、测试和验证方法、质量标准和指标等，以确保产品的质量符合预期。

第8条 设计控制。研发部应实施严格的设计控制措施，确保产品设计满足质量要求和标准，包括设计评审、设计验证和验证测试，以及设计变更和配置管理的控制等方法。

1.设计评审。在设计评审时，团队成员、专家和利益相关方共同参与，通过检查设计文档、技术规范和模型等来检查设计是否满足质量要求和标准，评审结果应当用于发现和纠正潜在的设计问题、错误和风险。

2.设计验证。验证活动应当包括实验室测试、仿真分析、原型测试等，以验证设计的功能性、可靠性等方面是否符合要求，通过设计验证，发现和纠正设计中的缺陷和问题，确保产品设计满足质量标准。

3.验证测试。根据设计规范和验证计划，设计测试方案、测试用例和测试工具，以评估产品的性能、可靠性和安全性等指标。验证测试的结果用于确认设计的合格性，并为产品的最终批准和发布提供依据。

4.设计变更和配置管理。在产品设计过程中，可能会出现需要进行设计变更的情况，设计变更一般是由于需求变更、技术问题或质量改进等原因而引起的修改。为确保对设计变更的控制和一致性，需要实施严格的设计变更和配置管理，包括评估变更的影响、进行变更的授权和记录、实施变更的验证等步骤，以确保变更后的设计仍然能满足质量要求和标准。

第9条　过程控制。建立和实施有效的过程控制措施，以确保研发过程中质量的一致性和可控性。包括制定和执行规范、标准操作程序、工艺控制和变更管理等措施。

第10条　供应链管理。确保供应链中的关键供应商和合作伙伴符合质量要求，并与其建立有效的质量控制和合作机制。进行供应商评估和审核，确保供应链的可靠性和稳定性。

第11条　测试和验证。制订全面的测试和验证计划，涵盖产品性能、可靠性、安全性等方面。确保测试方法和工具的有效性和准确性，及时发现和解决质量问题。

第12条　数据分析和监控。收集、分析和监控质量数据和指标，以识别质量问题。建立有效的质量度量和监控机制，以便及时采取纠正措施和持续改进。

第13条　培训和增强意识。提供必要的培训和教育，提高团队成员对质量成本控制的理解和参与度。培养质量意识和质量文化，鼓励团队在新产品研发过程中主动进行质量管理。

第14条　缺陷管理。建立缺陷管理机制，确保及时、准确地记录、跟踪和处理质量缺陷，实施有效的问题解决和纠正措施，以减少内部故障成本和外部故障成本。缺陷管理是在新产品研发过程中建立的一套机制和流程，旨在确保及时、准确地记录、跟踪和处理质量缺陷。以下是缺陷管理的主要内容和步骤。

1.缺陷记录。任何在新产品研发过程中发现的质量缺陷都应该被准确地记录下来，包括产品测试、验证过程中的发现，以及来自用户的反馈、市场监测等渠道发现的问题，记录应包括缺陷的描述、严重程度、影响范围、发现时间等信息，以便后续跟踪和处理。

2.缺陷分类和优先级。根据缺陷的特性和影响，对缺陷进行分类和确定优先级，常见的分类应包括功能性缺陷、性能缺陷、界面缺陷等，优先级可根据缺陷对产品质量和用户体验的影响程度进行划分，以便合理分配资源和处理优先级。

3.缺陷跟踪和分析。建立缺陷跟踪系统，确保对每个缺陷进行跟踪和监控，追踪信息应包括缺陷状态、责任人、处理进展等，同时，进行缺陷分析，寻找缺陷的根本原因，通过分析，可以识别常见的缺陷模式和问题，为后续的质量改进提供参考。

4.问题解决和纠正措施。为每个缺陷制定相应的问题解决和纠正措施，措施应包括修复缺陷、调整设计、优化流程等的方法，以确保措施的有效性。

5.效果评估和持续改进。对实施的问题解决和纠正措施进行评估，验证其对缺陷的解决效果。同时，收集和分析缺陷数据，了解缺陷发生的趋势和模式，为持续改进提供依据，通过不断改进缺陷管理机制和预防措施，减少内部故障成本和外部故障成本，提高产品质量和用户满意度。

6.预防措施。除了对已发生的缺陷进行处理，缺陷管理还应注重预防措施的实施，通过分析缺陷的根本原因，确定一些常见的问题模式或设计失误，并采取相应的预防措施，以防止类似的缺陷再次发生。

7.质量文化建设。工厂应建立符合工厂实际的质量意识和质量文化，使所有参与新产品研发的团队成员都理解和重视质量的重要性，积极参与缺陷管理的流程和活动，鼓励员工提出缺陷报告和改进建议，促进知识共享和团队合作，以推动整体质量水平的提升。

8.持续监控和反馈。缺陷管理是一个持续的过程，需要进行监控和反馈，工厂应设立关键的质量指标和监控机制，定期评估缺陷管理的效果，并及时调整和改进措施，同时，鼓励用户和客户提供反馈和意见，以便及时发现和解决潜在的质量问题。

9.合作伙伴管理。如果产品研发涉及合作伙伴或供应商，工厂应确保合作伙伴了解并遵守缺陷管理的要求，并建立有效的合作和沟通机制，以便及时处理合作伙伴引入的质量问题。

第15条　持续改进。采用持续改进方法和工具，如质量审核、流程优化和故障模式与影响分析等，不断提高新产品的质量水平。鼓励团队成员提出改进建议，并确保这些建议得到评估和实施。

第16条　供应商管理。建立供应商质量管理体系，对关键供应商进行评估、选择和监督，确保供应商提供的原材料和组件符合质量要求，避免供应商引入的质量问题影响新产品质量。

第17条　文档控制。建立有效的文档控制体系，包括规范、标准操作程序、工艺文件等，确保文档的准确性、完整性和及时性，以便在新产品研发过程中进行参考和遵循。

第18条　沟通与协作。建立良好的沟通与协作机制，促进团队内部和跨部门之间的合作，确保信息的畅通和共享，及时处理和解决质量相关的问题和挑战。

第19条　审核和评估。定期进行质量审核和评估，以验证质量成本控制措施的有效性和可行性，根据审核和评估结果，制订改进计划，并监督其执行和执行效果。

第20条　遵循法规和标准。确保新产品的研发过程符合适用的法规和标准要求，并制定相应的合规策略和措施，以降低合规风险和质量问题的发生。

第4章　质量成本控制步骤

第21条　制定质量成本控制策略。确定质量成本控制的目标、原则和策略，明确要控制的质量成本类型和范围。制定控制策略时，需要考虑产品特性、市场需求、质量要求等因素。

第22条　识别质量成本。对新产品研发过程中可能发生的质量成本进行全面的识别和分类。常见的质量成本包括内部故障成本（重新设计、重工等）、外部故障成本（退货、维修等）、预防成本（测试、验证等）和评估成本（质量审核、评估等）等。

第23条　设定质量成本目标。根据产品的特性和质量要求，制定具体的质量成本目标。目标应该是可衡量和可实现的，并与组织的整体战略和质量目标相一致。

第24条　测量和追踪质量成本。建立质量成本测量和追踪的机制，收集相关数据并进行分析。可以通过建立成本数据库、跟踪成本记录和分析成本趋势等方式实现。

第25条　分析质量成本。对收集到的质量成本数据进行分析，识别主要的质量成本来源和影响因素。通过分析确定关键的成本驱动因素，并找出降低质量成本的机会和潜在问题。

第26条　设计控制措施。基于质量成本分析的结果，制定相应的设计控制措施，以确保产品设计满足质量要求和标准。包括设计评审、验证测试、设计变更和配置管理等控制措施。

第27条　缺陷管理和问题解决。建立缺陷管理机制，确保及时、准确地记录、跟踪和处理质量缺陷。实施问题解决和纠正措施，减少内部故障成本和外部故障成本。

第28条　审核和评估。定期进行质量审核和评估，验证质量成本控制措施的有效性和可行性。根据审核和评估结果，制订改进计划，并监督其执行和效果。

第29条　持续改进。通过持续的监控、分析和反馈机制，不断改进质量成本控制的效果和效益。

第5章　质量成本控制考核管理

第30条　考核指标。

1.质量成本目标达成情况。考核相关人员是否能够实现设定的质量成本目标，包括降低内部故障成本、外部故障成本和预防成本等方面的表现。

2.缺陷管理效果。考核相关人员对缺陷管理和问题解决的有效性和效率，包括缺陷记录和处理的及时性、准确性，以及问题解决和纠正措施的执行情况等。

3.设计控制措施实施情况。考核相关人员对设计控制措施的执行情况，包括设计评审、验证测试、设计变更和配置管理等方面的表现。

4.改进计划执行效果。考核相关人员对改进计划的执行情况和效果，包括改进计划的制订、执行和监督，以及改进效果的评估和反馈。

第31条　考核范围。考核的范围应涵盖质量成本控制工作的全过程，包括质量成本目标的设定和达成情况、缺陷管理和问题解决、设计控制措施的实施，以及改进计划的制订和执行情况等。

第32条　考核方法。

1.定量评估。通过收集和分析具体的数据和指标，对考核指标进行定量评估，对质量成本目标的达成情况可以使用成本控制指标和统计数据进行评估。

2.定性评估。采用定性评估方法，通过质量审核和评估的结果、缺陷管理记录和报告、项目执行情况的综合判断等进行考核。

3.自评和上级评估。结合自评和上级评估的方法进行考核，相关人员应自行评估自己的工作，同时，上级应进行定期的评估和反馈。

4.定期评估。设定固定的评估周期，每季度、半年度或年度进行一次评估，以全面了解相关人员在质量成本控制工作中的表现。

第33条　考核后续措施。

1.反馈和辅导。根据考核结果，向相关人员提供详细的反馈和辅导，指出其在质量成本控制工作中的优点和改进的方向，帮助其提升能力和改善工作表现。

2.奖惩机制。根据考核结果，采取相应的奖励措施或纠正措施。对于表现优秀的人员，可以给予奖励和认可；对于存在问题的人员，可以采取培训、辅导或绩效管理等方式进行改进和引导。

3.培训和发展。根据考核结果中发现的培训需求，为相关人员提供培训和发展机会，包括参加培训、研讨会、学术会议等，以提升其在质量成本控制工作中的知识和技能。

4.绩效考核与激励。将质量成本控制的绩效考核与个人绩效考核和激励机制相结合，设定与质量成本控制目标相关的激励措施，将质量成本控制的目标纳入绩效考核体系中，与其他关键绩效指标相结合，对绩效优秀的人员给予薪资调整或现金奖励、职位晋升等激励。

5.持续反馈和改进。建立定期的反馈机制，与相关人员进行沟通和讨论，共同分析考核结果，识别问题和改进机会，并制订具体的改进计划和行动措施，以不断提升质量成本控制工作的效果。

第6章　附则

第34条　本办法由研发部负责编制、解释与修订。

第35条　本办法自××××年××月××日起生效。

7.2　技术开发成本控制

7.2.1　技术开发成本控制问题清单

技术开发成本控制问题清单如表7-2所示。

表7-2　技术开发成本控制问题清单

序号	问题	具体描述
1	技术风险大	技术开发可能涉及新领域或未经验证的技术，这会带来一定的技术风险。新技术的开发可能需要大量的试验和测试，以确保其可行性和可靠性。如果技术无法成功开发或无法满足预期的效果，可能会导致成本费用的浪费

序号	问题	具体描述
2	时间成本大	在竞争激烈的市场中，时间是关键。工厂可能面临着时间上的压力，需要尽快开发出新技术以保持竞争优势，然而，加快技术开发进程可能会增加成本费用，如加班费、加速采购费用等。因此，工厂需要权衡和管理时间和成本
3	人才成本高	技术开发需要具备相关领域专业知识和技能的人才。技术领域的高端人才往往稀缺且需求量大，他们的薪资和福利要求也相对较高，从而增加了技术开发的成本费用
4	技术更新导致培训成本高	在技术开发过程中，需要不断跟踪和适应新技术的变化，这可能涉及技术转型、设备升级等方面的成本费用，同时还需要培训员工以适应新技术的使用和操作

7.2.2　技术自研开发成本控制方案

本方案可以解决以下问题：一是技术自研开发成本控制的工作要求不明确、不可行；二是成本控制工作步骤不详细、不全面；三是测算技术自研开发的标准成本步骤不规范、不清晰；四是成本控制考核指标不具体。

技术自研开发成本控制方案

一、目标

1.提高效率和生产力。通过控制技术自研开发的成本，工厂可以更有效地利用资源和技术，提高生产效率和产品质量，降低生产成本，增加产出，并提升整体竞争力。

2.确保投资回报。技术自研开发通常需要大量的投资，包括研发人员的工资、研发设备和材料的成本等，通过控制成本，工厂可以确保投资能够获得合理的回报，并在合理的时间内实现盈利。

3.提升创新能力，赢得竞争优势。技术自研开发是推动创新的重要手段，通过控制成本，工厂可以更灵活地进行研发，加快产品开发周期，推出更具竞争力的产品或技术，从而在市场上取得优势。

4.管理风险。技术自研开发涉及一定的风险，包括技术可行性、市场需求等方面的风险。控制成本可以降低项目失败或亏损的风险，并确保工厂能够在不可预见的情况下应对挑战。

二、方案设计

1.目标和预期结果。明确技术自研开发项目的目标和预期结果，包括产品或技术的特性、市场需求、预期收益等。

2.预算计划。制订详细的预算计划，包括项目各个阶段的成本估算，如人力资源、设备、材料、测试和验证、项目管理等方面的成本。

3.人力资源管理。确定研发团队的组成和规模，并进行人员的合理配置和管理。

4.采购和供应链管理。考虑设备、材料和外部服务的采购成本，选择合适的供应商，并进行有效的谈判以获取最佳价格和合同条件。同时，优化供应链管理，减少库存和运输成本。

5.风险管理。识别技术自研开发项目可能面临的风险，并制定相应的风险管理策略。包括技术可行性风险、市场需求风险及项目进度和质量控制方面的风险。

6.监控和报告。建立有效的成本监控和报告机制，跟踪项目的成本情况，及时发现偏差，并采取纠正措施。定期向管理层报告项目的成本情况和投资回报率。

7.绩效评估。制定绩效评估指标，评估项目的进展和成果，并与预算进行比较。根据评估结果，对项目进行调整和改进。

8.沟通与共享。确保与项目团队、管理层和其他相关方进行良好沟通，共享项目成本信息、风险和进展情况，以获得必要的支持和反馈。

9.持续改进。定期评估和改进成本控制方案，借鉴经验教训和最佳实践，提高成本控制的效果和方法。

三、技术自研开发成本构成

1.人力资源成本。技术自研开发需要投入大量的人力资源，包括研发人员、工程师、项目经理等。人力资源成本包括薪资、福利、培训和人力资源管理等方面的费用。

2.设备和工具成本。为了进行技术自研开发，工厂需要购买专业的设备、工具和软件。这些成本包括购买、租赁、维护和升级设备，以及购买软件许可等的费用。

3.研发材料和试验成本。技术自研开发需要使用特定的材料和试验设备进行实验和测试。包括材料采购、样品制作、实验设备和实验室使用等的费用。

4.知识产权和专利成本。为保护技术自研开发的成果，工厂需要申请专利或其他知识产权。包括专利申请费用、律师费用和维护费用等。

5.外部合作和咨询成本。在技术自研开发过程中，工厂需要外部专家、顾问和合作伙伴的支持和协助。包括外部咨询费用、合作费用和外包费用等。

6.研发设施和基础设施成本。为支持技术自研开发，工厂需要投资研发设施和基础设施，如实验室、研发中心、办公设施和IT基础设施等。这些成本包括建设、租赁、维护和管理等费用。

7.管理和行政成本。技术自研开发需要进行项目管理、进度跟踪、质量控制等管理活动。这些成本包括项目管理人员的薪资、行政支出、办公用品和会议费用等。

四、各构成项成本控制措施

1.人力资源成本控制措施。

（1）优化团队组织和人员配置，确保合理的资源利用效率。通过培训，提升员工技能，减少人员流动和培训成本。

（2）根据技术自研项目的需求和工作量变化，灵活调整人员数量和工作时间，避免不必要的人员浪费。

2.设备和工具成本控制措施。

（1）合理规划设备和工具的使用计划，避免设备闲置或重复购买。

（2）与其他部门或项目共享设备和工具，减少购买和维护成本。

3.研发材料和试验成本控制措施。

（1）与可靠的供应商建立长期合作关系，获取优质材料，以降低采购成本。优化库存管理，避免材料过剩和过期造成的浪费。

（2）制订有效的试验计划，避免重复试验和不必要的样品制作。合理使用试验设备和实验室资源，避免浪费和闲置。

4.知识产权和专利成本控制措施。

（1）确保对关键技术进行合理的知识产权保护和管理，避免不必要的专利申请和维护费用。合理评估知识产权价值和回报，以进行合理的投资决策。

（2）与其他工厂或研究机构进行合作或知识产权共享，减少专利费用和维护成本。

5.外部合作和咨询成本控制措施。

（1）对合作伙伴和咨询机构进行综合评估，选择具有专业能力和经验的合作伙伴，并与其进行合作谈判。

（2）盘点内部资源，优先考虑内部资源的利用，减少外部合作与咨询。

6.研发设施和基础设施成本控制措施。

（1）对研发设施和基础设施进行合理规划，根据项目需求和资源利用率进行调整。确保设施的高效利用，避免不必要的浪费。

（2）采取节能措施和资源回收利用策略，降低设施运行成本。例如，使用高效能源设备、优化设备调度、实施废物减量等。

7.管理和行政成本控制措施。

（1）采用有效的项目管理工具和方法，提高项目进度跟踪和资源管理的效率。确保项目按时交付以控制成本。

（2）审查和优化行政支出，如减少会议费用、优化差旅安排、精简行政人员等，以降低管理费用。

五、工作要求

1.熟悉技术自研开发过程。工作人员需要对技术自研开发过程和相关领域深入了解，了解技术自研开发的各个阶段、关键要素和相关的成本费用因素，以便有效地控制成本和管理费用。

2.强调成本效益分析。对于技术自研开发的每个阶段，都需要进行成本效益分析，工作人员应具备分析和评估技能，能够对不同的技术选择和方案进行经济效益评估，确保投入的成本与预期的收益相匹配。

3.提升管理能力。工作人员需要具备风险意识和风险管理能力，能够识别和评估技术自研开发过程中的潜在风险，并制订相应的风险管理计划。要能够预测、防范和应对风险，以减少风险对成本的影响。

4.数据分析和决策支持。工作人员需要具备数据分析和决策支持的能力，能够收集、整理和分析与技术自研开发成本费用相关的数据，提供准确的报告和信息，为管理人员的决策提供支持。

5.预算管理和控制能力。工作人员需要具备预算管理和控制的能力，能够制定技术自研开发成本费用的预算，并监控实际的费用支出，确保预算的合理利用，控制成本在可接受范围内。

6.沟通和协调能力。工作人员需要具备良好的沟通和协调能力，能够与管理人员、其他部门及外部合作伙伴进行有效的沟通和协调，确保各方之间的合作顺利进行，共同达成技术自研开发成本费用控制的目标。

7.知识产权和保密意识。工作人员需要具备对知识产权的保密意识，遵守相关的法律法规，了解知识产权的保护措施和程序，能够妥善管理和保护相关的技术数据和信息，确保其不被泄露或滥用。

六、成本控制工作步骤

1.确定技术自研开发目标。明确技术自研开发的目标和需求，包括提升生产效率、改进产品质量等。有助于指导后续的成本控制工作。

2.制订技术自研开发计划。制订详细的技术自研开发计划，包括各个阶段的时间安排、资源需求和预算等。计划中应该明确任务分工和关键里程，以便监控和控制成本。

3.进行成本效益分析。对技术自研开发的每个阶段进行成本效益分析，评估投入成本和预期收益的关系。有助于判断是否值得进行技术自研开发，并为决策提供依据。

4.预算规划和编制。根据技术自研开发计划，制定相应的预算。预算应包括对各个费用项的预估，如人力资源、设备采购、材料等费用。

5.成本控制和费用监控。在技术自研开发过程中，实施成本控制措施，监控费用支出情况。与预算进行比较和分析，及时发现和解决成本偏差问题。

6.风险管理和应对措施。识别和评估技术自研开发过程中的风险，并制订相应的风险管理计划。采取措施减少风险影响，如制定备用方案、加强项目管理等。

7.数据收集和分析。收集与技术自研开发成本费用相关的数据，包括费用明细、项目进展、成本偏差等。对数据进行分析和解读，为决策提供依据。

8.报告和沟通。定期向管理层汇报技术自研开发成本费用的情况，包括费用支出、预算执行情况、风险管理等。与管理人员和其他相关部门进行沟通和协调。

9.绩效评估和改进。对技术自研开发成本费用控制的绩效进行评估和监测，识别改进的机会和问题，采取相应的改进措施，提高效率、控制成本。

七、测算技术自研开发的标准成本步骤

1.确定开发范围。明确技术自研开发的具体范围和目标，包括开发的产品、系统或

功能的详细描述。

2.划分开发任务。将技术自研开发过程划分为不同的任务或阶段，这可以根据开发流程、功能模块或其他相关因素进行划分。

3.估算人力资源。根据开发任务的复杂性和工作量，估算所需的人力资源，考虑技术人员、开发团队、项目经理等相关角色。

4.估算时间和工时。根据任务的复杂性和工作量，估算完成每个任务所需的时间和工时，这可以基于过去类似项目的经验或专业知识进行估算。

5.估算物料和设备费用。根据技术自研开发的需求，估算所需的物料和设备费用，包括原材料、开发工具、测试设备等相关费用。

6.估算外部服务费用。考虑可能需要外部服务的情况，如外包开发、咨询服务、测试实验室等，估算相关的外部服务费用。

7.估算其他费用。考虑其他与技术自研开发相关的费用，如培训费用、知识产权费用、市场推广费用等。

8.加总和调整。将上述估算的各项费用加总，得出技术自研开发的总标准开发成本费用，在计算总费用时，还要考虑不确定性和风险，并进行适当的调整。

八、成本控制考核指标

1.成本偏差。衡量实际费用支出与预算费用之间的差异。正向的成本偏差表示实际费用低于预算费用，负向的成本偏差表示实际费用超出预算费用，成本偏差可以帮助评估成本控制的效果。

2.成本效率。评估技术自研开发成本与所获得的效益之间的关系。包括单位产出的成本、成本与产能之比、成本与质量之比等。通过比较不同项目或不同阶段的成本效率，可以识别出高效率的实践和改进的机会。

3.风险管理效果。评估在技术自研开发过程中对风险进行识别、分析和管理的效果。包括风险的发现率、风险的及时应对和解决率、风险对成本的影响程度等。有效的风险管理可以帮助控制潜在的成本增加和项目延期。

4.资源利用率。评估资源（如人力资源、设备、材料等）的利用效率，包括资源的利用率、闲置资源的减少率、资源的合理配置率等。优化资源利用可以提高成本效益和生产效率。

5.预算执行率。评估实际费用支出与预算费用之间的比例。预算执行率反映了预算的合理性，可以用于检查费用控制的程度和成果。

6.技术自研开发周期。评估技术自研开发的实际时间与计划时间之间的差异。较短的开发周期可以减少开发过程中的成本支出和风险，提高效率和竞争力。

7.报告和沟通。评估报告和沟通的质量和效果。准确、及时地向管理人员和相关部门汇报技术自研开发成本费用的情况，能够促进理解、决策和合作。

7.2.3　技术引进费用控制方案

本方案可以解决以下问题：一是技术引进费用控制工作中棘手问题不明确及解决措施不具备针对性；二是技术引进费用控制工作要求不详细、不可行；三是成本控制考核指标和考核方式不全面、不具体。

技术引进费用控制方案

一、目标

1.提高竞争力。通过控制和节约技术引进费用，工厂可以降低产品或服务的生产成本，从而提高竞争力，使工厂在市场上更具吸引力，获得更多的订单和客户。

2.提升效率。通过控制和节约技术引进费用，工厂可以确保在引进新技术的同时，获得最佳的效果和回报。提高生产能力、缩短生产周期，并降低人力资源和物料的浪费。

3.降低成本。技术引进费用包括设备购置、培训人员、软件开发等方面的支出。通过控制和节约这些费用，工厂可以降低总体成本，提高利润率。这对于工厂的可持续发展非常重要，特别是在竞争激烈的市场环境中。

二、技术引进费用构成

1.技术许可费用。技术引进可能涉及购买或租赁外部工厂或组织的技术许可，以获得其专利、技术或知识产权的使用权。技术许可费用包括许可费、授权费、专利费等。

2.技术咨询和服务费用。为了引进技术，工厂可能需要聘请外部专家、顾问或由工厂提供技术咨询和服务。这些费用包括技术咨询费、咨询合同费、技术服务费等。

3.技术培训费用。为了顺利引进新技术，工厂可能需要对员工进行培训，使其掌握与新技术相关的知识和技能。技术培训费用包括培训师资费用、培训材料费、培训设施费等。

4.技术设备和软件费用。技术引进可能需要购买特定的技术设备、软件或系统以支持新技术的应用和实施。这些费用包括设备购买费、软件许可费、设备安装和调试费等。

5.技术试验和验证费用。在引进新技术时，工厂可能需要进行试验和验证，以评估新技术的可行性和适用性。技术试验和验证费用包括试验材料费、实验设备费、试验人员费用等。

6.技术升级和改造费用。随着技术的不断发展，工厂可能需要对引进的技术进行升级和改造，以满足新的要求和标准。技术升级和改造费用包括设备升级费、系统改造费、工程费用等。

7.知识产权和专利费用。在技术引进过程中，工厂可能需要支付与知识产权和专利相关的费用，包括专利申请费、专利维护费、知识产权使用费等。

三、各构成费用控制措施

1.技术许可费用控制措施。

（1）在与技术提供方进行谈判时，争取更有利的许可费用和合同条款，评估技术的商业价值和回报率，确保合理的许可费用。

（2）与其他工厂或组织合作共享技术许可费用，以降低个体企业的成本，如建立技术共享联盟或合作伙伴关系。

2.技术咨询和服务费用控制措施。

（1）在引进技术咨询和服务之前，进行充分的需求分析，明确所需服务的范围和目标，避免不必要的咨询和服务费用。

（2）对技术咨询和服务供应商进行评估和比较，选择具备专业能力、经验丰富且价格合理的供应商。

3.技术培训费用控制措施。

（1）利用内部专业人员进行技术培训，减少外部培训费用，建立培训计划和内部培训体系，提升内部员工的技术能力。

（2）采用线上培训、应用自主学习资料，以降低培训成本，利用网络资源提供技术培训，节约时间和费用。

4.技术设备和软件费用控制措施。

（1）考虑租赁或与其他工厂共享技术设备和软件许可，以降低购买成本，根据项目需求，评估租赁和共享的可行性和经济性。

（2）评估市场上其他设备和软件的可替代性，选择性价比更高的设备和软件，以降低成本。

5.技术试验和验证费用控制措施。

（1）制订有效的试验计划和方法，合理安排试验顺序和样本规模，以减少试验费用和时间。

（2）与其他部门或工厂共享试验设备和资源。

6.技术升级和改造费用控制措施。

（1）在进行技术升级和改造之前，进行充分的评估和分析，确保升级是必要且经济合理的，避免不必要的升级和改造带来的额外成本。

（2）将升级和改造工作分阶段进行，根据实际需求和资金状况合理安排升级计划，以减少一次性大额投资。

7.知识产权和专利费用控制措施。

（1）对技术引进涉及的知识产权进行评估，制定合理的知识产权保护策略，避免对不具备商业价值的技术申请专利和支付不必要的维护费用。

（2）与其他工厂或组织进行知识产权合作和交叉许可，共享知识产权使用权和费用，降低成本和风险。

四、成本控制棘手问题

1.高昂的技术引进费用。引进先进技术通常需要支付昂贵的费用，包括购买技术许可证、设备采购、培训人员等费用，这些费用可能会超出工厂预算，导致难以控制成本。

2.技术转化与融合困难。将引进的技术与现有生产流程和设备相结合，可能面临技术转化和融合的困难，可能需要额外的投资和工程改造，增加了成本和风险。

3.专业技术人才的需求。引进新技术可能需要具备相关专业知识和技能的人才进行操作和维护，招聘、培训和留住这样的人才是一项昂贵的任务，特别是在竞争激烈的市场中。

4.技术供应商的选择和合作。选择可靠的技术供应商是成功引进技术的关键，然而，在选择过程中，工厂可能面临评估供应商能力、交涉合同条款和保障知识产权等问题，这些问题可能导致不确定性和风险增加。

5.技术更新和变革的频率。技术的发展速度非常快，新技术不断涌现，因此，即使成功引进了一项技术，也需要不断跟进和更新，以保持竞争力。可能需要额外的投资，增加了费用控制的难度。

五、解决措施

1.制订详细的技术引进计划。在引进技术之前，制订详细的技术引进计划是至关重要的，包括确定技术引进的目标、资源和时间表，以及预估的费用。通过仔细规划和预测，可以更好地控制成本。

2.寻找适用的补贴和政府支持。国家和地方政府可能会提供技术引进方面的补贴和支持措施，工厂可以积极了解和申请这些补贴，以减轻技术引进费用的负担。

3.谨慎选择技术供应商。在选择技术供应商时，需要进行仔细的评估和比较，考虑供应商的信誉、技术能力、服务支持和价格等方面。与供应商进行充分的谈判，确保合同条款明确并保护工厂的权益。

4.强化内部技术团队。培养和发展内部技术团队可以降低对外部人员和顾问的依赖性，从而降低成本。通过培训和招聘合适的人才，来确保团队具备技术实施、操作和维护的能力。

5.考虑技术转化和融合的成本。在引进新技术之前，充分评估技术转化和融合的成本和风险，包括设备改造、工程调整和人员培训等费用，要确保这些成本被纳入计划中，以避免不必要的财务压力。

6.关注技术更新和变革。保持对技术发展的关注，定期评估现有技术的竞争力，并了解新兴技术的潜力，制订长期技术更新计划，确保工厂能够及时跟进和应对技术变革，以保持竞争力。

7.建立监控和评估机制。建立有效的监控和评估机制，定期跟踪技术引进项目的进展情况，通过及时发现问题和采取纠正措施，确保项目在预算范围内进行，并及时调整计划和资源分配。

六、技术引进费用控制工作要求

1.成本预算和费用估算。制定技术引进项目的成本预算，包括对各项费用的估算，如技术购买费用、设备采购和改造费用、培训费用、人员招聘费用和人员薪资等。需要综合考虑各项成本，并确保与工厂的财务预算和资源规划相一致。以下是在成本预算和费用估算方面的一些详细的工作要求。

（1）技术购买费用。评估引进技术所需的费用，包括技术许可、软件授权、专利购买等费用。与技术供应商进行谈判，确定购买费用和支付方式，并纳入成本预算中。

（2）设备采购和改造费用。根据新技术的要求，评估所需的设备采购和改造费用，考虑设备购买或租赁的成本，以及现有设备的改造和升级费用，与设备供应商协商，获取报价并进行费用估算。

（3）培训费用。技术引进可能需要员工接受培训，预算培训费用，包括外部培训机构的费用、内部培训资源的调配费用及培训材料和设备的成本，确定培训计划并计算相关费用。

（4）人员招聘和薪资。评估引进新技术所需的人力资源，并考虑人员招聘和薪资成本。确定是否需要新招人员或对现有人员进行调整，计算与此相关的招聘费用、薪资调整费用和福利成本等。

（5）运营费用。除了直接与技术引进相关的费用，还需要考虑日常运营费用，包括供应链管理、物流运输、设备维护、能源消耗等。评估这些费用，并将其纳入成本预算中。

（6）风险管理费用。在成本预算中考虑一定的风险管理费用，用于应对潜在的项目风险和不确定性，这可以是一笔预留费用，用于应急情况或项目变更。

（7）监控和调整。制定成本预算后，建立监控和调整机制，定期跟踪实际费用与预算的差异，并根据需要进行调整。以及时发现成本偏差，并采取控制措施。

（8）在制定成本预算时，与工厂相关部门和利益相关方进行充分的沟通和协调也是关键。要确保预算方案得到各方的认可和支持，并遵循工厂的财务管理准则和政策。

2.技术供应商评估和选择。对潜在的技术供应商进行评估，评估其技术能力、信誉和服务支持等方面。同时，与供应商进行合同谈判，确保合同条款明确并有利于工厂，条款中应包括价格、技术支持、售后服务和知识产权等。对于技术供应商评估和选择方面，以下是一些详细的工作要求。

（1）技术能力评估。评估潜在技术供应商的技术能力，包括其专业知识、技术创新能力、产品质量和性能等。考察供应商的技术实力和研发能力，以确保其能够提供符合工厂需求的先进技术。

（2）信誉和口碑评估。了解潜在技术供应商的信誉和口碑，可以通过查阅其官方网站、客户评价和业内评估等方式获取信息，重点关注供应商的信誉度、可靠性、合作历史及是否有良好的客户支持和口碑。

（3）参观和实地考察。参观供应商的生产设施和研发实验室，与供应商的技术团队进行面对面的交流，通过实地考察，可以更好地了解供应商的生产能力、质量控制措施及研发创新能力，有助于建立更紧密的合作关系，并评估供应商是否能够满足工厂的要求。

（4）参考案例和客户评价。了解潜在技术供应商的过往合作案例和客户评价，通过与供应商合作过的其他工厂进行沟通，或是向供应商索要客户参考列表、参考案例和客户评价等，以获取供应商的工作质量、交付能力和合作态度的重要信息。

（5）合同谈判和条款确认。一旦决定与某个技术供应商合作，在谈判过程中，应确保合同条款明确、具体，并符合工厂的利益。关注合同中的价格、交货时间、质量标准、技术支持和售后服务等方面的内容，确保合同条款涵盖了知识产权的保护和相关责任的分配。

（6）建立长期合作关系。除了要考虑技术能力和价格等因素，还要评估供应商的合作意愿和潜力，选择具有稳定发展态势、可靠性和良好合作文化的供应商，以建立长期战略伙伴关系。

（7）监督和评估。建立合作关系后，要进行供应商绩效的监督和评估，定期评估供应商的交付质量、服务水平和合作效果，以确保供应商的表现符合预期。根据评估结果，可以采取必要的措施，如奖励、改进合作方案或寻找替代供应商等。

3.技术转化和融合计划。对引进的新技术进行技术转化并制订融合计划。涉及评估现有生产流程和设备的适应性，确定必要的设备改造和工程调整，并规划培训和技术支持等活动，需要将这些成本和工作计划纳入整体预算和项目计划中。

4.人员培训和组织变革。针对引进的新技术，制订培训计划，确保员工具备操作和维护所需的技能和知识，同时，考虑到技术引进可能带来的组织变革，需要规划和管理相关的人力资源成本。

5.监控和风险管理。建立有效的监控和评估机制，跟踪技术引进项目的进展和费用情况，及时发现并解决项目中出现的成本偏差和风险，采取必要的控制措施，并确保项目按计划和预算进行。

6.技术更新和战略规划。工厂应考虑到技术的快速发展和变革，制定技术更新的长期规划和战略。包括定期评估现有技术的竞争力，关注新兴技术的潜力，为未来的技术引进做好准备，并将相关成本纳入工厂的战略规划中。

七、成本控制考核指标

1.实现成本目标。考核相关人员是否能够按照预算要求，控制技术引进项目的成本在可接受范围内。可以通过比较实际成本和预算成本之间的差异来评估。较小的成本偏差表明控制人员的有效成本管理能力。

2.资源利用效率。考核相关人员是否能够有效利用资源，如资金、人力、设备等，以实现成本最优化。可以通过评估资源使用的效率和效果来进行。例如，评估他们是否能够在不影响质量和进度的情况下最大限度地利用可用资源。

3.成本分析和报告。考核相关人员是否能够准确进行成本分析和报告。包括收集、整理和分析成本数据，提供准确的成本报告，向管理层和利益相关方传达项目的成本控制情况。考核可以从评估报告的准确性、及时性和可理解性等方面进行。

4.风险管理。考核相关人员对成本风险的识别和应对能力。他们应能够识别潜在的成本风险，并采取相应的措施进行预防或应对。包括制订风险管理计划、制定应急方案及监控和控制风险的执行。

5.创造性解决问题。考核相关人员是否具备解决问题的能力。他们应能够识别和解决成本控制中的问题和挑战，并提出创新的解决方案。包括他们能否灵活应对变化，寻找新的成本节约措施，并促进持续的改进。

6.团队合作和沟通。考核相关人员的团队合作和沟通能力。他们应能够有效地与项目团队和其他部门合作，共同实现成本控制目标。包括他们的沟通能力、协调能力和团队合作能力。

八、考核方式

当考核相关人员的表现时，可以采用以下多种方法，并结合具体的指标和权重，进行全面、公正和准确的评估。

1.定期评估。定期进行绩效评估，每年、每季度或每月一次，定期评估可以对相关人员的表现进行全面的审查，并确保他们按照预期的标准执行工作。

2.绩效考核。建立明确的绩效考核体系，将关键绩效指标和目标与个人绩效挂钩，这些指标和目标应与技术引进费用控制的目标相一致，如成本控制效果、资源利用效率、风险管理等。绩效考核可以定量评估控制相关人员在各项指标上的表现。

3.360度评估。采用360度评估方法，从不同的角度收集反馈和评价，除了直接上级的评估，还可以邀请同事、下属和其他相关方参与评估，以获取更全面的反馈，这种评估方式可以提供多元化的视角，并帮助发现相关人员的优势和改进的领域。

4.指标和权重。根据技术引进费用控制的优先级和重要性，制定具体的指标和权重。包括成本控制的实际效果、成本偏差、资源利用率、风险管理情况等，通过为每个指标设置适当的权重，可以准确地评估相关人员在各项指标上的表现。

5.反馈和培训。提供及时和具体的反馈，将评估结果和绩效考核结果与相关人员分享，根据评估结果，制订个人发展计划，并提供必要的培训和支持，以帮助他们提升技能和能力并改进。

6.公正和透明。确保评估过程的公正和透明，应事先明确评估标准和指标，并向相关人员进行解释和沟通，评估过程应遵循公开、公正的原则，不受个人偏见或其他影响。同时，及时与被评估人员沟通评估结果，并提供讨论和解释机会。

7.3　产品研发与技术开发预算控制

7.3.1　产品研发与技术开发预算控制问题清单

产品研发与技术开发预算控制问题清单如表7-3所示。

表7-3　产品研发与技术开发预算控制问题清单

序号	问题	具体描述
1	不确定性的因素多	在产品研发和技术开发过程中，存在许多不确定性的因素，如技术难题、市场需求变化、竞争压力等，因为无法准确预测所需的资源和成本，这些因素使得预算控制变得困难

序号	问题	具体描述
2	技术复杂性大	现代产品研发和技术开发通常涉及复杂的技术和工艺，这些复杂性增加了项目预算控制的挑战，技术问题可能导致成本超支或项目延误
3	市场需求变动大	市场需求的变动可能会对产品研发和技术开发的预算控制造成困难，如果市场需求突然变化，可能需要调整项目的范围、时间和资源分配，从而影响预算计划
4	风险管理成本高	产品研发和技术开发项目存在一定的风险，如技术风险、市场风险和竞争风险等，这些风险可能导致成本超出预算或项目失败，需要进行有效的风险管理和控制

7.3.2　产品研发与技术开发预算控制制度

本制度可以解决以下问题：一是对于研发团队的产品研发与技术开发预算控制工作要求不详细、不规范；二是预算控制的工作步骤不可行、无逻辑；三是预算控制考核管理工作不到位、不全面。

产品研发与技术开发预算控制制度

第1章　总则

第1条　为了规范、约束和指导研发部门的产品研发与技术开发预算控制工作，降低研发与技术开发成本，提升工厂整体效益，特制定本制度。

第2条　本制度适用于产品研发与技术开发预算控制工作的管理。

第2章　控制要求

第3条　预算目标的明确性。设置预算管理委员会并明确设定研发和技术开发的预算目标，包括项目成本、资源分配和时间计划等方面，这些目标应与组织的战略目标相一致，并具体而可衡量。以下是关于预算目标明确性的详细要求。

1.项目成本目标。明确设定研发和技术开发项目的成本目标，确定项目的总成本限制和阈值，以确保项目在可接受的成本范围内进行，成本目标应基于过去类似项目的经验、市场需求和资源可用性等因素制定。

2.资源分配目标。明确产品研发和技术开发项目的资源分配目标，确定项目中可用的人力资源、物资和设备等，并确保它们能够满足项目需求，资源分配目标应考虑项目的技术复杂性、工作量和优先级，以确保合理的资源利用。

3.时间计划目标。明确设定产品研发和技术开发项目的时间计划目标，确定项目的开始和结束日期、里程碑和关键阶段的时间限制等，时间计划目标应基于项目的需求、风险和可行性制定，并考虑市场需求和竞争压力等因素。

4.可衡量性。预算目标应具体且可衡量，预算目标应该是明确的、具体的和可量化的，以便能够进行实际成本和进度的度量和跟踪，通过确保目标的可衡量性，监控和评估项目的进展和预算执行情况。

5.与战略目标的一致性。预算目标应与工厂的战略目标相一致，预算目标应与工厂的长期目标和愿景相对应，并有助于实现战略目标，确保产品研发和技术开发投资的有效性和战略的连贯性。

第4条　预算编制的合理性。预算管理委员会应对预算的编制过程的合理性进行评估，预算应基于充分的数据和信息，如过去的经验、市场需求、技术复杂性等，预算编制过程应透明、参与广泛，并与相关方进行充分的沟通和协商。以下是关于预算编制合理性的详细要求。

1.数据和信息的依据。预算编制应基于充分的数据和信息，包括过去项目的成本和绩效数据、市场需求和趋势分析、技术开发的难度和风险评估等，通过对可靠的数据和信息进行分析和利用，更准确地评估项目的成本和资源需求，减少预算偏差的可能性。

2.经验教训的应用。通过对类似项目或类似技术开发的经验教训进行分析和总结，识别出可能的风险和挑战，并在预算编制中考虑到这些因素，提高预算的准确性和合理性，避免增加不必要的成本。

3.市场需求的考虑。预算编制过程应该综合考虑市场需求和趋势，了解市场需求的变化和竞争状况，确定项目的规模和范围，并预测项目的潜在收益。在预算编制过程中，应将市场需求的分析与成本和资源的评估结合起来，以确保预算的合理性。

4.技术复杂性的评估。预算编制应考虑到技术复杂性对项目成本和资源需求的影响，对项目技术难度、创新性和技术成熟度等因素进行评估，更好地估计项目的风险和资源投入，在预算编制过程中，应考虑到技术复杂性带来的不确定性，并采取相应的措施进行风险管理和资源规划。

5.提升透明度。预算编制过程应保证公开、透明，各相关方应参与其中，通过与相关部门和团队成员的广泛沟通和协商，收集各方的意见和建议。

第5条　预算执行的监控和分析。预算管理委员会应对预算执行过程进行持续的监控和分析，包括对实际成本、资源使用情况和时间进度的跟踪，以及与预算计划的对比，监控和分析的结果应及时反馈给管理人员，以便及时采取措施纠正偏差或调整预算。

第6条　变更管理的控制。预算管理委员会应对变更进行有效的管理和控制，变更可能包括项目范围的变化、技术需求的调整和市场需求的变动等，对变更管理的控制要求制定明确的变更流程和决策机制，确保变更的合理性，并及时调整预算和资源分配。

第7条　风险管理的考虑。预算管理委员会应将风险管理纳入预算制定过程，包括对项目风险的识别、评估和应对措施的制定等，风险管理的目标应当是减少不确定性对预算的影响，并在预算控制范围内进行风险控制。

第8条　沟通和协作的要求。预算管理委员会应建立良好的沟通和协作机制，各相关方应定期沟通和协商预算计划和执行情况，以解决问题、调整预算和资源分配，并确保项目在预算控制下顺利执行。

第3章　预算控制步骤

第9条　确定预算目标。明确产品研发和技术开发的预算目标，包括确定项目的成本目标、资源分配目标和时间计划目标等，预算目标应与工厂的战略目标相一致，并具体可衡量。

第10条　收集数据和信息。收集与项目相关的数据和信息，包括过往数据、市场需求、技术复杂性情况、资源可用性情况等，这些数据和信息是预算编制和控制的基础。

第11条　预算编制。基于收集到的数据和信息，进行预算编制，包括估计项目的成本、资源需求和时间计划，并将其转化为预算数值，在预算编制过程中，需要考虑到项目的特点和约束条件，并确保预算的合理性和可行性。

第12条　预算审批。在预算编制后，预算方案需要经过相关管理人员的审批。在审批过程中，管理人员应评估预算的合理性、可行性和与工厂战略目标的一致性，并根据情况进行必要的调整和修订。

第13条　预算执行和监控。一旦预算获得批准，就需要进行预算的执行和监控，包括跟踪实际的成本支出、资源利用情况和项目进度，并与预算进行对比和分析，通过预算执行和监控，及时发现偏差和问题，并采取相应的措施进行调整和纠正。

第14条　风险管理。预算控制过程中，需要对项目的风险进行管理，包括识别项目的潜在风险和不确定性，并制定相应的风险应对策略，风险管理有助于减少风险对预算的影响，并确保项目按计划进行。

第15条　绩效评估。对项目的绩效进行评估和监测是预算控制的重要环节，通过与预算目标进行比较和分析，可以评估项目的绩效表现，并及时调整预算控制策略，绩效评估有助于持续改进和优化预算控制的效果。

第16条　调整和修订。在项目执行过程中，可能会出现新的情况和变化，需要相关执行人员对预算进行调整和修订，包括根据实际情况和需求进行预算的调整，并确保预算的灵活性和适应性。

第4章　预算控制考核管理

第17条　预算管理委员会应组织人力资源管理部和财务部对执行预算的相关人员进行考核，根据考核结果进行奖惩。

第18条　考核相关人员的目标完成度，包括项目成本控制效果、资源利用率、时间计划的遵守率等。通过评估他们在预算控制过程中实际达成的成果，判断他们在预算控制方面的能力和效果。

第19条　评估相关人员对预算偏差的管理能力，包括他们在项目执行过程中对成本偏差、资源浪费、进度延误等问题的及时发现和纠正的能力，以及采取的措施是否有效。

第20条　考核相关人员在项目风险管理方面的能力，包括他们对潜在风险的识别和评估能力，制定和实施风险应对策略的能力，以及处理风险事件和应急情况的能力。

第21条　评估相关人员在预算控制工作中的整体绩效，包括他们在预算编制、预算执行和监控、绩效分析等方面的表现，以及对项目成果和效益的贡献。

第22条　团队协作能力。评估相关人员在团队合作、信息共享和问题解决方面的能力。

第23条　创新和改进能力。评估相关人员在预算控制工作中的创新和改进能力，包括他们对预算控制方法和工具的创新应用、对预算流程和规范的改进建议，以及对预算控制工作的持续改进的能力。

第24条　考核可以通过定期的绩效评估、项目评审、反馈和讨论等方式进行，综合考虑以上因素，可以对相关人员的预算控制工作进行全面的评估，并为个人发展和工厂决策提供参考依据。

第5章　附则

第25条　本制度由预算管理委员会负责编制、解释与修订。

第26条　本制度自××××年××月××日起生效。

7.3.3　产品研发与技术开发预算执行管理办法

本办法可以解决以下问题：一是产品研发与技术开发预算执行要求不详细、不规范；二是预算执行监督机构建设不到位；三是预算执行监督措施不具备针对性、不可行；四是产品研发与技术开发预算执行工作质量不高。

产品研发与技术开发预算执行管理办法
第1章　总则

第1条　为了指导产品研发与技术开发的预算执行工作，提升预算执行的水平，有效降低产品研发与技术开发的成本费用，特制定本办法。

第2条　本办法适用于产品研发与技术开发预算执行工作的管理。

第2章　预算执行要求

第3条　严格遵循预算计划。各预算执行部门在预算执行过程中应严格按照预算计划进行，确保资源的使用、成本的支出和时间的安排符合预算要求，任何超出预算的支出都应经过审批。

第4条　实施有效的成本控制措施。预算执行过程中需要进行有效的成本控制措施，包括监控和追踪实际成本与预算的偏差，并及时采取纠正措施，通过精确的成本控制措施，确保项目在可接受的范围内保持预算的稳定性。

第5条　灵活应对变化。对于产品研发和技术开发过程中可能会面临的变化和不确定性，执行预算时，需要保持灵活性，以适应变化的需求和环境。当出现新的情况或需求时，要及时评估影响，并进行必要的预算调整。

第6条　进行实时的预算监控。预算执行过程中应进行实时的预算监控，通过定期检查预算执行情况，识别潜在的问题和风险，并及时采取措施加以解决。

第7条　强调沟通和协作。预算执行需要各个相关方之间紧密沟通和协作，项目经理、财务团队、各相关执行部门等均应保持良好的沟通，及时共享信息、解决问题，并对预算执行情况进行调整。

第8条　持续进行绩效评估和改进。预算执行过程中应进行持续的绩效评估和改进，定期评估项目的成本效益、资源利用率等指标，并根据评估结果进行必要的改进，通过不断地改进，提高预算执行的效率和质量。

第9条　合规和透明。预算执行应符合工厂的财务制度和国家相关法规的要求，执行过程中应确保数据的准确和合规，并保证透明度，预算执行的相关信息应及时向相关方进行披露和报告，确保所有利益相关方对预算执行情况有清晰的了解。

第3章　预算执行问题及解决

第10条　预算执行部门应明确预算执行过程中通常会出现的问题，并明确问题的解决措施，以下是预算执行过程中的常见问题。

1.成本超支。由于不可预见的成本增加、资源需求变化或者控制措施不到位等原因，导致项目在执行过程中，实际支出超出了预算限制。

2.时间延误。由于技术难题、资源不足、项目管理不当等因素，导致项目的实际完成时间超过了计划时间。

3.资源分配不当。在预算执行过程中，可能会出现资源分配不均衡或不合理的情况，有些项目会过度依赖某些资源，而其他项目则可能面临资源短缺的问题。

4.技术复杂。产品研发和技术开发通常涉及复杂的技术和工艺，可能会出现技术问题和挑战，导致成本超支或项目延误。

5.变更管理困难。在项目执行过程中，可能会出现需求变更、范围扩大等情况，对预算执行造成影响，管理变更并合理控制其影响比较困难。

6.风险管理不足。对风险的评估和管理不充分，导致项目在执行过程中遭遇意外风险，增加成本或导致项目失败。

7.缺乏实时监控和报告。如果没有有效的预算监控工具和系统，缺乏实时的预算数据和报告，就很难及时发现和解决预算执行中的问题。

8.绩效评估不准确。对预算执行绩效的评估存在主观性或不准确性，导致对项目团队的考核和激励不公平或不合理。

第11条　以下是针对上面预算执行问题的解决措施。

1.加强成本控制措施，制定明确的成本预算和成本管理办法，定期进行成本审查和分析，及时识别成本增加的原因，并采取适当的行动进行调整和控制。

2.加强项目计划和进度管理，确保项目各阶段的工作安排合理，并进行有效的进度跟踪和监控，及时调整资源分配，解决技术难题和问题，以减少项目延误的风险。

3.进行合理的资源规划和优先级排序，确保资源分配符合项目的需求和优先级，建立资源共享和协作机制，优化资源利用效率，避免资源过度或不足的情况。

4.加强技术风险管理和技术支持，提前评估和解决可能出现的技术问题，建立良好的沟通和协作机制，促进跨部门和跨团队之间的技术交流和知识共享，以应对技术复杂性带来的挑战。

5.建立严格的变更管理流程，确保变更的评估、批准和实施过程有序进行，加强变更影响分析和沟通，及时调整预算和资源分配，以适应变更的需求，同时确保变更的合理性和可行性。

6.加强风险管理和评估，识别和评估项目执行过程中可能面临的风险，并制定相应的风险应对策略。建立风险监控和报告机制，及时跟踪和应对风险，以减少风险对预算执行的不利影响。

7.采用预算控制信息化工具和系统，实现预算数据的实时监控和报告功能，确保预算数据的准确性和可靠性，建立有效的报告机制，使管理层和团队能够及时了解预算执行情况，发现问题并及时采取措施。

8.建立明确的绩效评估指标和标准，确保评估的客观性和公正性，定期进行绩效评估，确定与预算执行相关的指标，如成本控制效率、时间进度达成率、资源利用率等。确保评估过程透明公正，采用多种评估方法，如定量数据分析和定性绩效评估，综合考虑项目的质量、成本、时间等方面的表现。

第4章　超预算管理

第12条　监测预算执行情况。定期进行预算执行的监测和分析，确保及时掌握项目的实际支出情况，与预算编制阶段相比较，确定是否存在超预算情况。

第13条　识别超预算原因。对超预算的原因进行分析和识别，如成本增加、资源需求变化、范围扩大等。通过仔细审查超支项目的细节，确定造成超预算的具体原因。

第14条　提交超预算申请。若确实需要超出预算限制，相关责任人应提交超预算申请，该申请应详细解释超预算原因、额外支出的必要性，并提供合理的调整方案和措施。

第15条　审核超预算申请。超预算申请应提交给财务部评估，财务部要考虑申请的合理性、必要性和可行性，并与预算编制部门进行协商和讨论。

第16条　审批超预算申请。审核通过后，由预算管理委员会决定是否批准超预算申请，审批决策应基于相关预算管理准则、工厂策略和可行性，一旦申请获得批准，超预算将被纳入项目预算，并进行相应的调整和管理。

第17条　调整预算和资源分配。一旦超预算申请获得批准，预算和资源分配需要进行相应的调整，确保预算调整后的分配与项目需求和优先级一致，同时进行资源的重新分配，以满足超出预算的额外需求。

第18条　监督和控制超预算执行。在批准超预算后，需要建立严格的监督和控制机制，确保超预算执行的合规性和有效性，定期监测超预算项目的支出，并与调整后的预算进行对比，确保控制超支情况。

第5章　预算执行监督机构

第19条　预算管理委员会负责制定预算策略和规范，并监督项目团队的预算执行情况。预算管理委员会负责与研发部、财务部等部门的经理进行沟通和协调，确保预算的有效执行。

第20条　财务部负责监控项目的财务数据，包括成本支出、收入情况等，并与项目团队协作，确保预算的合规性和准确性。财务部还应进行预算偏差分析、报告和修订，以及财务审计等活动，对预算执行情况进行监督。

第21条　厂长和财务总监负责定期或不定期对预算执行情况进行审查和评估，并对预算执行结果负有最终的决策权。

第22条　工厂内部审计部门负责独立评估和监督预算执行工作，通过审计程序和技术，对预算执行的合规性、效率和准确性进行审查和验证。内部审计部门应独立于项目团队和财务部,提供客观的评估和建议,确保预算执行过程的透明度和有效性。

第6章 预算执行监督措施

第23条 定期报告和汇报。预算管理委员会和财务部定期向高级管理层和相关方报告预算执行情况,报告应包括预算执行的关键指标、偏差分析、风险评估等内容,以提供全面的预算执行信息。

第24条 预算审计。定期进行内部或外部的预算审计,以评估预算执行的合规性和有效性,揭示潜在的问题和风险,并提供改进建议。

第25条 预算执行评估。对预算执行过程进行定期评估,对资源利用率、成本控制效果、进度等方面进行绩效评估,评估结果可以用于识别问题,并采取相应的措施解决问题。

第26条 预算执行会议。定期召开预算执行会议,邀请项目经理、财务团队、部门经理等相关人员参加,会议上可以讨论预算执行情况、偏差原因、解决方案等,并制订相应的行动计划。

第27条 使用预算控制工具和系统。工厂应利用预算控制工具和系统来监督预算执行情况,收集、分析和跟踪预算执行数据,提供实时的预算监控和报告功能。

第28条 管理层巡查和审查。管理层应进行巡查和审查,定期检查项目的预算执行情况,与项目团队进行沟通,了解项目的进展和预算使用情况,并提供必要的支持和指导。

第29条 提高风险管理和问题解决能力。建立风险管理机制,及时识别和管理预算执行过程中的风险和问题,通过建立问题解决流程,及时处理预算执行中的异常情况,并采取适当的纠正措施。

第30条 绩效评估和奖惩机制。根据预算执行的绩效评估结果,建立相应的奖惩机制,对于预算执行良好的部门、项目团队和个人进行奖励,对于预算执行不符合要求的情况进行相应的惩罚或提出改进要求。

第7章 附则

第31条 本办法由预算管理委员会负责编制、解释与修订。

第32条 本办法自××××年××月××日起生效。

7.4　研发成本费用控制如何"持续改进"

7.4.1　研发成本费用控制"持续改进"实施要点

工厂研发部门的研发成本费用控制"持续改进"工作应当是一个循环往复、不间断的精进过程，研发成本费用控制"持续改进"实施要点如图7-1所示。

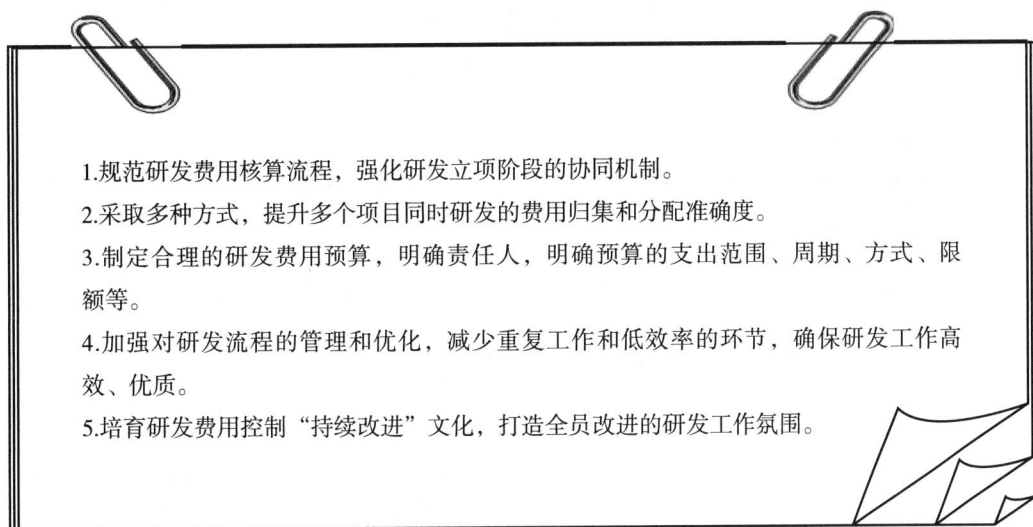

1.规范研发费用核算流程，强化研发立项阶段的协同机制。
2.采取多种方式，提升多个项目同时研发的费用归集和分配准确度。
3.制定合理的研发费用预算，明确责任人，明确预算的支出范围、周期、方式、限额等。
4.加强对研发流程的管理和优化，减少重复工作和低效率的环节，确保研发工作高效、优质。
5.培育研发费用控制"持续改进"文化，打造全员改进的研发工作氛围。

图7-1　研发成本费用控制"持续改进"实施要点

7.4.2　研发成本费用控制"持续改进"实施细则

本细则可以解决以下问题：一是研发成本费用控制"持续改进"工作要求不详细、不清晰、不严格；二是研发成本费用控制"持续改进"的工作方案内容不完善和工作小组的工作职责不明确；三是研发成本费用控制"持续改进"工作考核管理的考核指标不具体、奖惩措施不到位。

研发成本费用控制"持续改进"实施细则

第1章 总则

第1条 为了推动研发成本费用控制的"持续改进"工作，明确工作任务与要求，降低研发工作的成本，提升工厂整体效益，特制定本细则。

第2条 本细则适用于研发成本费用控制"持续改进"工作的管理，除另有规定外，均需参照本细则执行。

第2章 研发成本费用构成及控制措施

第3条 工厂研发部应明确研发工作相关的成本费用构成项，并根据每个构成项的特征，对费用进行控制。以下是研发成本费用的构成。

1.研发人员工资和福利费用。包括参与新产品或新技术研发的工程师、技术人员等的工资、津贴、奖金和福利费用。

2.设备和实验材料费用。购买、租赁或维护研发所需的设备、实验室仪器、原材料和试剂等的费用。

3.外部研究合作费用。如果工厂需要外部专家、研究机构或合作伙伴的支持来进行新产品或新技术的研发，需要支付外部研究合作费用。

4.设施和设备改造费用。如果新产品或新技术的研发需要进行生产设施或设备的改造或升级，将涉及相应的改造费用。

5.专利和知识产权费用。包括申请和维护与新产品或新技术相关的专利购买费用、知识产权保护费用等。

6.测试和验证费用。用于进行新产品或新技术的测试、验证和验证报告编制的费用，包括实验室测试、原型制作、产品验证等的费用。

7.市场调研和竞争分析费用。在研发新产品或新技术之前，进行市场调研和竞争分析，了解市场需求和竞争情况的费用。

8.培训和技术支持费用。为工厂员工提供与新产品或新技术相关的培训和技术支持的费用。

9.生产试制和量产前期费用。包括进行小批量试制、验证生产工艺和调整生产线的费用，为新产品或新技术的量产做准备。

第4条 以下是针对每个费用项的控制措施。

1.研发人员工资和福利费用控制措施。

（1）设立研发项目的目标和里程碑，根据实际完成情况给予奖励，以激励团队成员提高效率。

（2）进行有效的人力资源规划，确保研发团队的规模与项目需求相匹配，避免人力资源浪费。

2.设备和实验材料费用控制措施。

（1）建立设备和材料的采购标准和流程，通过竞争性招标或多个供应商报价，获得最有竞争力的价格。引进供应链管理平台，及时在平台上更新需求信息，降低与供应商沟通的成本。

（2）管理设备的使用寿命和维护记录，定期进行预防性维护，以延长设备寿命并降低维修费用。

（3）优化实验材料的库存管理，避免过多的库存积压和过期材料的浪费。

3.外部研究合作费用控制措施。

（1）与外部合作伙伴建立长期稳定的合作关系，以获得更有竞争力的合作价格。

（2）精确评估外部合作伙伴的能力和贡献，确保合作费用与其提供的价值相匹配。

（3）明确合作目标和预期成果，并进行有效的合作协议管理，避免不必要的费用浪费。

4.设施和设备改造费用控制措施。

（1）进行综合评估和规划，确保设施和设备改造与研发项目的需求相匹配，避免不必要的投资。

（2）优先考虑灵活可调整的设施和设备布局，以满足不同研发项目的需求，降低改造成本。

（3）寻找节约能源和环保的改造方案，降低运行成本和环境影响。

5.专利和知识产权费用控制措施。

（1）仔细筛选和评估需要申请专利和保护的研发成果，避免不必要的专利费用。

（2）定期审查和维护现有专利的价值和保护范围，避免维持无效或不必要的专利的费用。

（3）与法律专业人士合作，优化专利申请和维护流程，减少时间和费用的浪费。

6.测试和验证费用控制措施。

（1）制订详细的测试计划，避免重复和冗余的测试活动。

（2）优先使用虚拟模拟和计算机辅助测试方法，降低实际实验的成本。

（3）建立有效的测试数据管理和分析系统，提高测试效率和数据利用率。

7.市场调研和竞争分析费用控制措施。

（1）选择合适的市场调研方法，如在线调查、焦点小组讨论等，减少实地调研的成本。

（2）制定明确的市场调研目标，避免不必要的调研范围和费用。

（3）积极利用市场情报和竞争情报资源，减少对外部市场调研的依赖，降低成本。

8.培训和技术支持费用控制措施。

（1）制订有效的培训计划，根据团队成员的需求和技能缺口，有针对性地进行培训，避免浪费和重复培训。

（2）考虑内部专家培训和内部知识共享，降低外部培训费用。

（3）建立内部技术支持团队，提供即时和高效的技术支持，减少外部技术咨询的成本。

9.生产试制和量产前期费用控制措施。

（1）制订合理的试制和量产计划，避免过多的试制批次和不必要的成本。

（2）进行全面的生产工艺分析和优化，确保试制和量产阶段的工艺稳定性和效率。

第3章 "持续改进"工作要求

第5条 目标设定与预算编制。研发部应制定明确的成本控制目标，并根据项目需求和资源可用性编制预算，确保目标和预算合理可行，并与工厂其他相关利益部门达成一致。

第6条 成本数据收集与分析。财务部和研发部应建立有效的成本数据收集和分析体系，确保准确、完整地记录和跟踪项目的成本信息，分析成本数据，识别费用偏差和成本风险，并及时采取纠正措施。

第7条 监控与报告。建立有效的监控机制，定期跟踪项目的实际成本情况，并与预算进行比较，生成相关报告，向工厂决策层提供透明和准确的成本控制信息，以支持决策和沟通。

第8条　风险管理。识别和管理与成本费用控制相关的风险，建立风险评估和管理程序，及时识别和应对可能导致成本偏差的风险因素，以最小化不利影响。

第9条　持续改进。建立持续改进机制，鼓励团队成员提出改进建议并实施改进措施，通过分析历史数据、借鉴最佳实践案例和采用新的工具和技术等方法，不断提高成本控制的效率和效果。以下是建立持续改进机制的一些具体做法和要点。

1.鼓励研发团队成员积极参与成本费用控制的讨论和决策，建立开放的沟通渠道，让团队成员自由表达他们的想法和建议。

2.设立奖励机制，鼓励研发团队成员提出创新和改进的建议。可以是奖励制度、表彰制度或其他形式的激励措施，以激发团队成员的积极性和创造力。

3.提供培训和教育机会，帮助研发团队成员了解成本费用控制的重要性和方法，培训应包括成本管理的基本原则、分析工具的使用和最佳实践的案例研究等，通过培训来提升团队成员的能力和知识。

4.定期分析历史数据，识别成本偏差和潜在的改进机会，对项目过去的经验进行深入分析，发现模式、趋势和关键影响因素，从而指导改进措施的制定和实施。

5.了解和借鉴行业内的最佳实践案例，学习成功案例并应用到自身的成本费用控制中，与专业人士进行知识分享和交流，通过借鉴他们的经验和教训，加速改进的进程。

6.关注和采用新的成本控制工具、软件和技术。使用自动化软件来跟踪和分析成本数据，采用数据可视化工具来展示成本趋势和关键指标等，提高成本控制的效率和准确性。

7.确立一个持续改进的流程，将改进措施纳入日常工作中，包括制定定期的评估和反馈机制，以及改进计划的制订和执行，研发团队成员需要参与和支持改进流程，不断进行改进工作。

第10条　跨部门协作。建立有效的沟通和协作机制，确保各部门之间的信息流畅，共同努力实现成本控制的目标。

第11条　效率与质量平衡。确保成本控制的同时，充分考虑项目的效率和质量。

第4章　"持续改进"工作方案与工作小组

第12条　工厂应成立一个改进小组来指导改进工作，改进小组应起到协调、推动和监督改进工作的作用。以下是改进小组的职责。

1.厂长赋予专门责任。改进小组可以被厂长授权和委托为改进工作的专门责任方，确保改进工作得到充分的关注和重视。

2.组织协调和推动。改进小组负责组织和协调改进活动，推动改进措施的实施，确保各项工作按计划进行，确保相关方的合作和配合得到落实。

3.收集和分析数据。改进小组负责收集、整理和分析与成本费用控制相关的数据，通过数据分析识别问题和机会，并提出改进建议。

4.制定改进方案。改进小组负责制定改进方案，明确改进的目标、措施和时间，根据团队的需求和资源状况制定具体的改进策略。

5.监督和评估改进成果。改进小组负责监督和评估改进措施的执行情况和成果，设立评估机制，收集反馈意见，并根据评估结果调整改进方案。

6.提供培训和支持。改进小组负责提供相关的培训和支持，帮助研发团队成员理解和参与改进工作，可以通过提供培训材料、举办培训活动来解答团队成员的疑问。

第13条　改进小组的具体组成和职责可以根据工厂的需求和规模进行调整。一般而言，改进小组应由跨部门的代表组成，包括研发部、财务部、项目部等相关部门成员，他们应具备相关的知识和技能，能够有效推动改进工作的实施。

第14条　工厂应制定研发成本费用控制"持续改进"的工作方案，用于指导"持续改进"工作的实施。以下是方案应包含的内容。

1.改进措施。明确改进措施，其中包括确定改进的目标和关键绩效指标，该措施应包含具体的改进步骤、时间和责任人，以确保改进工作得以顺利实施。

2.成本控制策略。制定成本控制策略，明确如何降低成本、控制开支并提高效率，该策略包括资源优化、流程改进、采购优化、风险管理等方面的具体措施。

3.预算制定和调整。制订预算制定和调整计划，确保预算的合理性和可行性，该计划应包括预算编制的方法、依据和参考数据，以及预算调整的标准和程序。

4.数据收集和分析计划。制订数据收集和分析计划，确保获取准确和全面的成本数据，并进行有效的数据分析，该计划可以包括数据收集的时间、数据来源、数据验证和分析方法等。

5.最佳实践借鉴任务。明确最佳实践借鉴任务，包括如何寻找、评估和应用行业内的最佳实践案例，该任务可以涵盖与其他组织或专业人士的合作、知识分享和经验交流等内容。

6.培训和教育计划。制订培训和教育计划，提供相关知识和技能培训，以增强团队成员在成本费用控制方面的能力，该计划可以包括培训主题、培训方式和时间安排等。

7.改进评估和监控计划。改进评估和监控计划，以确保改进措施的有效性和可持续性。该计划包括定期评估改进成果、设立关键绩效指标和监控机制等。

第5章 "持续改进"工作步骤

第15条 确定改进的目标。明确需要改进的目标和重点领域。包括降低成本、提高效率、优化资源利用等。

第16条 收集和分析成本数据。收集与成本费用控制相关的数据，包括实际成本、预算数据、成本偏差等。通过数据分析，识别问题和机会，确定改进的重点。

第17条 识别改进机会。基于数据分析结果和实际情况，识别潜在的改进机会和问题。包括识别成本较高的环节、效率低下的流程、资源浪费的地方等。

第18条 制定改进方案。针对识别出的改进机会，制定具体的改进方案和措施。包括流程改进、资源优化、成本削减等。

第19条 制订改进实施计划。制订改进实施计划，明确改进的时间、责任人和资源需求。确保改进工作能够有序进行。

第20条 实施改进措施。按照实施计划执行改进措施。可能涉及流程优化、成本控制策略的制定、资源调整等，要确保改进措施得到落实。

第21条 监控和评估改进成果。建立监控机制，跟踪改进措施的实施情况和成果。评估改进措施的效果和对成本费用控制的影响。

第22条 持续改进和调整。根据监控和评估结果，进行持续改进和调整。优化改进方案，进一步提高成本费用控制的效果和效率。

第6章 "持续改进"工作考核管理

第23条 以下是一些常见的考核指标和评估方法，可用于衡量改进工作的绩效。

1.成本节约情况。通过比较改进前后的成本数据来评估改进工作对成本的影响，包括实际成本节约金额、成本降低的百分比等。

2.资源利用率。评估改进工作对资源的有效利用程度，包括人力资源、设备和材料等。

3.时间效率。通过比较改进前后的时间数据来评估改进工作对项目或过程的时间效率的影响，包括缩短的开发周期、提前完成的时间等。

4.质量改进。评估改进工作对产品或服务质量的提升程度，包括降低缺陷率、提高用户满意度等，可以通过质量指标、用户调查或反馈数据来进行评估。

5.绩效指标改善。考察改进工作对关键绩效指标的影响，包括生产效率、产品产量、项目交付率等。可以通过比较改进前后的指标数据，评估绩效改善的程度。

6.反馈和评估调查。通过收集团队成员、项目相关方或用户的反馈意见，了解改进工作的执行效果，可以采用定期的评估问卷、访谈或会议等形式。

7.改进措施执行情况。考察改进工作中措施的执行情况，包括措施的有效实施情况、责任人的履职情况等。

第24条　考核指标的选择应根据工厂的具体目标和需求进行制定，同时需要考虑指标的量化可行性和指标与改进目标的关联程度。综合使用多个指标以提供全面的改进工作绩效评估，并为改进方向和措施的调整提供依据。

第25条　在改进工作的考核评价后，奖惩措施可以根据评价结果和工厂政策和流程进行制定。

第26条　奖励措施包括以下形式。

1.给予奖金。根据改进工作的绩效表现，给予相关研发团队成员或个人额外的奖金，额度为2000～10000元。

2.奖项或荣誉。设立专门的奖项或荣誉，表彰在改进工作中取得显著成绩和突出贡献的研发团队或个人。

3.晋升或职位提升。根据改进工作的表现，提供晋升或职位提升的机会，以激励和鼓励研发团队成员的发展。

4.培训和发展机会。提供额外的培训和发展机会，帮助研发团队成员提升能力和专业素养，扩展职业发展路径。

第27条　惩罚措施包括以下形式。

1.反馈和警告。针对改进工作表现不佳的研发团队或个人，提供详细的反馈或实施警告，明确问题，并提出改进要求。

2.资源限制。对于未能达到改进目标或未能按计划执行改进措施的研发团队，限制其使用资源，以提醒和促使其改进。

3.绩效考核调整。将改进工作的绩效考核结果反映到个人或研发团队的绩效评估中。

第28条 奖惩措施应该公平、透明和合理，并遵守工厂内部的规章制度和法律法规。奖励措施应激励和鼓励积极的改进行为和结果，而惩罚措施则应作为改进工作的纠正和引导手段，并着重于促进学习和发展。

第7章 附则

第29条 本细则由总经办负责编制、解释与修订。

第30条 本细则自××××年××月××日起生效。

08

第 8 章

工厂质量成本费用"精益化"

8.1　产前质量成本控制

8.1.1　产前质量成本管理控制问题清单

产前质量成本管理控制问题清单如表8-1所示。

表8-1　产前质量成本管理控制问题清单

序号	问题	具体描述
1	预算不合理	产前质量成本预算不合理，没有充分考虑生产过程中的实际情况
2	核算不准确	产前质量成本核算不准确，不能准确反映实际生产成本
3	方法不科学	缺乏科学、有效的检测与控制方法和手段，无法及时发现和解决问题
4	质量不稳定	缺乏对供应商和销售商的质量管理，导致产品质量不稳定
5	责任不明确	缺乏有效的质量责任制度，无法明确各部门和人员的质量责任
6	反馈不及时	缺乏对质量问题的及时反馈和处理机制，导致问题无法得到有效解决

8.1.2　质量预防成本控制细则

本细则可以解决以下问题：一是缺乏完整、明确的预防成本预算机制；二是无法对研发阶段、量产阶段的预防成本进行有效控制；三是缺乏对不同阶段预防成本控制的有效考核机制。

质量预防成本控制细则
第1章　总则

第1条　为了加强对工厂质量预防成本的控制和管理工作，合理减少预防成本，保证产品质量，特制定本细则。

第2条　本细则适用于工厂预防成本控制工作的管理，除另有规定外，均需参照本细则执行。

第3条 质量管理部、技术工艺部与研发部各派1名代表组成预防成本控制小组。

第2章 建立预防成本预算机制

第4条 工厂应根据经营计划和战略目标，确定预防成本的范围和目标。

1.设计阶段预防成本。包括产品设计成本费用、工艺设计成本费用、工序设计成本费用等。

2.研发阶段预防成本。包括研发培训费用、研发改进措施费用、研发评审费用、研发人员工资及福利费用等。

3.量产阶段预防成本。包括质量培训费用、质量管理活动费用、质量改进措施费用、质量评审费用、质量管理人员工资及福利费用等。

第5条 收集并分析数据。预防成本控制小组应收集有关预防成本的信息，包括成本数额、影响因素等，并对收集到的信息进行分析，以确定预防成本的合理性和有效性。

第6条 制订预算计划。根据分析结果，结合工厂的长期利益和战略目标，预防成本控制小组应制订预算计划，计划中包括预防成本的总额、分配比例、支出方式等。

第7条 审核并实施预算计划。预防成本预算计划须经质量管理部、研发部、技术工艺部、财务部审核，以及工厂总经理审批才能生效。在实施预算计划的过程中，应该确保预算的完整性和准确性，避免出现漏报、少报等情况，及时对预算进行监督和调整。

第3章 设计阶段预防成本的控制

第8条 产品设计成本费用构成明细及标准。

1.人工费用。产品设计人员的薪资费用，按照工厂薪酬规定实施。

2.研讨费用。为了提高设计能力而进行的技术研讨所产生的费用，一般为____～____元。

3.其他费用。包括咨询费用、专利申请费用等，根据实际情况而定。

第9条 工艺设计成本费用构成明细及标准。

1.人工费用。工艺设计人员的薪资费用，按照工厂薪酬规定实施。

2.工艺设计评审费用。聘请评审人员的费用，一般每人____～____元/天。

3.工艺设计验证费用。验证人员的费用，一般每人____～____元/天。

4.工艺设计确认费用。确认人员的费用，一般每人____～____元/天。

第10条　工序设计成本费用包括人工费用及研究费用，人工费用按照工厂薪酬规定实施，研究费用为____～____元。

第11条　设计阶段预防成本控制考核。

1.设计阶段预防成本控制考核对象为产品、工艺、工序设计人员，由预防成本控制小组负责实施。

2.设计阶段预防成本控制考核每月实行一次，考核指标单项满分为100分，其具体考核标准如下。

（1）产品设计成本费用（40%）：各明细费用均不超过规定范围，每超过____元，扣1分。

（2）工艺设计成本费用（30%）：各明细费用均不超过规定范围，每超过____元，扣1分。

（3）工序设计成本费用（30%）：各明细费用均不超过规定范围，每超过____元，扣1分。

第12条　设计阶段预防成本控制考核等级及奖惩。

1.A级：考核得分在90（含90）～100分，奖励技术工艺部相关人员各____元奖金。

2.B级：考核得分在75（含75）～90分，奖励技术工艺部相关人员各____元奖金。

3.C级：考核得分在60（含60）～75分，不奖励、不惩罚。

4.D级：考核得分在60分以下，从技术工艺部相关员工的月度绩效奖金中扣除2%。

5.设计阶段预防成本控制考核的奖金与扣罚随月工资一并实施。

第4章　研发阶段预防成本的控制

第13条　研发培训费用构成明细及标准。

1.课程费用。用于支付研发培训课程及相关服务的费用，一般为____～____元。

2.场地及设施设备费用。用于支付场地租赁或设备设施投入的费用，一般为____～____元。

3.教材、教具、资料费用。用于购买研发培训所需教材、教具、资料的费用，一般为____～____元。

4.接待费用。用于外聘培训讲师的交通、食宿等的费用，一般为每人____～____元/天。

第14条 研发改进措施费用指建立研发体系、提高研发质量、改变研发设计等产生的费用，一般为____～____元。

第15条 研发评审费用构成明细及标准。

1.资料费用。用于购买研发评审所需资料的费用，一般为____～____元。

2.场地及设施设备费用。用于支付场地租赁或设备设施投入的费用，一般为____～____元。

3.评审人员工资费用。用于聘用评审人员的工资费用，一般为每人____～____元/天。

第16条 研发人员工资及福利费用按照工厂薪酬制度实施。

第17条 研发阶段预防成本控制考核。

1.研发阶段预防成本控制考核对象为研发人员，由预防成本控制小组负责实施。

2.研发阶段预防成本控制考核每月实行一次，考核指标单项满分为100分，其具体考核标准如下。

（1）研发培训费用（10%）：各明细费用均不超过规定范围，每超过____元，扣1分。

（2）研发改进费用（40%）：研发改进措施总费用不超过规定范围，每超过____元，扣5分。

（3）研发评审费用（30%）：各明细费用均不超过规定范围，每超过____元，扣1分。

（4）研发人员工资及福利费用（20%）：研发人员工资及福利费用均不超过工厂规定水平，有1人超过，扣5分。

第18条 研发阶段预防成本控制考核等级及奖惩。

1.A级：考核得分在90（含90）～100分，奖励研发部相关人员各____元奖金。

2.B级：考核得分在75（含75）～90分，奖励研发部相关人员各____元奖金。

3.C级：考核得分在60（含60）～75分，不奖励、不惩罚。

4.D级：考核得分在60分以下，从研发部相关员工的月度绩效奖金中扣除2%。

5.研发阶段预防成本控制考核的奖金与扣罚随月工资一并实施。

第5章 量产阶段预防成本的控制

第19条 质量培训费用构成明细及标准。

1.课程费用。用于支付质量培训课程及相关服务的费用，一般为____～____元。

2.场地及设施设备费用。用于支付场地租赁或设备设施投入的费用，一般为____~____元。

3.教材、教具、资料费用。用于购买质量培训所需教材、教具、资料的费用，一般为____~____元。

4.接待费用。用于外聘质量培训讲师的交通、食宿等的接待费用，一般为每人____~____元/天。

第20条　质量管理活动费用。实施质量管理活动（制定质量方针、质量策划、质量控制、质量保证等）所需费用，一般为____~____元。

第21条　质量改进措施费用。建立质量管理体系、提高产品质量、改变产品设计等产生的费用，一般为____~____元。

第22条　质量评审费用构成明细及标准。

1.资料费用。用于购买质量评审所需资料、物料的费用，一般为____~____元。

2.场地及设施设备费用。用于支付场地租赁或设备设施投入的费用，一般为____~____元。

3.质量评审人员工资费用。用于聘用评审人员的工资费用，一般为每人____~____元/天。

第23条　质量管理人员工资及福利费用按照工厂薪酬制度实施。

第24条　量产阶段预防成本控制考核。

1.量产阶段预防成本控制考核对象为质量管理人员，由预防成本控制小组负责实施。

2.量产阶段预防成本控制考核每月实行一次，考核指标单项满分为100分，其具体考核标准如下。

（1）质量培训费用（10%）：各明细费用均不超过规定范围，每超过____元，扣1分。

（2）质量管理活动费用（30%）：质量管理活动总费用不超过规定范围，每超过____元，扣5分。

（3）质量改进措施费用（20%）：质量改进措施总费用不超过规定范围，每超过____元，扣5分。

（4）质量评审费用（20%）：各明细费用均不超过规定范围，每超过____元，扣

1分。

（5）质量管理人员工资及福利费用（20%）：质量管理人员工资及福利费用均不超过工厂规定水平，有1人超过，扣5分。

第25条　量产阶段预防成本控制考核等级及奖惩。

1.A级：考核得分在90（含90）~100分，奖励质量管理部相关人员各＿＿＿元奖金。

2.B级：考核得分在75（含75）~90分，奖励质量管理部相关人员各＿＿＿元奖金。

3.C级：考核得分在60（含60）~75分，不奖励、不惩罚。

4.D级：考核得分在60分以下，从质量管理部相关员工的月度绩效奖金中扣除2%。

5.量产阶段预防成本控制考核的奖金与扣罚随月工资一并实施。

第6章　附则

第26条　本细则由质量管理部、研发部共同负责编制、解释与修订。

第27条　本细则自××××年××月××日起生效。

8.1.3　原材料及辅助材料质量检测与控制实施规范

本规范可以解决以下问题：一是原材料及辅助材料检测方法不科学、检测内容不完整、检测问题无法解决；二是原材料及辅助材料质检报告不规范；三是原材料及辅助材料质量检测缺乏考核机制。

原材料及辅助材料质量检测与控制实施规范

第1章　总则

第1条　为了提高原材料及辅助材料的质量水平，规范其质量检测与控制流程、标准等，结合工厂实际情况，特制定本规范。

第2条　本规范适用于工厂原材料及辅助材料质量检测与控制工作的管理。

第2章　原材料质量检测与控制

第3条　原材料供应商评估。原材料一般由工厂采购部根据生产计划及产品负责采购。质量管理部检测原材料前，应先对供应商的资质、信誉、原材料相关证明等进行核查评估。

第4条　原材料质量检测方法及内容。

1.目测法。通过观察原材料的外观、尺寸、硬度、弹性、质地等特征,来判断原材料的质量是否符合要求。

2.称重法。通过对原材料进行称重,来判断原材料的质量是否符合要求。

3.光学法。通过光学性质,如透光率、折射率、吸光率等,来判断原材料的质量是否符合要求。

4.电学法。通过电学性质,如电导率、介电常数等,来判断原材料的质量是否符合要求。

5.化学分析法。通过化学分析方法,如光谱分析、色谱分析等,来测定原材料中各种成分的含量和性能指标是否符合要求。

6.机械性能测试法。通过机械性能测试方法,如硬度测试、抗拉强度测试等,来测定原材料的机械性能和强度指标是否符合要求。

第5条　原材料质量检测问题及解决措施。

1.原材料细度超标。细度对原材料活性影响较大,从而影响原材料的强度和利用率,工厂应选择合适的供应商提供细度符合标准的原材料。

2.原材料来源不稳定。原材料来源不稳定会造成颜色不稳定,影响原材料的配比与性能,工厂应加强对原材料的抽样检测和质量管理。

3.含水率不稳定。含水率过高或过低,都会对原材料的强度和耐久性产生影响,工厂应加强对原材料的抽样检测和质量管理。

4.氧化钙含量偏高。氧化钙含量偏高会使原材料的活性降低,同时也会增加制品的吸水率和热膨胀系数,工厂应选择合适的供应商提供的氧化钙含量符合标准的原材料,加强抽样检测与质量管理。

5.磷、碳含量偏高。原材料的磷、碳含量偏高会使原材料的硬度、耐磨性、强度增加,但也会降低原材料的韧性和可加工性,工厂应制定符合产品及客户需求的材料标准,加强供应商审核与质量管理。

第6条　出具原材料质检报告。质量检测人员根据检测结果,出具详细的原材料质检报告。原材料质检报告中需要包括原材料的各项性能指标、检测方法、结果分析、问题及解决措施等内容。

第7条　标识与记录。对于检测合格与不合格的原材料,质量管理部应分别进行标识与记录,以便后续的使用与管理,并及时处理不合格的原材料。

第8条　确保质量稳定。质量管理部应根据国家法律法规及工厂要求，做好原材料的储存、发放、使用等环节的管理工作，确保其质量稳定。

第9条　特殊检测。对于特殊情况下需要使用无合格证明的原材料时，应对其进行试验，以保证其质量符合标准要求。

第3章　辅助材料质量检测与控制

第10条　辅助材料供应商管理。辅助材料一般由工厂采购部实施采购。质量管理部检测辅助材料前，应先对辅助材料的供应商的资质、信誉、相关证明等进行核查评估。

第11条　辅助材料质量检测方法及内容。

1.物理性能检测。包括尺寸检测、外观检测、抗压强度检测、抗拉强度检测、硬度检测等。

2.化学性能检测。包括成分分析、含量检测、密度检测、熔点检测、沸点检测、酸值检测、碱值检测等。

3.物理性能和化学性能综合检测。包括老化测试、电气绝缘检测、抗氧化剂检测、光致抗蚀剂检测等。

第12条　辅助材料质量检测问题及解决措施。

1.辅助材料细度不符合标准。细度对辅助材料的强度和利用率影响较大，工厂应选择合规的供应商提供的细度符合标准的辅助材料。

2.辅助材料来源不稳。辅助材料因污染或制造设备问题造成其颜色不稳定，影响原材料的配比与性能，工厂应加强对供应商的审核，严格实施质量管理。

3.含水率不稳定。含水率的高低对辅助材料的强度和耐久性都会产生影响，工厂应加强对供应商的审核，严格质量检测。

4.氧化钙含量偏高。氧化钙含量偏高会导致辅助材料活性降低，从而导致制品的吸水率和热膨胀系数升高，工厂应选择符合标准的辅助材料，加强抽样检测与质量管理。

5.磷、碳含量偏高。辅助材料的磷、碳含量会影响辅助材料的硬度、耐磨性、强度，同时也会降低辅助材料的韧性、可加工性，工厂应选择符合标准的辅助材料，加强供应商审核与质量管理。

第13条　制定辅助材料质检报告。质量检测人员根据辅助材料的检测结果，分析结果并制定详细的辅助材料质检报告。该报告应包括辅助材料的各项性能指标、检测方法、结果分析、问题及解决措施等内容。

第14条　标记与记录。质量管理部应分别对检测合格与不合格的辅助材料进行标记与记录，及时处理不合格的辅助材料。

第15条　储存、发放、使用管理。质量管理部应根据国家法律法规及工厂要求，对辅助材料的储存、发放、使用进行合规、有效的管理，确保其质量稳定。

第16条　特殊检测。如果在特殊情况下，工厂需要使用暂无合格证明的辅助材料时，应先将该辅助材料送往第三方检测机构进行试验认定，证明其质量符合标准要求后才能使用。

第4章　原材料及辅助材料质量检测与控制考核

第17条　原材料及辅助材料质量检测与控制考核由人力资源管理部与质量管理部负责人共同负责实施，其考核对象为质量管理人员。

第18条　原材料及辅助材料质量检测与控制考核每月实行一次，考核指标单项满分为100分，其具体考核标准如下。

1.发现及解决原材料及辅助材料质量检测问题（40%）：若出现1次原材料或辅助材料质量检测问题没有被发现解决的情况，扣5分。

2.原材料及辅助材料质检报告（30%）：原材料及辅助材料质检报告是否包括各项性能指标、检测方法、结果分析等内容，每缺少1项，扣10分。

3.标识与记录（10%）：对合格与不合格的材料分别进行标识与记录，缺少1次，扣1分。

4.原材料及辅助材料储存、发放、使用管理（20%）：因储存、发放、使用环节管理不善而致使材料质量不稳定，出现1次此类情况，扣10分。

第19条　原材料及辅助材料质量检测与控制考核等级及奖惩。

1.A级：考核得分在90（含90）～100分，奖励质量管理部相关人员____元。

2.B级：考核得分在75（含75）～90分，奖励质量管理部相关人员____元。

3.C级：考核得分在60（含60）～75分，不奖励、不惩罚。

4.D级：考核得分在60分以下，扣罚质量管理部相关人员____元。

5.该项考核的奖金与扣罚随月工资一并实施。

第5章　附则

第20条　本规范由质量管理部、人力资源管理部共负责编制、解释与修订。

第21条　本规范自××××年××月××日起生效。

8.2　产中质量成本控制

8.2.1　产中质量成本控制问题清单

产中质量成本控制问题清单如表8-2所示。

表8-2　产中质量成本控制问题清单

序号	问题	具体描述
1	方法不科学	缺乏科学、有效的检测半成品、产成品的方法和手段，无法及时发现和解决问题
2	人力不合理	生产人员过多、过少及其效率高低均影响产中成本
3	设备不稳定	生产设备故障导致停机时间增长、产品性能不稳定，从而增加产中成本
4	物料不控制	生产过程中的物料损耗会导致材料的浪费和运输成本的增加，从而增加产中成本

8.2.2　半成品、产成品质量检验成本控制制度

本制度可以解决以下问题：一是缺乏半成品、产成品质量检验成本预算；二是半成品、产成品质量检验方法不科学、内容不完善、问题无法得到有效解决；三是缺乏半成品、产成品质量检验人员培训机制；四是缺乏批次管理与质量反馈机制。

半成品、产成品质量检验成本控制制度

第1章 总则

第1条 为了控制工厂半成品、产成品质量检验成本，提高产品质量和生产效率，结合工厂实际情况，特制定本制度。

第2条 本制度适用于工厂半成品、产成品质量检验成本控制工作的管理。

第2章 半成品质量检验成本控制

第3条 制定半成品质量检验成本预算。预算中应包括供应商管理费用、半成品质量检测费用、质检人员工资、培训成本等。

第4条 供应商管理。采购部应建立稳定的供应商渠道，选择质量稳定、价格合理的供应商，确保原材料、外购件、自制件等的质量可靠。供应商管理成本费用应控制在报价的5%~20%。

第5条 优化检验方案。质量管理部应制定详细的半成品质量检验方案，明确检验项目、检验方法、检验标准等，避免重复或不必要的检验，减少不必要的成本开支。

第6条 半成品质量检验方法及内容。

1.通过观察法、光学法、电学法、化学分析法、机械性能测试法等方法，结合自动化检测设备、光学检测设备，来检测半成品质量。

2.通过首检、巡检、全检等方式对半成品的下料件、机加工件、焊接件等进行检验。

3.半成品质量检验成本费用一般为____ ~ ____元。

第7条 半成品质量检验问题及解决措施。

1.下料件。半成品下料件出现飞边、毛刺，其尺寸、色差不符合产品设计图纸要求。解决措施为返工返修，按照图纸及工厂要求的尺寸与色差进行重新制品，严格把控与下料件飞边、毛刺有关的处理环节，加强检测。

2.机加工件。半成品机加工件的表面粗糙度不符合工厂及客户要求，出现飞边、毛刺。解决措施为返工返修，对加工件的表面粗糙度、飞边、毛刺有关的处理环节进行严格监控检测。

3.焊接件。半成品焊接件外部质量不符合要求，具有气孔、裂纹、夹渣等，内部质量不满足焊缝等级质量要求。解决措施为要求相关人员重新生产，技术工艺人员从旁指导，对焊接件气孔、裂纹、夹渣、焊缝相关的处理环节严格把控。

第8条 培训质量检验人员。

1.明确培训目标。确定质量检测人员的培训目标,如提高检测技能、掌握质量标准等。

2.制订并实施培训计划。根据培训目标和需求,制订相应的培训计划,计划中包括培训内容、时间、地点、讲师等。按照制订的培训计划,实施相应的培训内容,确保培训效果达到预期目标。

3.评估培训效果。通过考试、问卷、讨论等方式,评估质量检测人员的培训效果,并对培训计划进行适当的调整。

4.培训质量检验人员成本费用中,材料、场地费用一般为____~____元,课时培训费用为每位讲师____~____元/天。

第9条 批次管理。质量管理部对不同的产品应分别进行批次管理,避免不同批次之间的质量差异影响最终产品的质量。批次管理费用一般为____~____元。

第10条 建立质量反馈机制。根据半成品质量问题的严重性与紧急性,质检人员最多于3日内反馈质量检测问题,让相关人员了解生产过程中出现的质量问题,并及时采取措施解决。

第3章 产成品质量检验成本控制

第11条 产成品质量检验成本预算。预算中应包括供应商管理费用、半成品质量检测费用、质检人员工资、培训成本等。

第12条 制定产成品检验方案。质量管理部应制定详细的产成品质量检验方案,方案中应包检验方法、检验内容、检验标准等。

第13条 产成品质量检验方法及内容。

1.通过观察法、光学法、电学法、化学分析法、机械性能测试法等方法,结合自动化检测设备、光学检测设备,来检测产成品质量。

2.通过首检、巡检、全检等方式对产成品的外观、尺寸、硬度、绝缘性能、功能性能、安全性能、环保性能、可靠性能等进行检验。

3.产成品质量检验成本费用一般为____~____元。

第14条 产成品质量检验问题及解决措施。

1.外观。产成品的外形尺寸不符合图纸及工厂要求,表面有缺陷,颜色不稳定,闻起来有异味。解决措施为返工返修,重新制品,生产人员及技术工艺人员对产品的外形尺寸、表面有无缺陷、颜色稳定性、气味进行严格把控。

2.硬度。产成品的硬度值、抗磨损性不符合工厂及客户要求。解决措施为分析硬度值、抗磨损性不符合要求的原因具体出在技术工艺、生产中的哪一个环节，再返工返修，按照要求重新制品，或进行报废。

3.绝缘性。产成品的绝缘电阻、介电强度不符合国家法律法规、工厂及客户要求。解决措施为分析绝缘电阻、介电强度不符合要求的原因是在技术工艺、生产中的哪一个环节出了问题，再返工返修，按照要求重新制品，或进行报废。

4.功能性。产成品的功率、灵敏度、耐压性不符合工厂及客户要求。解决措施为分析功率、灵敏度、耐压性不符合要求的原因，辨析是材料还是工艺工序导致的结果，再返工返修，按照要求重新制品，或进行报废。

5.安全性。产成品的耐火性、防水性不符合国家法律法规、工厂及客户要求。解决措施为分析耐火性、防水性不符合要求的原因，辨析问题是材料还是工艺工序导致的，返工返修，重新制品，或进行报废。

6.环保性。产成品的有害物质含量不符合国家法律法规、工厂及客户要求。解决措施为分析有害物质含量不符合要求的原因，返工返修，严格把控处理有害物质的工作环节，重新制品，或进行报废。

7.可靠性。产成品的寿命、可维修性、环境适应性不符合工厂及客户要求。解决措施为返工返修，重新制品，生产人员及技术工艺人员对产品的寿命、可维修性、环境适应性及相关处理环节进行严格把控。

第15条　培训质量检验人员。

1.明确培训目标。确定质量检测人员的培训目标，如提高检测技能、掌握质量标准等。

2.选择培训方法。

（1）理论培训。针对质量检验人员的理论知识薄弱的问题，工厂可以组织相关的理论培训，对质量检验的基本理论、测量仪器的原理和使用方法、产品标准和质量检验规范等进行培训。

（2）实践培训。针对质量检验人员实践经验不足的问题，工厂可以组织相关的实践培训，对产品进行实际检测、处理质量问题的实践技能等进行培训。

（3）案例培训。针对质量检验人员处理质量问题能力不足的问题，工厂可以组织相关的案例培训，通过分析真实的质量问题和处理过程，让质量检验人员学习如何正确、有效地处理质量问题。

（4）自主学习。针对质量检验人员缺乏自主学习动力和能力的问题，工厂可以组织相关的自主学习活动，如组织研讨会、分享会等，促进质量检验人员的自主学习能力的提高。

3.评估培训效果。通过考试、问卷、讨论等方式，评估质量检测人员的培训效果，并对培训计划进行适当的调整。

4.培训质量检验人员成本费用中，材料、场地费用一般为＿＿＿～＿＿＿元，课时培训费用为每位讲师＿＿＿～＿＿＿元/天。

第16条 批次管理。

1.建立产成品批次管理的相关文件档案，记录批次编号规则、批次名称、批次数量、批次状态等信息，确保批次管理工作有章可循。

2.确定批次管理的流程，包括入库、出库、库存管理、质量追溯等环节的具体操作规范。

3.定期监督批次管理工作，包括对批次信息的核对、库存管理的检查、质量追溯的跟进等，确保批次管理工作的有效性和准确性。

4.批次管理费用一般为＿＿＿～＿＿＿元。

第17条 建立质量反馈机制。根据产成品质量问题的严重性与紧急性，质检人员应于3日内反馈质量检测问题，并及时采取措施解决问题。

第4章 半成品、产成品质量检验成本控制考核

第18条 半成品、产成品质量检验成本控制由人力资源管理部与质量管理部负责人共同实施，其考核对象为质量管理人员。

第19条 半成品、产成品质量检验成本控制考核每月一次，考核指标单项满分为100分，其具体考核标准如下。

（1）半成品、产成品质量检验成本预算（15%）：半成品、产成品质量检验成本预算是否具备相关审批文件，是否全面，若缺项1次，扣5分，若没有相关审批文件，则该项不得分。

（2）半成品、产成品检验方案（15%）：半成品、产成品检验方案是否具备相关审批文件，是否全面，若缺项1次，扣5分，若没有相关审批文件，则该项不得分。

（3）发现并解决半成品、产成品质检问题（40%）：若出现1次半成品或产成品质检问题没有被发现解决的情况，扣5分。

（4）质检人员培训成本费用（20%）：质检人员培训成本费用是否控制在工厂要求范围内，每超＿＿＿元，扣5分。

（5）半成品、产成品批次管理成本费用（5%）：半成品、产成品批次管理成本费用是否控制在工厂要求范围内，每超＿＿＿元，扣5分。

（6）半成品、产成品质量反馈机制（5%）：是否建立半成品、产成品质量反馈机制，反馈、处理是否及时，出现1次不及时反馈、处理情况，扣5分，若没有建立半成品、产成品质量反馈机制，该项不得分。

第20条　半成品、产成品质量检测与控制考核等级及奖惩。

1.A级：考核得分在90（含90）～100分，奖励质量管理部相关人员＿＿＿元。

2.B级：考核得分在75（含75）～90分，奖励质量管理部相关人员＿＿＿元。

3.C级：考核得分在60（含60）～75分，不奖励、不惩罚。

4.D级：考核得分在60分以下，扣罚质量管理部相关人员＿＿＿元。

5.该项考核的奖金与扣罚随月工资一并实施。

第5章　附则

第21条　本制度由质量管理部、人力资源管理部共同负责编制、解释与修订。

第22条　本制度自××××年××月××日起生效。

8.2.3　产品评估、认证质量成本控制办法

本办法可以解决以下问题：一是产品评估内容不完善、标准不清晰；二是产品强制性认证、非强制性认证流程不明确、费用超标；三是缺乏产品评估、认证质量成本控制考核机制。

产品评估、认证质量成本控制办法

第1章　总则

第1条　为了控制工厂产品评估、认证质量费用，提高产品的质量和市场竞争力，获取更大的商业价值，特制定本办法。

第2条 本办法适用于工厂产品评估、认证质量成本控制工作的管理。

第3条 研发部、质量管理部、技术工艺部各派1名代表组成产品评估、认证质量成本控制小组。

第2章 产品评估、认证质量成本控制

第4条 产品评估质量成本指用于评估产品是否满足工厂规定要求所需的各项费用。工厂应对评估产品性能、安全性、可靠性所产生的费用,以及检验试验、技能培训费用进行控制。

第5条 通过研讨、仪器研究等方式,工厂对产品本身的性能进行评估,评估费用视情况而定。

第6条 通过安全性检测仪器,工厂对产品在使用、储存、运输、销售等过程中,保障人体健康和人身、财产安全免受损伤的能力进行评估。评估费用视情况而定。

第7条 通过可靠性检测仪器,工厂对在规定条件和时间内,完成规定功能的程度和能力进行评估。一般可用功能效率、平均寿命、失效率、平均故障时间、平均无故障工作时间等指标进行评估。评估费用视情况而定。

第8条 工厂质检工作应建立科学的试验和检验标准及流程,确保试验和检验能够有效地发现和解决产品质量问题,提高检验效率和准确性。检验试验费用有以下明细。

1.人工费用。用于支付检测、试验人员的工资,每人＿＿＿~＿＿＿元/天。

2.材料费用。进行试验、检验时所消耗材料的费用,费用根据情况而定。

3.检测仪器设备购置费用。购置检测仪器设备的费用,一般为＿＿＿~＿＿＿元。

4.检测仪器设备折旧费用。检测仪器设备折旧所消耗的费用,费用根据情况而定。

5.燃料动力费用。进行试验、检验时所消耗的燃料动力费,一般为＿＿＿~＿＿＿元。

6.委外试验费用。委托外部单位进行试验的费用,一般为＿＿＿~＿＿＿元。

7.寄运费用。将样品、半成品、成品寄送的费用,费用根据情况而定。

8.差旅费用。员工出差产生的费用,费用根据情况而定。

第9条 工厂应开展技能培训,提高员工的胜任能力,合理分工,提高工作效率,减少部门内冗余人员,从而降低检测人员的工资成本。技能培训费用明细如下。

1.课程费用。用于支付技能培训课程及相关服务的费用,一般为＿＿＿~＿＿＿元。

2.场地及设施设备费。用于支付场地租赁或设备设施投入的费用,一般

为＿＿＿～＿＿＿元。

3.教材、教具、资料费用。用于购买技能培训所需教材、教具、资料的费用，一般为＿＿＿～＿＿＿元。

4.接待费用。用于外聘培训讲师的交通、食宿等费用，一般为每人＿＿＿～＿＿＿元/天。

第10条　产品评估质量成本控制由控制小组实施，其考核对象为该项工作涉及人员。

第11条　产品评估质量成本控制考核每月实行一次，考核指标单项满分为100分，其具体考核标准如下。

1.产品性能（25%）：是否符合工厂及客户要求，根据实际情况打分。

2.产品安全性（25%）：是否符合工厂及客户要求，根据实际情况打分。

3.产品可靠性（25%）：功能效率、平均寿命、失效率、平均故障时间、平均无故障工作时间等指标是否符合工厂及客户要求，若有一项不符合，扣20分。

4.检验试验费（15%）：各明细费用均不超过规定范围，每超过＿＿＿元，扣1分。

5.技能培训费（10%）：各明细费用均不超过规定范围，每超过＿＿＿元，扣1分。

第12条　产品评估质量成本控制考核等级及奖惩。

1.A级：考核得分在90（含90）～100分，奖励该项工作相关人员＿＿＿元。

2.B级：考核得分在75（含75）～90分，奖励该项工作相关人员＿＿＿元。

3.C级：考核得分在60（含60）～75分，不奖励、不惩罚。

4.D级：考核得分在60分以下，扣罚该项工作相关人员＿＿＿元。

5.该项考核的奖金与扣罚随月工资一并实施。

第3章　产品认证质量成本控制

第13条　产品强制性认证（3C）。

1.申请受理与资料审查。

（1）申请成本费用。指工厂向中国质量认证中心申请的费用，一般为＿＿＿～＿＿＿元。

（2）寄送成本费用。指工厂发送或寄送有关文件和资料的费用，一般为＿＿＿～＿＿＿元。

（3）审查成本费用。中国质量认证中心进行工厂资料审查的费用，一般为＿＿＿～＿＿＿元。

2.样品测试。

（1）寄送成本费用。指工厂发送或寄送样品的费用，以及检测机构将试验报告等资料传送至中国质量认证中心的费用，一般为＿＿＿～＿＿＿元。

（2）测试成本费用。检测机构对样品进行测试的费用，一般为＿＿＿～＿＿＿元。

3.合格评定。

合格评定成本费用。中国质量认证中心认证工程师对工厂的申请进行初评及复评的费用，一般为＿＿＿～＿＿＿元。

4.证书批准与保管。

寄送成本费用。中国质量认证中心签发3C证书的费用，一般为＿＿＿～＿＿＿元。

第14条　产品非强制性认证。

1.申请与预评价。

（1）申请成本费用。工厂向认证机构（一般为中国质量认证中心）提交申请的费用，一般为＿＿＿～＿＿＿元。

（2）预评价成本费用。认证机构根据申请材料，在检查和文件审查的基础上，对产品的质量体系进行预评价的费用，一般为＿＿＿～＿＿＿元。

2.文件评审。

评审成本费用。预评价通过后，认证机构对产品的质量体系文件进行评审的费用，一般为＿＿＿～＿＿＿元。

3.样品检验。

（1）寄送成本费用。指工厂发送或寄送样品的费用，一般为＿＿＿～＿＿＿元。

（2）检验成本费用。检验检测机构对工厂提供的样品进行检验的费用，一般为＿＿＿～＿＿＿元。

4.产品试制。

试制成本费用。在样品检验通过后，工厂进行产品试制的费用，一般为＿＿＿～＿＿＿元。

5.认证决定。

（1）寄送成本费用。指认证机构寄送证书的费用，一般为＿＿＿～＿＿＿元。

（2）认证成本费用。根据检验和试制结果，认证机构对工厂产品进行认证的费用，一般为＿＿＿～＿＿＿元。

6.监督管理。

监督管理成本费用。认证机构每年对获证的工厂进行一次年度监督的费用，一般为＿＿＿～＿＿＿元。

第15条　产品认证质量成本控制由控制小组实施，其考核对象为该项工作涉及人员。

第16条　产品认证质量成本控制考核每月一次，考核指标单项满分为100分，其具体考核标准如下。

（1）产品强制性认证成本控制（50%）：产品强制性认证成本各项明细不超过规定范围，每超过＿＿元，扣1分。

（2）产品非强制性认证成本控制（50%）：产品非强制性认证成本各项明细不超过规定范围，每超过＿＿元，扣1分。

第17条　产品认证质量成本控制考核等级及奖惩。

1.A级：考核得分在90（含90）～100分，奖励该项工作相关人员＿＿元。

2.B级：考核得分在75（含75）～90分，奖励该项工作相关人员＿＿元。

3.C级：考核得分在60（含60）～75分，不奖励、不惩罚。

4.D级：考核得分在60分以下，扣罚该项工作涉及人员＿＿元。

5.该项考核的奖金与扣罚随月工资一并实施。

第4章　附则

第18条　本办法由质量管理部、人力资源管理部共负责编制、解释与修订。

第19条　本办法自××××年××月××日起生效

8.3　产后质量成本控制

8.3.1　产后质量成本控制问题清单

产后质量成本控制问题清单如表8-3所示。

表8-3　产后质量成本控制问题清单

序号	问题	具体描述
1	缺乏废品损失控制机制	因产品达不到质量要求且无法修复或在经济上不值得修复导致报废所产生的损失费用，若没有相应机制，则造成大量浪费

续表

序号	问题	具体描述
2	缺乏返工返修损失控制机制	为修复不合格产品，并使之达到质量要求所支付的费用，若没有相应机制，则造成大量浪费
3	缺乏产品降价损失控制机制	分析、确定、追踪、归档产品降价而产生的损失费用，若没有相应机制，则造成大量浪费
4	缺乏客户投诉处理费用控制机制	处理客户因产品质量而投诉的费用，若没有相应机制，则造成大量浪费

8.3.2 产品售后质量问题成本控制方案

本方案可以解决以下问题：一是退货废品损失成本控制机制不及时、无效及开工前检验不完善；二是返工返修流程缺项及量产前缺乏监督、记录；三是产品降价处理不合理、不及时、无效及出售前缺少再次检验。

产品售后质量问题成本控制方案

一、目标

有效控制产品售出后因各类问题而产生的损失成本。

二、废品损失成本控制

1.废品损失成本应从建立退货报废机制、开工前检验检查等方面进行控制。

2.建立工厂退货报废机制。

（1）制定退货报废政策。明确退货报废的标准和程序，以及报废品的处理方式。

（2）不良品与报废品区别。对于不良品，可以进行返修或降价处理；对于报废品，应当根据实际情况决定是否可以再利用。

（3）报废责任制。明确退货报废品损失责任制，以确保报废品的申请、评审、处置等工作有专人负责管理。

（4）报废品处理。根据实际情况，对于报废品可进行返修、再利用等方式处理；对于无法再利用的报废品，应当按照相关规定进行安全处理。

（5）加强记录统计。工厂应采用合适的统计方法，对生产过程的异常实施重点记录统计。

（6）监督与改进。定期对报废机制进行监督和改进，及时发现问题和不足，以持续提升报废工作的效率和质量。

3.开工前的检验检查。

（1）定期维护。定期对生产仪器设备进行调试、养护、维修。

（2）加强原材料检验。工厂应对原材料进行严格的检验和控制，确保原材料的质量符合要求。

（3）加强过程控制检验。工厂应对生产过程中的人、机、料、法等关键环节进行严格的检验和控制，确保产品符合标准和规定。

（4）其他。完善作业指导书，改善相关工艺设备、装备。

三、返工返修损失成本控制

1.返工返修成本应从建立返工返修机制、量产前全面监控等方面进行控制。

2.建立工厂返工返修机制。

（1）制定返工返修标准。根据产品售后出现的问题，制定合理的返工返修标准。返工返修标准应该明确返工返修的程度、时间、操作规范等。

（2）确定返工返修方式。根据返工返修标准，确定返工返修的方式和责任人。返工返修的方式包括全部返工返修、部分返工返修或者不进行返工返修等。责任人应该根据问题的性质和影响范围，确定具体的责任范围和时间安排。

（3）下发退货返工返修单。根据确定的返工返修方式和责任人，下发"退货产品返工返修单"给相关部门或责任人。"退货产品返工返修单"应详细说明返工返修的要求、时间、操作规范等。

（4）跟进返工返修进度。在进行返工返修前，要及时跟踪生产进度，确保返工返修工作按时完成。

（5）处理返工返修产品。在返工返修完成后，要及时处理已完成的产品，避免浪费和不必要的报废。

3.量产前全面监控。

产品在量产之前，工厂应组织产品试产大会，对试产流程进行全面监控，全程探查和记录不良产品的相关信息，并进行不良原因分析，降低量产出售后发生返工返修的概率。

四、产品降价损失成本控制

1.返工返修成本应从建立产品降价处理机制、出售前检验检查等方面进行控制。

2.建立产品降价处理机制。

（1）确定降价原因。确定产品降价的原因，降价原因一般包括产品质量问题、市场竞争压力、季节性因素等。

（2）制定降价方案。根据确定的降价原因，制定相应的降价方案，确定降价幅度、促销时间等。

（3）实施降价方案。实施制定好的降价方案，可以采取多种形式，如在线促销、打折销售、赠送礼品等。

（4）监测销售情况。在降价方案实施过程中，需要密切监测销售情况，根据销售情况及时调整降价方案。

（5）评估效果。在降价方案实施完成后，需要对降价效果进行评估，评估销售量、市场占有率、客户满意度等指标，以确定降价方案的实施效果。

（6）调整和优化。根据评估结果，对降价处理机制进行调整和优化，如果发现存在问题，及时进行修正和改进。

3.出售前检验检查。

产品在出售之前，质量管理人员应再次对产品进行检验检查，全程探查和记录不良产品的相关信息，进行不良原因分析，对筛选出来的不良品进行分类处理、返工返修，降低出售后发生返工返修的概率。

五、客户投诉处理费成本控制

1.客户投诉处理成本应从建立客户投诉处理机制、进行客服人员培训等方面进行控制。

2.建立客户投诉处理机制。

（1）确定投诉处理流程。制定明确的客户投诉处理流程，包括收到投诉、确认投诉内容、记录投诉内容、采取行动、跟踪处理进展和解决问题等步骤。

（2）确定投诉处理渠道。选择适合工厂的投诉渠道，包括电话、电子邮件、在线投诉等。

（3）建立客户反馈通道。向客户反馈投诉处理进度，考虑或者采纳其提供的意见。

3.进行客服人员培训。

（1）培训内容。

①知识培训。包括产品知识、行业知识、市场趋势、客户需求、安全意识、法律法规、消费者权益保护、订单处理、客户服务流程、投诉处理流程等。

②技巧培训。包括沟通技巧、问题解决能力、服务礼仪、语言表达能力等。

③素养培训。包括心理素质、职业素养、职业道德等。

（2）工厂于客服培训结束前一周，对相关人员进行书面及实践考核，两项考核得分均不低于80分即算通过考核。

8.4　产品质量成本如何"降本增利"

8.4.1　产品质量成本"降本增利"实施要点

产品质量成本费用"降本增利"能够提高工厂的经济效益及市场挑战能力，不断开拓质量方面的新领域，并满足潜在需求。产品质量成本费用控制"降本增利"实施要点如图8-1所示。

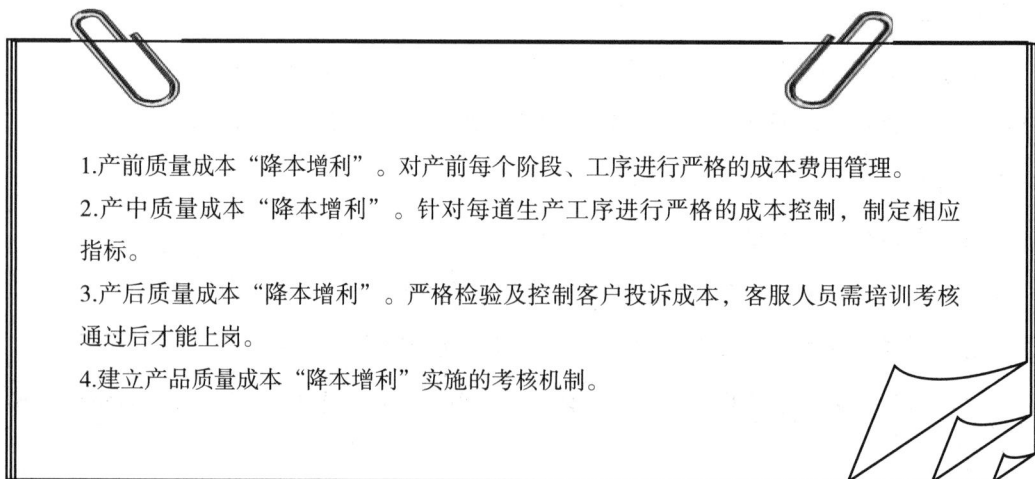

1.产前质量成本"降本增利"。对产前每个阶段、工序进行严格的成本费用管理。

2.产中质量成本"降本增利"。针对每道生产工序进行严格的成本控制，制定相应指标。

3.产后质量成本"降本增利"。严格检验及控制客户投诉成本，客服人员需培训考核通过后才能上岗。

4.建立产品质量成本"降本增利"实施的考核机制。

图8-1　产品质量成本"降本增利"实施要点

8.4.2 产品质量成本"降本增利"实施细则

本细则可以解决以下问题：一是产品产前、产中、产后质量成本费用明细不完善、不详细、不量化；二是产品产前、产中、产后质量成本费用预算考核要点不明确、内容标准不清晰、奖惩不合理。

产品质量成本"降本增利"实施细则
第1章 总则

第1条 为了保证产品在质量、成本和效益三者之间达到最佳平衡，提高工厂的经济效益，实现"降本增利"，特制定本细则。

第2条 本细则适用于产品质量成本费用"降本增利"工作的管理，除另有规定外，均需参照本细则执行。

第3条 质量管理部、生产部、技术工艺部、财务部各选派1名代表组成产品质量成本控制小组。

第2章 产前质量成本"降本增利"

第4条 产前质量成本构成。

1. 设计阶段预防成本。包含产品设计成本、工艺设计成本、工序设计成本等。

2. 研发阶段预防成本。包括研发培训、评审、改进措施、工资等费用。

3. 量产阶段预防成本。包括质量培训、管理、评审、改进措施、工资等费用。

第5条 设计阶段预防成本。

1.产品设计成本费用构成明细及标准。

（1）人工费用。产品设计人员的薪资，按照工厂薪酬规定实施，每人＿＿~＿＿元/天。

（2）研讨费用。技术研讨产生的费用，控制在＿＿~＿＿元。

（3）其他费用。咨询费用控制在＿＿~＿＿元，专利申请费用控制在＿＿~＿＿元，其他根据实际情况而定。

2.工艺设计成本费用构成明细及标准。

（1）人工费用。工艺设计人员的薪资，按照工厂薪酬规定实施，每人＿＿~＿＿元/天。

（2）工艺设计评审费用。聘请评审人员的费用，每人＿＿＿～＿＿＿元/天。

（3）工艺设计验证费用。验证人员的费用，每人＿＿＿～＿＿＿元/天。

（4）工艺设计确认费用。确认人员的费用，每人＿＿＿～＿＿＿元/天。

3.工序设计成本费用包括人工费用及研究费用，人工费用按照工厂薪酬规定实施，每人＿＿＿～＿＿＿元/天；研究费用控制在＿＿＿～＿＿＿元。

第6条　研发阶段预防成本。

1.研发培训费用构成明细及标准。

（1）课程费用。支付研发培训课程及相关服务的费用，控制在＿＿＿～＿＿＿元。

（2）场地及设施设备费用。支付场地租赁或设备设施投入的费用，控制在＿＿＿～＿＿＿元。

（3）物料、资料费用。用于购买研发培训所需物料、资料的费用，控制在＿＿＿～＿＿＿元。

（4）接待费用。用于接待外聘培训讲师产生的交通、食宿等费用，控制在＿＿＿～＿＿＿元。

2.研发改进措施费用。指建立研发体系、提高研发质量、改变研发设计等产生的费用，控制在＿＿＿～＿＿＿元。

3.研发评审费用构成明细及标准。

（1）资料费用。购买评审研发产品所需资料的费用，控制在＿＿＿～＿＿＿元。

（2）场地及设施设备费用。支付场地租赁或设备设施投入的费用，控制在＿＿＿～＿＿＿元。

（3）评审人员工资费用。聘用评审人员的工资，每人＿＿＿～＿＿＿元/天。

（4）研发人员工资及福利费用。按照工厂薪酬制度实施，每人＿＿＿～＿＿＿元/天。

第7条　量产阶段预防成本。

1.质量培训费用构成明细及标准。

（1）课程费用。支付质量培训课程及相关服务的费用，控制在＿＿＿～＿＿＿元。

（2）场地及设施设备费用。支付场地租赁或设备设施投入的费用，控制在＿＿＿～＿＿＿元。

（3）教材、物具、资料费用。购买质量培训所需教材、物具、资料的费用，控制在＿＿＿～＿＿＿元。

（4）接待费用。接待外聘质量培训讲师产生的交通、食宿等费用，控制在＿＿＿~＿＿＿元。

2.质量管理活动费用。指实施质量管理活动（制定质量方针、质量策划、质量控制、质量保证等）所需的费用，控制在＿＿＿~＿＿＿元。

3.质量改进措施费用。指建立质量管理体系、提高产品质量、改变产品设计等产生的费用，控制在＿＿＿~＿＿＿元。

4.质量评审费用构成明细及标准。

（1）资料、物料费用。购买质量评审所需资料、物料的费用，控制在＿＿＿~＿＿＿元。

（2）场地及设施设备费用。支付场地租赁或设备设施投入的费用，控制在＿＿＿~＿＿＿元。

（3）质量评审人员工资。聘用评审人员的工资，每人＿＿＿~＿＿＿元/天。

5.质量管理人员工资及福利费用按照工厂薪酬制度实施，每人＿＿＿~＿＿＿元/天。

第3章　产中质量成本"降本增利"

第8条　产中质量成本。

1.半成品、产成品质量检验成本。包括检测、人员培训、批次管理等费用。

2.产品评估、认证质量成本。产品评估质量成本指评估产品性能、安全性、可靠性所产生的费用，以及检验试验、技能培训等产生的费用；产品认证质量成本指强制性认证、非强制性认证的费用。

第9条　半成品、产成品质量检验成本。

1.质检费用。支付质检人员的工资，每人＿＿＿~＿＿＿元/天；质检仪器维护保养费用，控制在＿＿＿~＿＿＿元；供应商管理费用，控制在＿＿＿~＿＿＿元。

2.人员培训费用。包含培训讲师费用、物资物料费用等，控制在＿＿＿~＿＿＿元。

3.批次管理成本费用。标识与记录不良品，进行批次管理的费用，控制在＿＿＿~＿＿＿元。

第10条　产品评估质量成本。

1.检验试验费用有以下明细。

（1）人工费用。支付给检测、试验人员的工资，每人＿＿＿~＿＿＿元/天。

（2）材料费用。进行试验、检验时所消耗材料的费用，控制在＿＿＿~＿＿＿元。

（3）检测仪器设备购置费用。购置检测仪器设备的费用，控制在＿＿＿~＿＿＿元。

（4）寄运费用。将样品、半成品、成品寄送的费用，控制在＿＿＿～＿＿＿元。

2.技能培训费用有以下明细。

（1）课程费用。支付技能培训课程及相关服务的费用，控制在＿＿＿～＿＿＿元。

（2）场地及设施设备费用。支付场地租赁或设备设施投入的费用，控制在＿＿＿～＿＿＿元。

（3）教材、教具、资料费用。购买技能培训所需教材、教具、资料的费用，控制在＿＿＿～＿＿＿元。

（4）接待费用。用于外聘培训讲师的交通、食宿等费用，控制在＿＿＿～＿＿＿元。

第11条　产品认证质量成本。

1.产品强制性认证（3C）成本费用。

（1）申请受理与资料审查。

①申请费用。指工厂向中国质量认证中心申请的费用，一般为＿＿＿～＿＿＿元。

②寄送费用。指工厂寄送有关文件和资料的费用，一般为＿＿＿～＿＿＿元。

③审查费用。中国质量认证中心进行工厂资料审查的费用，一般为＿＿＿～＿＿＿元。

（2）样品测试。

①寄送费用。指工厂寄送样品的费用，以及检测机构将试验报告等资料传送至中国质量认证中心的费用，一般为＿＿＿～＿＿＿元。

②测试费用。检测机构对样品进行测试的费用，一般为＿＿＿～＿＿＿元。

（3）合格评定。

合格评定费用。中国质量认证中心认证工程师对工厂的申请进行初评及复评的费用，一般为＿＿＿～＿＿＿元。

（4）证书批准与保管。

寄送费用。中国质量认证中心签发3C证书的费用，一般为＿＿＿～＿＿＿元。

2.产品非强制性认证成本费用。

（1）申请与预评价。

①申请费用。工厂向认证机构（一般为中国质量认证中心）提交申请的费用，一般为＿＿＿～＿＿＿元。

②预评价费用。认证机构根据申请材料，在检查和文件审查的基础上，对产品的质量体系进行预评价的费用，一般为＿＿＿～＿＿＿元。

（2）文件评审。

评审费用。预评价通过后，认证机构对产品的质量体系文件进行评审的费用，一般为____～____元。

（3）样品检验。

①寄送费用。指工厂寄送样品的费用，一般为____～____元。

②检验费用。检验检测机构对工厂提供的样品进行检验的费用，一般为____～____元。

（4）产品试制。

试制费用。在样品检验通过后，工厂进行产品试制的费用，一般为____～____元。

（5）认证决定。

①寄送费用。指认证机构寄送证书的费用，一般为____～____元。

②认证费用。根据检验和试制结果，认证机构对工厂产品进行认证的费用，一般为____～____元。

（6）监督管理。

监督管理费用。认证机构每年对获证的工厂进行一次年度监督的费用，一般为____～____元。

第4章　产后质量成本"降本增利"

第12条　产后质量成本包括废品损失、返工返修、产品降价、客户投诉处理等费用。

第13条　废品损失费用。

1.建立报废机制的费用应控制在____～____元。

2.开工前检验费用包括人工费用、仪器费用等，应控制在____～____元。

3.寄送运输费用应控制在____～____元。

第14条　返工返修费用。

1.建立返工返修机制的费用应控制在____～____元。

2.量产前全面监测费用包括人工费用、仪器费用等，应控制在____～____元。

3.寄送运输费用应控制在____～____元。

第15条　产品降价处理费用。

1.建立返工返修机制的费用，应控制在____～____元。

2.出售前再次检验费用包括人工费用、仪器费用等，应控制在____～____元。

3.降价前后的差距应控制在____~____元。

第16条　客户投诉处理费用。

1.建立客户投诉处理机制的费用，应控制在____~____元。

2.岗前培训费用包括课时费用、物资物料费用等，应控制在____~____元。

第5章　产品质量成本控制"降本增利"实施考核

第17条　将产品产前、产中、产后质量成本费用的工作进行层层分解，落实到各个部门和责任人，确保各项工作得到有效推进。

第18条　产品质量成本控制"降本增利"实施的考核由产品质量成本控制小组负责，其考核对象为该项工作涉及人员。

第19条　产品质量成本费用预算考核每年一次，考核指标单项满分为100分，其具体考核标准如下。

（1）产前质量成本控制（35%）：各项明细成本费用不超过工厂规定水平，若有1项明细费用超过规定____元，扣5分。

（2）产中质量成本控制（35%）：各项明细成本费用不超过工厂规定水平，若有1项明细费用超过规定____元，扣5分。

（3）产后质量成本控制（30%）：各项明细成本费用不超过工厂规定水平，若有1项明细费用超过规定____元，扣5分。

第20条　产品质量成本费用预算考核等级及奖惩。

1.A级：考核得分在90（含90）~100分，奖励该项工作相关人员____元。

2.B级：考核得分在75（含75）~90分，奖励该项工作相关人员____元。

3.C级：考核得分在60（含60）~75分，不奖励、不惩罚。

4.D级：考核得分在60分以下，扣罚该项工作相关人员____元。

5.该项考核的奖金与扣罚随年终奖一并实施。

第6章　附则

第21条　本细则由质量管理部、人力资源管理部共同负责编制、解释与修订。

第22条　本细则自××××年××月××日起生效。

09

第9章

工厂设备成本费用"精细化"

9.1 设备成本费用控制

9.1.1 设备管理费用控制问题清单

设备管理费用控制问题清单如表9-1所示。

表9-1 设备管理费用控制问题清单

序号	问题	具体描述
1	购置价格不合理	在设备选型时没有进行全面考量、充分比对和评估，导致购置价格不合理
2	维修保养不及时	没有定期维修保养设备，导致设备出现故障，造成损失
3	更新换代不及时	没有对设备进行定期更新换代与升级，影响生产进度与质量

9.1.2 设备采购成本控制办法

本办法可以解决以下问题：一是缺乏有效、规范的设备采购成本预算管理机制；二是设备采购成本各项明细费用不详细、不合理；三是设备采购成本控制考核没有明确标准及奖惩机制。

设备采购成本控制办法
第1章 总则

第1条 为了通过合理的设备采购策略、流程和操作方法，降低设备采购成本，提高工厂的利润率，特制定本办法。

第2条 本办法适用于工厂的设备采购成本控制工作。

第3条 设备采购成本控制工作由工厂采购部负责执行。

第4条 工厂设备采购成本控制要点。

1.做好设备采购成本预算管理。

2.对设备采购成本各项费用进行管控，包括供应商管理服务成本费用、设备采购费用、运输费用、装卸费用、设备质量评估费用及相关人员工资。

3.做好设备采购成本控制考核工作。

第2章 设备采购成本预算管理

第5条 需求分析。采购部应对工厂设备采购的需求进行分析,明确采购的设备类型、规格、数量、性能等要求。

第6条 成本估算。在确定采购需求后,采购部应对设备的成本进行估算,包括采购设备的供应商管理服务成本、人员工资成本和采购设备的原材料成本、制造成本、运输成本等。

第7条 竞争分析。在进行成本估算后,采购部应对市场上的设备采购竞争进行分析,对竞争对手的价格、质量、服务等因素进行分析,以便选择最优的供应商。

第8条 采购计划制订及执行。根据竞争分析的结果,制订设备采购计划,计划包括采购时间、采购数量、采购价格等;在签订采购合同后,需要按照合同约定执行采购任务,包括验收、付款等环节。

第9条 成本分析与优化。在设备采购过程中,需要定期对采购成本进行分析,找出成本超支的原因,并对采购流程进行优化,以降低采购成本。

第10条 审核审批。设备采购成本预算管理需形成文件,经采购部负责人和财务部审核及工厂总经理审批后才能生效执行。

第3章 设备采购成本各项费用管控

第11条 供应商管理服务成本费用。采购部选择设备供应商时,应重点考虑供应商的背景信誉、提供的设备情况(类型、规格、性能和质量是否符合采购需求)、技术能力、售后服务水平、管理服务费用的合理性及合作的稳定性等。采购部通过比较多个供应商的方案和报价,择优而取,供应商管理服务成本应控制在____~____元。

第12条 设备采购费用。采购部应通过多方比较,选择生产能力、可靠性、质量、成本和效率等各方面最合理且符合工厂采购要求的设备。设备采购费用应控制在____~____元。

第13条 设备运输费用。设备运输费是指将设备从供应商处运输到工厂所在地的费用。设备运输费用的计算一般根据设备的重量、体积、运输距离与方式等因素来确定。设备运输费用应控制在____~____元。

第14条 装卸费用。设备装卸费用是指将设备从供应商处运输到工厂所在地并将其安装到位所需要的人工和机械费用（安装设备时可能需要的钻孔、焊接、测试等附加工作）。设备装卸费的计算通常根据设备的重量、体积、装卸方式、安装现场的具体情况等因素来确定。装卸费用应控制在____～____元。

第15条　设备质量评估费用。设备质量评估费是指对设备进行全面的质量检测和评估的费用。具体费用根据设备类型、检测项目、评估周期、评估仪器等因素来确定。设备质量评估费用应控制在____～____元。

第16条　人员工资。支付给设备采购、运输、装卸、评估人员的工资费用，应控制在____～____元。

第4章　设备采购成本控制考核

第17条　设备采购成本控制考核由产品质量成本控制小组负责执行，其考核对象为该项工作涉及人员。

第18条　设备采购成本控制考核每月进行一次，考核指标单项满分为100分，其具体考核标准如下。

1.设备采购成本预算管理（40%）：根据设备采购成本预算文件的内容是否详细、完整来评分，若该预算文件没有通过审核审批，则该项不得分。

2.设备采购成本各项费用管控（60%）：各项成本费用不超过工厂规定水平，若有1项明细费用超过规定____元，扣1分。

第19条　产品质量成本费用预算考核等级及奖惩。

1.A级：考核得分在90（含90）～100分，奖励涉及该项工作的人员____元。

2.B级：考核得分在75（含75）～90分，奖励涉及该项工作的人员____元。

3.C级：考核得分在60（含60）～75分，对涉及该项工作的人员不奖励、不惩罚。

4.D级：考核得分在60分以下，扣罚涉及该项工作的人员____元。

5.该项考核的奖金与扣罚随月工资一并实施。

第5章　附则

第20条　本办法由采购部负责编制、解释与修订。

第21条　本办法自×××年××月××日起生效。

9.1.3　设备智能化升级改造成本控制方案

本方案可以解决以下问题：一是无法确定设备智能化升级改造目标范围；二是无法分类设备、不确定设备如何进行智能化升级改造、相关费用不明确；三是缺乏设备智能化升级改造成本控制考核机制。

设备智能化升级改造成本控制方案

一、目标

实现设备智能化升级改造的经济性和高效性，提高设备的效率、质量和可靠性，降低设备的运行成本和维护成本。

二、控制要点

1.确定设备智能化升级改造目标，对现有设备进行评估，根据升级改造目标及评估结果，选择相应的智能化技术。

2.进行设备智能化升级改造成本控制考核。

三、设备智能化升级改造成本控制

1.确定设备智能化升级改造目标。

明确设备升级改造的目标和需求，包括实现设备的自动化控制和远程控制、提高设备的可靠性和稳定性、增强设备的安全性（加密、验证）、提高设备效率、实现设备智能化监管等。

2.评估现有设备。

通过技术参数、运行数据、故障记录等对现有设备进行评估，了解其性能、状况和潜在问题。评估费用控制在____～____元。

3.设备分类及确定智能化升级改造费用。

（1）传感器智能化升级改造。

①传感器。用于实时监测和采集各种数据的设备，包括温度传感器、湿度传感器、压力传感器、流量传感器等。

②智能化升级改造方法。利用新的检测原理和结构实现制造智能传感器，即微机械精细加工工艺设计新型构，以及人工智能材料的自适应、自诊断、自完善、自调节、自修复和自学习的特性。

③该项费用控制在＿＿＿～＿＿＿元。

（2）自动化控制设备智能化升级改造。

①自动化控制设备。用于控制和调节工厂生产过程的设备，包括可编程逻辑控制器、分布式控制系统、监控与数据采集系统等。

②智能化升级改造方法。通过机器学习、深度学习、自然语言处理等技术，提高自动化控制设备的自适应性和学习能力；提高自动化控制设备的可视化能力，帮助了解设备的工作状态和运行情况，提高其响应速度。

③该项费用控制在＿＿＿～＿＿＿元。

（3）机器人和自动化设备智能化升级改造。

①机器人和自动化设备。包括工业机器人、自动化生产线、自动化仓储系统等。

②智能化升级改造方法。机器人本体的智能化升级、人机合作改造、数字化技术结合、工业互联网结合；自动化设备可集成其他智能化技术（人工智能、大数据、物联网），优化生产流程，实现生产过程的高效控制。

③该项费用控制在＿＿＿～＿＿＿元。

（4）物联网设备智能化升级改造。

①物联网设备。通过互联网连接并共享数据的设备，包括物联网传感器、智能标签、无线通信模块等。

②智能化升级改造方法。通过升级设备的通信协议和数据传输速度，提高设备之间的连接性；通过增加设备的处理器和内存容量，采用更加高效的数据处理算法和架构，实现更加精准的数据分析和预测；通过加强设备的网络安全性，包括采用加密技术、数据备份和恢复等，提高设备的安全性和可靠性，避免数据泄露和其他安全问题。

③该项费用控制在＿＿＿～＿＿＿元。

（5）能源管理设备智能化升级改造。

①能源管理设备。用于监测、控制和优化能源使用的设备，包括能源监测系统、智能电表、能源管理软件等。

②智能化升级改造方法。开发移动应用程序可提供设备的实时监控、历史数据查询、远程控制等功能，有助于操作人员随时随地掌握设备的状态和运行情况；增加智能控制器可以根据设备的运行状态和用户需求，自动调整设备的运行参数，提高设备的效率和稳定性。

③该项费用控制在＿＿＿ ～ ＿＿＿元。

四、实施考核

1.设备智能化升级改造成本控制考核由采购部负责人及人力资源管理部负责执行，其考核对象为该项工作的涉及人员。

2.设备智能化升级改造成本控制考核每年进行一次，考核指标单项满分为100分，以下为具体考核标准。

（1）确定智能化升级改造目标（20%）：根据实际情况进行评分，若没有确定目标，则该项不得分。

（2）评估现有设备（20%）：费用不超过规定水平，每超过＿＿＿元，扣5分。

（3）设备智能化升级改造成本各项明细费用管控（60%）：各项明细成本费用不超过工厂规定水平，若有1项明细费用超过规定＿＿＿元，扣1分。

3.设备智能化升级改造成本控制考核等级及奖惩。

（1）优：考核得分在90（含90）～100分，奖励涉及该项工作人员＿＿＿元。

（2）良：考核得分在80（含80）～90分，奖励涉及该项工作人员＿＿＿元。

（3）中：考核得分在70（含70）～80分，奖励涉及该项工作人员＿＿＿元。

（4）合格：考核得分在60（含70）～70分，对涉及该项工作的人员不奖励、不惩罚。

（5）不合格：考核得分在60分以下，扣罚涉及该项工作人员＿＿＿元。

（6）该项考核的奖金与扣罚随年终奖一并实施。

9.1.4　自制设备成本控制方案

本方案可以解决以下问题：一是供应链管理没有要点、设备材料检测评估标准不清晰；二是自制设备制造模式不合适、制造工艺不精密造成成本浪费；三是相关人员工资不合理、缺乏考核机制。

自制设备成本控制方案

一、目标

有效控制自制设备成本，增加工厂利润，提升工厂竞争力。

二、控制要点

1.供应链管理。可以保证设备材料的及时供应和采购成本的合理性。

2.采用合适的制造模式与精密的制造工艺。可以提高制造效率、降低材料消耗和生产成本。

3.人员工资管理及考核。将人员数量与工资费用控制在合理范围，并对涉及自制设备成本控制工作的人员进行考核。

三、供应链管理

1.设备材料供应商筛选。

采购部根据采购需求，对设备供应商进行筛选，对供应商资质、质量保证能力、生产能力、交货期、售后服务水平等方面进行审查，确定合格的设备供应商。设备供应商管理服务费用应控制在_____～_____元。

2.设备材料检测评估如表9-2所示。单项指标满分100分。

表9-2　设备材料检测评估

指标	内容	得分标准	打分（分）
物理性能评估（25%）	设备材料的尺寸检测、外观检测、抗压强度检测、抗拉强度检测、硬度检测等是否符合采购需求	1.5项检测均显示性能优秀，90（含）～100分 2.5项检测均显示性能良好，75（含）～90分 3.5项检测均显示性能合格，60（含）～75分 4.有1项检测显示性能不合格，60分以下	
化学性能评估（25%）	设备材料的成分分析、含量检测、密度检测、熔点检测、沸点检测、酸值检测、碱值检测等是否符合采购需求	1.7项检测均显示性能优秀，90（含）～100分 2.7项检测均显示性能良好，75（含）～90分 3.7项检测均显示性能合格，60（含）～75分 4.有1项检测显示性能不合格，60分以下	
物化综合评估（25%）	设备材料的老化测试、电气绝缘检测、抗氧化剂检测、光致抗蚀剂检测等是否符合采购需求	1.4项检测均显示性能优秀，90（含）～100分 2.4项检测均显示性能良好，75（含）～90分 3.4项检测均显示性能合格，60（含）～75分 4.有1项检测显示性能不合格，60分以下	
费用合理性（25%）	设备材料性价比是否合理	根据实际情况进行评分	

3.付款结算与售后服务。

采购部根据合同约定的付款方式和时间，与供应商结算货款。供应商后续应继续提供售后服务支持。付款结算与售后服务费用应控制在＿＿＿～＿＿＿元。

四、采用合适的制造模式和精密的制造工艺

1.合适的制造模式。

（1）自主研发。对于工厂已具有较强实力可以研发的设备，可以选择自主研发制造设备，保证设备的品质和技术水平。自主研发费用应控制在＿＿＿～＿＿＿元。

（2）二手设备升级改造。对于部分设备，工厂不具备自主研发能力，又受限于资金预算，可以考虑采购二手设备进行升级改造，在保证设备质量的前提下，可节约成本，但需要注意采购的二手设备的可靠性和性能是否符合基本要求。二手设备升级改造费用应控制在＿＿＿～＿＿＿元。

（3）联合制造。工厂可以与其他制造商或工厂联合制造设备，分散风险，提高成功率。双方需要协商确定设备生产型号、性能、规模等和利益分配方案。联合制造费用应控制在＿＿＿～＿＿＿元。

2.精密的制造工艺。

（1）机械加工工艺。包括车削、铣削、钻削、磨削、钳工等，机械加工工艺费用应控制在＿＿＿～＿＿＿元。

（2）热处理工艺。包括淬火、回火、退火、渗碳、渗氮等，热处理工艺费用应控制在＿＿＿～＿＿＿元。

（3）表面处理工艺。包括电镀、涂漆、阳极氧化等，表面处理工艺费用应控制在＿＿＿～＿＿＿元。

（4）焊接工艺。包括气焊、电焊、氩弧焊等，焊接工艺费用应控制在＿＿＿～＿＿＿元。

（5）涂装工艺。包括浸渍涂漆、粉末涂装、液态涂料涂装等，涂装工艺费用应控制在＿＿＿～＿＿＿元。

（6）装配工艺。包括固定、密封、调整、润滑等，装配工艺费用应控制在＿＿＿～＿＿＿元。

五、人员工资管理及考核

1.参与自制设备的人员含采购、设计研发、技术工艺及生产相关人员，其工资费用控制在每人＿＿＿～＿＿＿元/天。

2.采购部、设计研发部、技术工艺部、生产部、人力资源管理部各选派1人组成自制设备成本控制考核小组，其考核对象为涉及该项工作的人员。自制设备成本控制考核每季度进行一次，考核指标单项满分为100分，以下为具体考核标准。

（1）供应链管理成本费用（20%）：供应链管理成本费用不超过工厂规定水平，每超过_____元，扣5分。

（2）制造模式成本费用（30%）：选择的制造模式成本费用不超过工厂规定水平，每超过_____元，扣5分。

（3）制造工艺成本费用（30%）：采用的制造工艺成本费用不超过工厂规定水平，每超过_____元，扣5分。

（4）人员工资成本费用（20%）：每人每天工资标准不超过工厂规定水平，每超过_____元，扣5分。

3.自制设备成本控制考核等级及奖惩。

（1）优：考核得分在90（含90）～100分，奖励涉及该项工作人员_____元。

（2）良：考核得分在80（含80）～90分，奖励涉及该项工作人员_____元。

（3）中：考核得分在70（含70）～80分，奖励涉及该项工作人员_____元。

（4）合格：考核得分在60（含70）～70分，对涉及该项工作人员不奖励、不惩罚。

（5）不合格：考核得分在60分以下，扣罚该项工作涉及人员_____元。

（6）该项考核的奖金与扣罚随各季度最后一个月的月度工资一并实施。

9.2　设备维修、维护、保养费用控制

9.2.1　设备维修、维护、保养费用控制问题清单

设备维修、维护、保养费用控制问题清单如表9-3所示。

表9-3　设备维修、维护、保养费用控制问题清单

序号	问题	具体描述
1	缺乏预算管理机制	没有建立合理的设备维修、维护、保养费用预算管理机制，造成缺项、漏项、费用失控等问题
2	缺乏相关费用控制标准	工厂在维修、维护、保养设备时，没有对该涉及项工作的相关费用设置控制标准，也没有进行有效的监督和评估
3	缺乏考核机制	没有对涉及设备维修、维护、保养费用控制的相关人员进行考核

9.2.2　设备更新维修、维护、保养费用控制实施细则

本细则可以解决以下问题：一是缺乏设备更新维修、维护、保养费用预算管理机制；二是设备更新维修、维护、保养费用明细不清晰、控制范围不明确；三是缺乏相关人员考核机制。

设备更新维修、维护、保养费用控制实施细则
第1章　总则

第1条　为了保证设备的正常运行，延长设备的使用寿命，提高设备的效率和生产能力，确保生产能够顺利进行，特制定本细则。

第2条　本细则适用于工厂设备更新维修、维护、保养费用控制工作的管理，除另有规定外，均需参照本细则执行。

第2章　建立预算管理机制

第3条　获取信息。工厂应获取设备更新维修、维护、保养的详细信息，包括设备的型号、使用年限、维修历史、故障原因、维修记录、维修时间等。

第4条　费用估算。根据设备的使用年限、维修历史、故障原因、维修记录、维修时间等因素，结合行业平均维修费用，估算设备的更新维修、维护、保养费用。

第5条　费用细化。对估算的费用进行细化，将估算的费用分解为各个具体的项目、部件、工时等，制订详细的设备更新维修、维护、保养费用预算计划。

第6条　预算审核、审批与实施。为确保预算计划的合理性和可行性，砍掉不必要的预算项目，调整超出预算的部分。预算计划经由采购部、设备管理部、财务部审核

及总经理审批后方可执行。

第7条　预算评估与调整。工厂在制订预算计划后，比较实际费用与预算费用的差异，分析原因，作出及时调整。

第3章　建立费用控制标准

第8条　设备更新费用。为提高设备的性能、生产能力、效率等，对设备进行更新、升级、改造、更换等（包括材料、配套仪器、新设备的采购费用），费用应控制在____~____元。

第9条　日常维护费用。对设备的能源、系统、配套仪器等进行日常维护的费用，应控制在____~____元。

第10条　故障维修费用。为修复设备故障而使用到的零部件、材料等费用，应控制在____~____元。

第11条　保养费用。为保证设备的正常运行，定期对设备进行清洁、润滑、调整和防腐的费用，应控制在____~____元。

第12条　拆装费用。工厂在更新维修、维护、保养设备时，发生的必要的设备移动安装、拆除老旧设备、废弃设备拆除及清理费用，应控制在____~____元。

第13条　人工费用。设备更新维修、维护、保养涉及设备采购人员、检修人员、维护保养人员，按照工厂薪酬标准实施，应控制在每人____~____元/天。

第14条　人员培训费用。包括讲师课时费用、场地租赁费用、物资物料费用等，应控制在____~____元。

第15条　杂项费用。设备更新维修、维护、保养后服务工作所产生的费用，包括清扫、运输废弃物和垃圾等费用，应控制在____~____元。

第4章　人员考核

第16条　采购部、设备管理部、人力资源管理部各选派1人组成设备更新维修、维护、保养费用控制考核小组，其考核对象为涉及该项工作的人员。

第17条　设备更新维修、维护、保养费用控制考核每月度进行一次，考核指标单项满分为100分，以下为具体考核标准。

1.预算管理机制（40%）：根据实际情况进行评分，若没有通过审核审批的设备更新维修、维护、保养费用预算计划文件，则该项不得分。

2.设备更新维修、维护、保养费用控制（60%）：设备更新维修、维护、保养实际使用费用不超过工厂规定的控制标准范围，每超过____元，扣5分。

第18条 设备更新维修、维护、保养费用控制考核等级及奖惩。

1.A级：考核得分在90（含90）～100分，奖励涉及该项工作的人员____元。

2.B级：考核得分在75（含75）～90分，奖励涉及该项工作的人员____元。

3.C级：考核得分在60（含60）～75分，对涉及该项工作的人员不奖励、不惩罚。

4.D级：考核得分在60分以下，扣罚涉及该项工作的人员____元。

5.该项考核的奖金与扣罚随月度工资一并实施。

第5章 附则

第19条 本细则由采购部、设备管理部共同负责编制、解释与修订。

第20条 本细则自××××年××月××日起生效。

9.3 设备报废费用控制

9.3.1 设备报废费用控制问题清单

设备报废费用控制问题清单如表9-4所示。

表9-4 设备报废费用控制问题清单

序号	问题	具体描述
1	设备购买成本不合理	设备供应商选择不当，设备购置不当，造成成本不合理
2	设备运营成本不合理	设备运营流程不完整、不科学，造成设备运营成本不合理
3	维修折旧费用不合理	缺乏设备维护保养机制，导致设备维修折旧费用不合理

9.3.2 设备报废损失最小化方案

本方案可以解决以下问题：一是如何使设备购买成本最小化，同时又能购置到高质量、高性能、生命周期长的设备；二是如何使设备运营成本最小化，同时减少设备故障率和报废损失；三是如何使维修折旧费用最小化，及时发现潜在问题并进行维修。

设备报废损失最小化方案

一、目标

减少工厂的设备资产损失，使得设备报废损失最小化，从而提高工厂的经济效益。

二、设备报废损失最小化要点

1.设备购买成本最小化。选择性价比高的设备供应商，购买高质量、高性能、生命周期长的设备。

2.设备运营成本最小化。通过优化运营流程，提高设备效率和生产力，减少设备故障率和报废损失。

3.维修折旧费用最小化。定期维护和保养设备，确保其正常运行，及时发现潜在问题并进行维修，避免设备过度使用和损坏造成更高的维修折旧费用。

三、设备购买成本最小化

1.设备供应商选择。

采购部根据采购需求，对设备供应商进行筛选，通过评估其资质、产品质量、生产能力、交货期、服务等方面，确定合格的供应商。供应商管理服务费用应控制在____～____元。

2.购买设备的价格应控制在____～____元。购置设备的评估考核如表9-5所示。

表9-5　购置设备的评估考核

指标	内容	得分标准	打分（分）
设备质量（30%）	包括设备的尺寸、颜色、性能、精度、可靠性、效率、噪声、温度、湿度等	每有1项不符合标准，扣10分	
设备生命周期（30%）	设备从投入使用，到技术上或经济上无法使用而退出使用所需的时间	根据实际情况进行评分	
费用合理性（40%）	购买设备的费用是否合理，是否在控制范围内	根据实际情况进行评分，若购置费用超出控制范围，该项不得分	

四、设备运营成本最小化

1.建立设备管理制度。

工厂设备管理部应明确设备管理责任分工，制订设备维修计划，记录设备运行数据，监督设备运行状态，及时解决设备故障，提高设备运行效率。

2.采用现代化的设备管理方法。

工厂设备管理部应利用设备管理软件对设备进行全面监控，实现设备状态实时监测和管理，及时发现设备故障和异常，减少设备停机时间，提高设备运行可靠性。

3.建立设备运营数据分析系统。

工厂设备管理部对设备运营数据进行统计分析，发现设备运行中的问题，及时制定解决方案，提高设备运营效率和经济效益。

4.设备运营成本包括人员工资、监控软件购买费、分析系统购买费等，应控制在＿＿＿～＿＿＿元。

五、维修折旧费用最小化

1.加强设备的日常保养工作。

工厂应加强设备的日常保养工作，设置专员进行设备保养管理，降低或避免发生误保、漏保的情况。设备保养工作须强制执行，并与工厂的奖罚制度挂钩。

2.加强设备的日常巡检工作。

通过智能系统详细记录设备运行情况，设置专员进行设备运行的巡检工作，巡检内容包括设备日常运行情况、运行时间、保养次数等，有利于分析、判断、及时消除设备可能出现的故障隐患。

3.维修折旧费用包括人员工资、奖励、设备维修费、折旧费等，应控制在＿＿＿～＿＿＿元。

六、设备报废损失最小化考核

1.采购部、设备管理部、人力资源管理部各选派1人组成设备报废损失最小化考核小组，其考核对象为涉及该项工作的人员。

2.设备报废损失最小化考核每季度进行一次，考核指标单项满分为100分，以下为具体考核标准。

（1）设备购买成本最小化（30%）：根据实际情况进行评分，购置费用超过控制范围每＿＿＿元，扣1分。若购置设备评估得分在60分以下，则该项不得分。

（2）设备运营成本最小化（30%）：根据实际情况进行评分，设备运营成本超过控制范围每＿＿＿元，扣5分。

（3）维修折旧费用最小化（40%）：根据实际情况进行评分，维修折旧费用超过控制范围每＿＿＿元，扣5分。

3.设备报废损失最小化考核等级及奖惩。

（1）A级：考核得分在90（含90）～100分，奖励涉及该项工作的人员____元。

（2）B级：考核得分在75（含75）～90分，奖励涉及该项工作的人员____元。

（3）C级：考核得分在60（含60）～75分，对涉及该项工作的人员不奖励、不惩罚。

（4）D级：考核得分在60分以下，扣罚涉及该项工作的人员____元。

（5）该项考核的奖金与扣罚随各季度最后一个月的月度工资一并实施。

9.4 设备成本费用控制如何"提质增效"

9.4.1 设备成本费用控制"提质增效"实施要点

工厂可以通过提高设备的生产效率和设备的运行稳定性、降低设备的维修成本等方式，实现设备成本费用控制的"提质增效"增加工厂的经济效益。设备成本费用控制"提质增效"实施要点如图9-1所示。

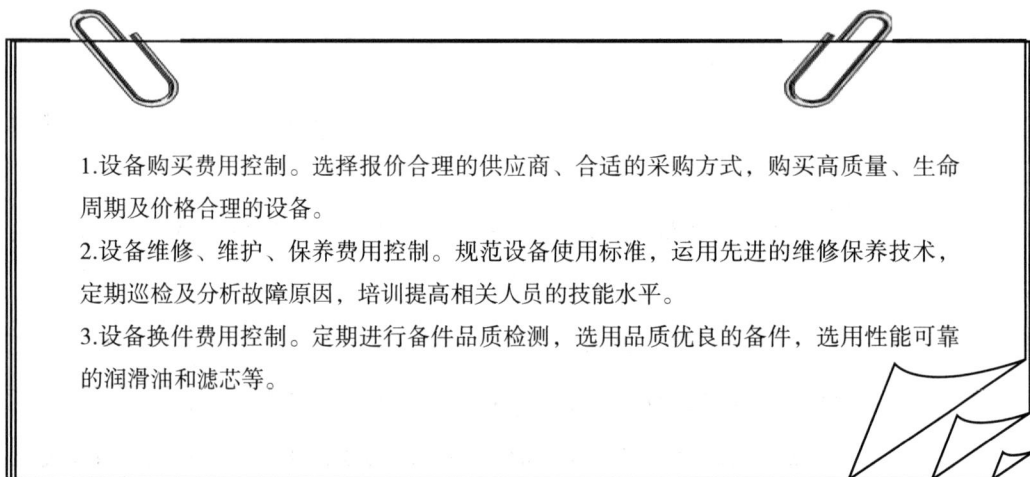

1.设备购买费用控制。选择报价合理的供应商、合适的采购方式，购买高质量、生命周期及价格合理的设备。

2.设备维修、维护、保养费用控制。规范设备使用标准，运用先进的维修保养技术，定期巡检及分析故障原因，培训提高相关人员的技能水平。

3.设备换件费用控制。定期进行备件品质检测，选用品质优良的备件，选用性能可靠的润滑油和滤芯等。

图9-1 设备成本费用控制"提质增效"实施要点

9.4.2　设备成本费用控制"提质增效"实施细则

本细则可以解决以下问题：一是设备供应商管理服务费、设备购买费不合理；二是设备维修、维护、保养费用明细不明晰；三是设备备件品质检测、备件及润滑油、滤芯购买费用不明晰。

设备成本费用控制"提质增效"实施细则

第1章　总则

第1条　为了提升设备质量、运行效率，降低设备的维修成本，提高工厂的经济效益，特制定本细则。

第2条　本细则适用于工厂设备成本费用控制"提质增效"实施工作的管理，除另有规定外，均需参照本细则执行。

第3条　由采购部、设备管理部、财务部各选派1名人员组建成工作小组，负责实施设备成本费用控制"提质增效"工作。

第2章　设备购买费用控制

第4条　设备供应商管理服务费用。采购部根据各部门采购需求，对设备供应商进行筛选，通过评估其资质、产品质量、生产能力、交货期、服务等，对比购买方式，确定合格的供应商。供应商管理服务费用应控制在＿＿＿～＿＿＿元。

第5条　设备购买费用。结合供应商提供的设备产品报告、质检结果对采购需求进行分析，选择适用性强、性能稳定、易于操作、安全可靠、品质有保障且能提供稳定售后服务支持的设备。购买设备的费用应控制在＿＿＿～＿＿＿元。

第6条　购置设备的评估考核内容。

1.设备质量。包括设备的尺寸、颜色、性能、精准度、可靠性、效率、噪声、温度、湿度等。

2.设备生命周期。设备从投入使用，到技术上或经济上无法使用而退出使用所需的时间。

第3章　设备维修、维护、保养费用控制

第7条　设备更新费用。为提高设备的性能、生产能力、效率等，对设备进行更新、升级、改造、更换等（包括材料、配套仪器、新设备的采购费用），费用应控制

在____～____元。

第8条 日常维护费用。日常对设备的能源、系统、配套仪器等进行维护的费用，应控制在____～____元。

第9条 故障维修费用。为修复设备故障而使用到的零部件、材料等费用，应控制在____～____元。

第10条 维修、维护技术费用。通过自动化管理系统、网络管理技术、数据中心管理平台等对设备实行在线及预防性维修、维护，其费用应控制在____～____元。

第11条 保养费用。为保证设备的正常运行，定期对设备进行清洁、润滑、调整和防腐的费用，应控制在____～____元。

第12条 拆装费用。工厂在维修、维护、保养设备时，发生的必要的设备移动安装、拆除老旧设备、废弃设备拆除及清理的费用，应控制在____～____元。

第13条 人工费用。设备维修、维护、保养工作，一般涉及采购人员、检修人员、维护保养人员，其薪酬水平按照工厂薪酬标准实施，应控制在每人____～____元/天。

第14条 人员培训费用。人员培训费用包括讲师课时费、场地租赁费、物资物料费等，应控制在____～____元。

第15条 杂项费用。设备维修、维护、保养后所产生的服务费用，包括清扫、运输废弃物和垃圾等费用，应控制在____～____元。

第4章 设备备件费用控制

第16条 备件品质检测费用。通过外观检测、尺寸测量、光谱分析、力学性能测试、寿命试验、涂层检测等方式，对设备备件的品质进行检测，其费用应控制在____～____元。

第17条 备件购买费用。评估供应商提供的备件报告及质检结果，选择购买高质量、供货及时、价格合理且供应商提供技术支持的备件，其费用应控制在____～____元。

第18条 润滑油及滤芯购买费用。采购部应购买品质优良、与设备适配性良好、耐久性强、环保达标且供应商提供技术支持的润滑油及滤芯，其费用应控制在____～____元。

第5章 附则

第19条 本细则由采购部、设备管理部、人力资源管理部共同负责编制、解释与修订。

第20条 本细则自××××年××月××日起生效。

10

工厂环境与安全生产成本费用"精进化"

10.1　环境管理成本费用控制

10.1.1　环境管理成本费用控制问题清单

环境管理成本费用控制问题清单如表10-1所示。

表10-1　环境管理成本费用控制问题清单

序号	问题	具体描述
1	技术和设备成本高	采用环境友好型技术和设备需要较高的投资成本，这些技术和设备的购买、安装和维护都需要资金支持，这对于一些中小型工厂来说是较重的负担，无力购买或者购买后会造成资金流断裂
2	废物处理和排放处理成本高	工厂在生产过程中产生的废物和排放物必须得到妥善处理和控制，废物处理可能需要采用特殊的方法和设备，而排放控制可能需要使用先进的治理技术，这些过程需要专业知识和经验，且成本较高
3	环境风险管理难度大	工厂经营过程中可能存在各种环境风险，如泄漏和污染等事故，管理这些风险需要制定有效的应急预案和监测措施，以及如何应对突发事件，这些都需要投入相应的资源和精力

10.1.2　环保设备购入成本费用控制方案

本方案可以解决以下问题：一是环保设备购入工作的成本费用构成不明确及控制措施不到位；二是成本费用控制工作要求不规范、不详细；三是成本费用控制的监督管理和考核工作不全面、不到位。

环保设备购入成本费用控制方案

一、目标

指导采购部环保设备购入工作中的成本费用控制工作，节省工厂资金，降低工厂运营成本。

二、环保设备购入成本费用构成

1.设备购买费用。即购买环保设备产生的费用，包括设备的采购费用、运输费用、安装费用等。

2.运营成本。环保设备的运营成本包括设备使用过程中的能源消耗、维护保养、零部件更换成本、设备操作人员的工资等费用。

3.培训费用。为了正确操作和维护环保设备，工厂需要对员工进行培训，培训费用包括培训师的费用、培训材料的成本及员工参与培训的时间成本等。

4.环境评估费用。在购买环保设备之前，工厂需要进行环境评估，以确定所需的设备类型和规模，环境评估费用包括环境咨询机构的费用、环境监测费用等。

5.法律合规成本。购买环保设备需要满足特定的法律法规要求，工厂需要承担与合规性相关的费用，如申请许可证或证书的费用、环境保险费用等。

三、环保设备购入成本控制措施

1.设备购买成本费用控制措施。

（1）比较不同供应商的价格和质量，进行有效的谈判和竞价，以获得最优惠的价格。

（2）考虑租赁环保设备，以降低初始购买费用。

（3）根据设备的预计使用寿命和折旧情况，制订合理的设备采购计划，避免频繁更换设备造成的额外费用。

2.运营成本费用控制措施。

（1）定期进行设备的维护和保养，确保设备正常运行，减少由于设备故障引起的损失和维修费用。

（2）优化设备的能源使用效率，通过改进工艺流程、采用高效能源设备或自动化控制系统来减少能源消耗。

（3）培训操作人员和维护人员，提高其技能水平，以减少操作失误导致设备损坏的风险。

3.培训成本费用控制措施。

（1）针对不同层次和部门的员工，制订有针对性的培训计划，确保培训资源的有效利用。

（2）结合内部培训和外部培训资源，选择适合的培训方式，如在线培训、研讨会等，降低培训成本。

（3）培训后进行评估和跟踪，确保培训的有效性和员工的实际应用能力得到提升。

4.环境评估成本费用控制措施。

（1）提前规划和预测环保设备的需求，避免在实施阶段出现频繁的变更和额外的环境评估费用。

（2）寻找具有良好信誉和专业能力的环境咨询机构，确保评估结果的准确性和可靠性。

（3）在评估过程中积极参与，了解评估方法和结果，确保符合工厂的实际情况和需求。

5.法律合规成本费用控制措施。

（1）及时了解相关法律法规的变化和要求，确保工厂购买的环保设备符合最新的合规标准。

（2）提前规划和预算合规成本，避免因违规而产生的罚款或其他法律风险带来的额外费用。

（3）寻求专业法律顾问或环境专家的建议，确保购买的环保设备符合适用的法律要求。

（4）建立内部合规流程和监测机制，确保所有购买环保设备的流程符合法规要求，并及时更新和记录必要的文件和证明。

四、成本费用控制工作要求

1.预算管理。制定环保设备购入的预算，并对实际支出进行控制和管理，确保在可承受范围内完成购买工作。以下是预算管理的详细要求。

（1）制定预算。在制定预算时，需要考虑法律政策规定、工厂的财务状况、业务需求和其他相关因素。预算应该合理、准确地反映购买环保设备所需的资金。

（2）费用预测和控制。工厂应对环保设备购入费用进行预测和控制，包括对设备价格、运输成本、安装费用、维护费用等进行评估，并将其纳入预算范围。在实际购买过程中，需要对支出进行跟踪和控制，确保不超出预算范围。

（3）管理预算执行。工厂应对预算执行进行监督和管理，确保预算执行过程中的合规性、有效性和准确性。相关工作人员需要进行预算和实际支出之间的比较和分析，及时发现偏差，并采取必要的措施进行调整和控制。

（4）预算沟通和报告。设备管理部和采购部应与相关部门进行有效沟通，应向管理层和决策者提供关于预算执行情况、支出偏差和预算调整的详细报告，以增强透明度、提高决策的准确性和及时性。

（5）优化预算和分析效益。工厂应对环保设备购买的费用和效益进行综合分析和评估，通过与实际效果的比较，评估预算的合理性，并提出改进措施以优化预算的使用。

2.成本评估和分析。对环保设备的购入成本进行评估和分析，包括设备价格、运输成本、安装费用、维护费用等，以确保合理的成本控制。以下是成本评估和分析的详细要求。

（1）设备价格评估。在购买环保设备前，需要对设备的价格进行评估，比较不同供应商的报价，了解市场行情，通过评估设备价格，选择合适的设备，并确保设备购买成本在可控范围内。

（2）运输成本评估。购买环保设备时，运输成本是一个重要因素，考虑设备的尺寸、重量和运输距离，评估运输成本对整体购买成本的影响，包括运输方式（陆运、海运或空运）的选择及相关费用的估算。

（3）安装费用评估。环保设备的安装可能需要支付额外的费用，如人工、材料和工程费用等，评估安装费用时，需要考虑设备的复杂性、规模和安装工艺等因素。

（4）维护费用评估。环保设备的维护是一个持续的成本，维护费用包括设备的定期保养、零部件更换、维修和维护人员的费用等。

（5）成本效益分析。成本效益分析包括评估环保设备购入成本与其带来的效益之间的关系，效益包括环境效益（减少排放、资源利用效率提高）和经济效益（降低运营成本、提高生产效率）等，通过成本效益分析，可以评估购买环保设备的回报和长期营利性。

3.供应商选择与谈判。与供应商进行有效的沟通和谈判，评估不同供应商的报价、技术能力、售后服务等因素，以获得最佳的采购条件。以下是供应商选择与谈判的详细要求。

（1）评估供应商的报价。在购买环保设备前，需要与不同的供应商进行沟通，并评估他们的报价，包括对设备价格的合理性和竞争力进行比较，确保以最优价格购买设备。

（2）技术能力评估。除了价格外，供应商的技术能力也是一个重要因素。评估供应商的技术能力包括其在环保设备领域的经验、技术专长和创新能力等，确保供应商具备提供高质量、符合工厂需求的环保设备的能力。

（3）售后服务考量。售后服务是购买环保设备时评估供应商的重要因素，评估供应商的售后服务包括设备安装、调试、培训、维护和技术支持等，确保供应商能够及时响应和解决设备运行中的问题，以最大限度地减少停机时间和维护成本。

（4）供应商信誉和可靠性。评估供应商的信誉和可靠性是重要的考虑因素，包括供应商的声誉、过去的业绩和客户反馈等，确保选择的供应商具有良好的商业信誉和可靠的交付能力。

（5）谈判策略和技巧。在与供应商进行谈判时，应采用适当的谈判策略和技巧，包括设定谈判目标、掌握谈判信息、灵活运用谈判技巧，以及与供应商进行有效的沟通和协商，谈判的目标是获得最佳的采购条件，包括价格优惠、附加服务或其他合作条件的改善等。

（6）合同条款的谈判和签订。在谈判过程中，确保合同条款能够充分保护工厂的利益，并明确设备的技术规格、交付时间、付款方式、质量保证和售后服务等关键内容，在签订合同之前，仔细审查和理解合同条款，并与供应商进行必要的协商和修改，以确保合同的准确性和合法性。

4.合同管理。与供应商签订合同，确保合同中包含准确的购买要求、价格、质量标准、交货时间等条款，以最大限度地降低风险。

5.技术选型和评估。根据工厂的需求，选择适合的环保设备，评估设备的适应性、性能指标、能耗情况等，以确保设备能够满足要求并具有良好的性价比。

6.维护和运营管理。制订设备维护计划，定期检修和保养设备，确保设备的正常运行和使用寿命的延长。

7.内部审计和合规性。进行内部审计，确保环保设备购入成本控制过程的合规性和有效性，并及时发现和解决问题。

8.数据分析和报告。对环保设备购入成本进行数据分析，编制相应的报告和反馈，为决策提供准确的信息和支持。

9.更新和持续改进。跟踪环保设备市场的最新动态，关注新技术和解决方案的发展，持续改进购入成本控制的方法和策略。

五、环保设备购入标准成本测算

1.确定成本要素。确定用于测算标准成本的关键要素，包括设备价格、运输成本、安装费用、维护费用、能耗成本等，根据具体情况，确定需要纳入标准成本计算的各种成本要素。

2.收集成本数据。收集和整理与每个成本要素相关的数据，与供应商、承运商、安装人员及设备制造商等进行沟通，并获取相关的成本信息和报价，确保收集的数据准确、全面。

3.计算标准成本。根据收集的成本数据，进行标准成本的计算，针对每个成本要素，将具体的成本数值与对应的环保设备相关联，计算得出每个要素的标准成本，考虑到设备的数量和规模，计算得出总体的标准成本。

4.考虑时间因素。在进行标准成本测算时，还需要考虑时间因素，例如，考虑到通货膨胀率、货币汇率的变化及设备价格的变化趋势等，使用适当的方法调整，将成本数值调整为相应的标准时间点上的数值，以获得更准确的标准成本。

5.校对和审查。完成标准成本的计算后，进行校对和审查，仔细审查数据的准确性和完整性，确保没有遗漏或错误，与团队成员、专业人员或财务部门进行核对和讨论，确认测算的准确性。

6.更新和监控。环保设备购入的标准成本是一个动态的过程，随着市场情况和业务需求的变化，标准成本需要进行更新和调整，定期监控和评估标准成本的准确性，并根据实际情况进行修订和调整。

六、环保设备

1.大气污染控制设备。例如，烟气脱硫装置、烟气脱硝装置、颗粒物捕集器等，用于控制工厂废气中的污染物排放。

2.水污染控制设备。例如，废水处理设备、沉淀池、过滤设备、生物处理装置等，用于处理和净化工厂废水，以防止污染水源。

3.固体废物处理设备。用于处理工厂产生的固体废物，例如，垃圾分类设备、压缩机、焚烧炉、填埋场等。

4.噪声控制设备。例如，隔声墙、噪声吸收材料、噪声消声器等，用于减少工厂产生的噪声对周围环境和员工的影响。

5.节能设备。例如，高效照明系统、节能电机、能源回收装置、热能利用设备等，用于降低工厂的能源消耗，提高能源利用效率。

6.环境监测设备。用于监测工厂周围环境的污染物浓度、噪声水平、空气质量等，以确保工厂的环境符合相关标准和法规要求。

七、成本费用控制的监督管理

1.环保设备采购部负责制订采购计划、预算和成本控制策略，自我监督成本控制工作的执行，并与供应商进行谈判和签订合同，确保采购过程中的成本控制符合预算要求，并协调各个环节的工作。

2.财务部负责监督和审计成本控制工作，确保购入环保设备的成本符合预算和会计要求，审核和核对采购合同、发票和支付记录，确保成本数据的准确性和合规性。

3.预算管理委员会负责制定和监督成本预算，与采购部协作，确保成本控制工作在预算范围内进行，追踪和监测实际支出与预算的偏差，并提供预算调整和控制建议。

4.内部审计部负责对成本控制工作进行独立的审计和评估，检查成本控制程序的有效性和合规性，并提供改进建议，确保成本控制的透明度和合规性。

八、成本费用控制监督方法

1.预算监控。通过设立预算和预算控制指标，对成本控制进行定期监控和比较，预算控制部门和财务部门定期检查实际支出与预算之间的差异，并进行分析和解释。

2.绩效评估。根据成本控制目标和绩效指标，对相关部门和个人的绩效进行评估，通过考核成本控制的成果和绩效，激励和推动各方积极参与和支持成本控制工作。

3.定期报告。撰写环保设备采购报告，报告中包括成本控制的挑战和风险，并提供改进措施或建议，报告应提供给管理层，帮助他们了解成本控制的情况，并作出相应的决策和指导。

4.内部沟通和协作。各相关部门之间须定期沟通，分享成本控制的信息和经验，通过定期会议、工作讨论和协作平台，确保各部门的信息共享，以促进成本控制工作的顺利进行。

九、成本控制工作考核

考核环保设备购入的成本控制工作需要明确的指标和措施，以下是一些常见的考核指标和措施。

1.预算执行情况。评估实际支出与预算之间的差异，检查是否在预算范围内完成环保设备的购入工作。可以考虑预算执行率、成本偏差等指标。

（1）预算执行率。预算执行率是指实际支出与预算之间的比率，反映了实际支出在预算范围内的比例。预算执行率=（实际支出/预算）×100%。

①预算执行率高。如果预算执行率接近100%，说明实际支出在预算范围内，表明成本控制工作有效，管理层对预算的控制力度较好。

②预算执行率低。如果预算执行率低于80%或高于120%，说明实际支出过少或过多，表明成本控制工作相对较弱，可能存在成本超支或未能充分利用预算的情况。

（2）成本偏差。成本偏差是指实际支出与预算之间的差异，它表示了实际成本与预期成本之间的偏离程度。成本偏差可以通过计算实际支出减去预算来得到。

①正偏差。如果成本偏差为正值，表示实际支出超过了预算，可能出现成本控制不力的情况。成本控制工作小组需要进一步调查原因并采取适当的措施来控制成本。

②负偏差。如果成本偏差为负值，表示实际支出低于预算，可能表明成本控制工作比较有效。但需要注意，低于预算的支出并不总是良好的，可能会导致资源利用不充分或质量问题。

2.采购成本效益。评估购入的环保设备的成本效益，包括设备价格、运输成本、维护费用等。可以考虑成本效益比、投资回报率等指标，以确保采购的设备在成本控制方面具有合理性。

（1）成本效益比。成本效益比是评估环保设备购入成本与其预期效益之间的关系。它通过将设备的总购入成本与预期的效益进行比较，以确定每单位效益所需的成本。成本效益比=总购入成本/预期效益。

①较低的成本效益比表示较高的成本效益，即每单位的预期效益所需的成本较低，表明设备的购入成本相对较低但效益较高。

②高的成本效益比可能表示成本控制不佳，即每单位的预期效益所需的成本较高，需要重新评估设备的购入成本和效益。

（2）投资回报率。投资回报率是评估设备投资经济效益的指标。它表示投资在设备购入上所获得的回报百分比。ROI（投资回报率）=（预期收益−总购入成本）/总购入成本×100%。

①较高的投资回报率表示较好的经济效益，即投资在设备购入上所获得的回报

较高。

②低的投资回报率可能意味着投资回报较慢或不足，需要对设备的购入成本和预期收益进行进一步评估。

（3）生命周期成本。生命周期成本指设备的全寿命周期内的成本，包括购买、运输、安装、运行、维护和报废等方面的费用。通过综合考虑设备的全寿命周期成本，可以更准确地评估设备的成本效益。

①生命周期成本分析可将设备的购入成本与其使用寿命内的运营和维护成本进行比较，以确定设备的综合成本效益。

②对生命周期成本进行分析时，还应考虑设备的预期寿命、使用效率和维护费用等因素，以全面评估设备的经济性和成本控制效果。

3.供应商管理效果。评估与供应商的合作和谈判效果，包括合同执行情况、供应商报价比较、售后服务等。可以考虑供应商评价和满意度调查等措施，以确保获得最佳的采购条件和服务质量。

4.费用核算和记录准确性。检查采购合同、发票、支付记录和其他相关文件的准确性和完整性，确保成本数据核算的准确性和合规性。

5.成本控制流程和制度。评估成本控制的流程和制度是否有效，包括预算编制与控制、采购流程和合同管理等。可以通过审计和内部控制评估等措施实现，确保成本控制工作符合规范和标准。

6.高层管理支持和参与。评估管理层对成本控制工作的支持和参与程度，包括资源投入、决策支持和监督管理等。可以考虑管理层评估和反馈等措施，以确保成本控制工作得到足够的支持和重视。

10.1.3　环保费用预算管理办法

本办法可以解决以下问题：一是环保费用预算管理的工作要求不严格、不全面；二是环保费用预算管理控制步骤不详细、不可行；三是环保费用预算监督与考核控制不规范、不到位。

环保费用预算管理办法
第1章 总则

第1条 为了指导环保费用预算的管理和控制工作，减少不必要的支出，降低工厂的运营成本，特制定本办法。

第2条 本办法适用于环保费用的预算管理。

第2章 环保费用预算管理要求

第3条 合规性。工厂应确保环保费用预算控制符合相关的环境法规和标准，预算的制定和支出都应遵守法律要求，包括对排放、废物处理、资源利用等方面的规定。

第4条 有效性。环保费用预算控制应能够有效地实现环保目标和减少对环境的影响，预算的分配和费用支出应与环保措施的效果相匹配，确保投入产出的平衡。

第5条 可持续性。环保费用预算控制应考虑长期可持续性，关注环境的长远效益，预算分配和费用支出应有助于实现环境可持续发展，促进资源的有效利用和循环利用。

第6条 效率性。确保环保费用的有效利用和管理，以实现最佳的经济效益，预算控制要求在保证环保目标的前提下，尽量降低成本和费用支出。

第7条 绩效评估。建立绩效评估体系，对环保费用预算控制的执行进行监测和评估，通过定期的绩效评估，可以及时发现问题并改进，确保费用控制的有效性和预算的合理性。

第8条 促进沟通。工厂环保部、财务部和生产部要加强沟通与协作，共同参与预算制定和费用控制的过程，共同制定目标、确定措施，通过工厂信息化管理系统分享数据、信息和经验。

第9条 风险管理。评估和管理环保费用预算控制过程中的风险，包括预算变动、资源供应、技术变革等方面的风险，制定相应的风险应对策略，确保预算的稳定性和可控性。

第10条 持续改进。环保费用预算控制应是一个持续改进的过程，通过不断地反馈和学习，改进预算制定方法、费用控制策略和环保措施，提高控制的效果和效率。

第3章 环保费用预算管理控制步骤

第11条 设定明确的目标和指标。在制定环保费用预算时，需要设定明确的目标和指标，如减少特定污染物排放量、提高资源利用率等。这些目标和指标应与环保策略和政策相一致，并可以衡量环保费用控制的效果。

第12条　成本管理和费用分析。通过管理会计方法，对环保费用进行成本管理和费用分析。包括将环保费用细分为各个成本项目，追踪和监控每个项目的费用支出，以便及时发现异常和控制成本。以下是一些详细的步骤。

1.成本分类和归集。对环保费用进行分类和归集，将环保费用按照不同的成本项目进行划分，具体有污染治理设备的购买与维护费用、废物处理与回收费用、资源节约与能源管理费用等。确保费用的分类清晰、明确，并与业务活动和环保目标相对应。

2.成本驱动因素的识别。识别影响环保费用的成本驱动因素，包括确定哪些因素会导致环保费用的变动和波动，如产量、污染物排放浓度、资源消耗水平等。

3.变动成本与固定成本的区分。将环保费用分为变动成本和固定成本，变动成本是与生产量或活动水平直接相关的费用，固定成本是不随产量或活动水平变化的费用，通过区分变动成本和固定成本，了解环保费用的成本结构和变动趋势。

4.费用追踪和监控。建立费用追踪信息化管理系统，记录每个项目的实际支出费用，并与预算进行比较和分析，及时发现异常和控制成本，为后续的费用分析提供数据基础。

5.变动成本分析。对变动成本进行分析，确定环保费用变动的原因和影响因素，通过比较不同时间段的费用支出和变动因素，识别费用变动的趋势和规律，理解环保费用的波动原因，并采取相应的管理措施。

6.对比标准成本与实际成本。将实际环保费用与标准成本进行对比，标准成本是根据预定的标准和指标计算出的理论费用，与实际费用进行对比可以评估费用的效率和控制情况。如果实际费用偏离标准成本，可以进行进一步的分析，找出费用偏差的原因，并采取措施进行调整。

7.环保费用的弹性分析。进行环保费用的弹性分析，即分析费用变动对环保绩效的影响，通过确定环保费用与环保指标（如污染物排放量、能源消耗等）之间的关系，可以评估费用的弹性程度，了解费用投入与环保绩效之间的关联，优化费用分配和控制策略。

8.环保费用的效益分析。进行环保费用的效益分析，评估费用支出所带来的环保效益和经济效益，包括定量分析环保费用对污染物减排、资源利用效率提升等方面的影响，以及与之相关的环境效益和成本节约，通过效益分析，衡量环保费用的投资回报率，并为决策提供依据。

9.环保费用的比较和基准制定。进行环保费用的比较和基准制定，即将工厂的费用与同行业或同类工厂进行对比，制定合理的费用基准，有助于评估工厂的费用水平和效率，找出改进的空间。同时，比较分析还可以了解其他工厂在环保费用控制方面的最佳实践和经验，为工厂的费用控制提供借鉴和参考。

10.环保费用的预测和规划。基于历史数据和趋势分析，进行环保费用的预测和规划，通过建立预测模型和场景分析，可以预测未来的费用变动趋势，并制定相应的费用规划和控制策略，有助于提前调整预算、优化资源配置，并为未来的环保费用控制做好准备。

第13条　预算编制和控制。制定环保费用的预算，并进行预算控制，包括制订详细的费用预算计划，将费用分配给不同的环保项目和活动，并监督费用支出的执行情况；通过比较实际费用支出与预算的差异，采取必要的纠正措施来确保费用控制在预算范围内。

第14条　绩效评估和报告。通过管理会计的方法进行环保费用的绩效评估和报告，包括制定环保费用的绩效指标和评估方法，定期评估费用支出与环保目标的关系，并生成相关的绩效报告和分析，以便管理层作出决策和改进措施。

第15条　变动成本分析。采用变动成本分析方法，对环保费用的变动进行分析，帮助管理层了解不同环保项目和活动对费用的影响，确定成本的敏感性和变动因素，从而更好地管理和控制环保费用。

第16条　管理会计信息系统。建立适当的管理会计信息系统，用于收集、处理和分析与环保费用相关的数据，包括费用台账、成本数据库、绩效报告和预算控制系统等，以支持环保费用预算控制的实施和决策。

第4章　环保费用预算监督与考核控制

第17条　工厂应建立环保费用预算监督控制体系，以下是监督措施。

1.建立费用追踪和监控系统，通过记录和报告费用支出情况，及时发现异常和控制成本。

2.进行定期的费用分析和比较，对费用的变动和趋势进行评估，及时采取纠正措施。

3.进行内部审计和检查，评估费用控制的有效性和合规性，提供反馈和改进建议。

4.进行外部审计和监管机构的合作，提供相关报告和数据，接受审查和评估。

5.建立沟通渠道和反馈机制，以便相关监督者能够及时了解费用预算控制工作的进展和问题，并提供指导和支持。

6.培训和教育相关人员，提高他们对环保费用预算控制工作的意识和理解，确保工作的顺利实施。

7.确定关键绩效指标（KPI）和目标，以衡量费用控制的成效，并进行定期的绩效评估和报告。

第18条　在环保费用预算控制的考核工作中，可以采用以下一些考核数值指标。

1.环保费用预算执行率。衡量实际环保费用支出与预算费用的比例。可以通过计算实际费用支出除以预算费用，得出执行率的百分比。高的执行率表示费用预算控制良好，低的执行率可能意味着费用超支或费用控制不力。

2.环保费用偏差率。衡量实际环保费用支出与预算费用之间的偏差。可以通过计算实际费用支出减去预算费用，得出偏差的金额或百分比。正偏差表示费用超出预算，负偏差表示费用低于预算。

3.环保费用效益指标。衡量环保费用的效益和绩效。包括环保费用与环境绩效指标的相关性，如单位污染物排放量的费用、单位能源消耗的费用等。高的效益指标表示费用的投入带来了良好的环保绩效。

4.环保费用投资回报率（ROI）。衡量环保费用投资的回报情况。可以通过计算环保费用的节约或效益与投资费用的比率，得出ROI的百分比。高的ROI表示环保费用的投资回报较高。

5.环保费用控制效率。衡量环保费用的控制效率和效果。可以通过计算单位产出的环保费用，如单位产品的环保费用或单位收入的环保费用，来评估费用控制的效率。低的控制效率可能意味着费用控制不力或环保绩效下降。

6.环保费用的比较分析。将工厂的环保费用与同行业或同类工厂进行比较。可以比较不同工厂的费用水平、费用结构和费用效益，以评估工厂在费用控制方面的相对位置和竞争力。

第19条　环保费用预算控制的考核措施包括以下几个方面。

1.定期审查和评估。进行定期的审查和评估环保费用预算控制工作的执行情况，通过内部审计、管理层评估或第三方评估来实施，审查过程应包括对费用支出的核实、预算执行情况的分析、异常情况的发现和原因分析等，审查结果应形成评估报告，提供反馈和改进建议。

2.指标达成度。设定关键绩效指标（KPI）并追踪其完成度，包括环保费用预算执行率、费用偏差率、环保费用效益指标、环保费用投资回报率等，根据预设的目标和阈值，对指标进行定期的测量和分析，以评估费用控制的成效。

3.比较和对标分析。将工厂的环保费用与同行业或同类工厂进行比较和对标分析，通过比较分析，了解工厂在费用水平、费用结构和费用效益等方面的相对表现，作为评估和比较的依据，发现改进的空间和制定改进措施。

4.阶段性目标达成情况。设定阶段性的目标，并评估其达成情况，阶段性目标可以根据费用控制的重点和时间范围来设定，如季度、半年或年度目标，通过评估目标达成情况，及时发现问题和调整措施，确保费用控制的持续有效性。

5.内部培训和教育。进行内部培训和教育，提高员工对环保费用预算控制工作的认识和理解，培训内容包括预算编制原则、费用控制方法、数据分析技巧等，通过培训和教育，使员工更好地理解费用控制的重要性，并掌握相关的知识和技能。

第5章　附则

第20条　本办法由财务部负责编制、解释与修订。

第21条　本办法自××××年××月××日起生效

10.2　安全生产成本费用控制

10.2.1　安全生产费用控制问题清单

安全生产费用控制问题清单如表10-2所示。

表10-2 安全生产费用控制问题清单

序号	问题	具体描述
1	安全成本管理与控制复杂	工厂内涉及安全的内容比较复杂和多样化，安全成本涵盖了各个方面，如培训与教育、安全设备和工具、事故调查和纠正措施等，由于工厂的规模和操作的特点，安全成本管理需要考虑到不同的部门、流程和设备，使得管理和控制变得复杂
2	安全成本管理的难度大	安全生产的实施需要全体员工的积极参与和高度的安全意识，然而，员工可能对安全问题的重要性和紧迫性缺乏充分的认识，或者存在安全意识不足的问题，这可能导致员工对安全培训和措施的不配合，增加了安全成本管理的难度
3	风险评估和预防难	安全成本管理需要投入一定费用，进行全面的风险评估，以识别其潜在的安全风险和危害，然而，对于某些复杂的工艺和设备，风险评估可能存在一定的主观性和不确定性，此外，预防措施的有效性也需要不断地监测和评估，以确保其符合预期效果
4	应急响应和事故处理成本管理难	工厂需要建立健全应急响应机制，并投入适当的资源用于事故处理和灾难恢复，然而，在应对事故和突发事件时，可能会面临时间紧迫和资源有限的挑战，增加了安全成本的管理难度

10.2.2 安全预防费用控制办法

本办法可以解决以下问题：一是安全预防费用的构成及其对应的控制措施不明确；二是安全预防费用控制的工作要求不严格、不规范；三是安全预防费用控制的工作步骤不详细、不具备可行性。

安全预防费用控制办法

第1章 总则

第1条 为了做好安全预防工作中各项费用的控制工作，减少不必要的支出，降低安全预防成本，提升工厂整体效益，特制定本办法。

第2条　本办法适用于指导安全预防费用的控制工作。

第2章　安全预防费用构成

第3条　安全设备费用。包括购买和安装各种安全设备和装置的费用，如消防设备、安全警报器、监控摄像头、紧急停止装置等，这些设备用于预防和控制潜在的安全风险。

第4条　安全培训费用。用于培训员工关于安全操作和应急响应的知识和技能，这些培训可以包括员工的安全意识教育、紧急疏散演习、安全操作规程培训等。

第5条　安全检查和评估费用。包括定期进行安全检查和评估的费用，以确保设备、工作环境和操作符合安全标准，安全检查和评估还涉及雇佣专业的安全顾问或内部安全人员来执行检查和评估。

第6条　安全改进费用。即用于修复和改进潜在的安全风险和问题的费用，如果在安全检查中发现了问题，需要投入资金进行修复或改进，以确保工作环境和设备的安全性。

第7条　安全保险费用。包括支付工厂安全保险的费用。安全保险可以提供经济保障，以应对潜在的事故、损失或法律责任。

第3章　各构成项目的费用控制措施

第8条　安全设备费用控制措施。

1.确保进行充分的市场调研，比较不同供应商的价格和质量。

2.寻找具有竞争力的供应商，并与他们建立长期稳定的合作关系以获得更好的价格和优惠政策。

3.定期进行设备维护和保养，延长设备的使用寿命，减少更换设备的频率。

第9条　安全培训费用控制措施。

1.优先考虑内部培训和资源，通过内部专家或员工进行培训，减少外部培训的费用。

2.制订清晰的培训计划和目标，确保培训内容与工厂的实际安全需求相匹配。

3.利用在线培训和培训视频等数字化工具，降低培训成本。

第10条　安全检查和评估费用控制措施。

1.合理安排安全检查和评估的频率和范围，确保高风险区域和设备得到重点关注。

2.培养内部安全专家团队，减少对外部安全顾问的依赖，从而降低检查和评估的费用。

3.与其他工厂或同行业进行合作，共享检查和评估的资源和经验，减少成本。

第11条　安全改进费用控制措施。

1.优先考虑实施预防性维护和定期保养，以减少潜在的安全问题和损坏。

2.建立有效的问题反馈和处理机制，迅速响应员工的安全报告和建议，及时解决问题，防止问题扩大，造成更大的成本。

3.合理规划改进项目，确定优先级，确保资源的有效分配。

第12条　安全保险费用控制措施。

1.与保险公司进行谈判，寻找最佳的保险套餐和价格。

2.评估不同保险公司的政策细节，确保合同条款和保险范围覆盖工厂的实际需要。

3.定期评估风险和损失，调整保险金额和保费，避免支付过高的保费。

第4章　控制要求

第13条　预算管理。制定合理的安全预防预算，并进行有效的预算管理，预算应包括针对安全培训、安全设备和防护设施、安全检查和维护等方面的费用，通过预算管理，确保安全预防费用在可控范围内，并合理分配和利用。

第14条　成本效益分析。对于不同的安全预防措施和投资，进行成本效益分析，评估每项措施的投入和预期的安全收益，确定是否值得进行投资，避免不必要的开支，并优化资源利用。

第15条　风险评估和管理。通过风险评估，确定工厂中存在的主要安全风险，并制定相应的风险管理措施，根据风险的优先级和严重程度，合理分配安全预防费用，重点投入到最高风险和最脆弱环节，以最大限度地降低事故和损失的可能性。

第16条　供应链管理。对于需要从外部采购的安全设备和材料，进行供应链管理，以确保其质量和成本控制，选择可靠的供应商，进行供应商评估和审计，确保提供的产品和服务符合安全要求，并以合理的价格获得。

第17条　持续改进。建立持续改进机制，不断寻求安全预防费用的降低和效率提升，通过监测和评估安全预防措施的有效性，识别改进机会，并采取相应的措施，提高安全管理的效果，并减少不必要的费用支出。

第5章　控制步骤

第18条　识别和评估风险。进行全面的风险评估，识别工作场所中存在的潜在安全风险和危险因素。包括事故记录分析、工作场所检查、员工反馈等。评估风险的优先级和潜在影响，确定需要采取的安全预防措施。

第19条　制定安全预防预算。基于风险评估的结果，制定安全预防预算，确定投入到不同安全措施的费用，并考虑培训、设备购置、维护和更新、安全咨询等方面的支出。

第20条　成本效益分析。对每项安全预防措施进行成本效益分析，评估投资与预期安全收益之间的关系，以确定是否值得进行投资。

第21条　预算的编制和执行。根据安全预防预算，编制详细的费用预算，将费用分配到不同的安全活动和项目，并考虑时间和资源的限制。在执行预算的过程中，监控费用支出情况，确保在预算范围内进行控制。

第22条　费用监控和分析。定期监控和分析安全预防费用的支出情况，比较实际支出与预算，识别潜在的费用超支或节省的情况，分析费用支出的原因和模式，并根据需要采取纠正措施。

第23条　持续改进。通过定期评估安全预防措施的有效性和费用效益，寻求持续改进的机会，根据经验教训和最佳实践，优化安全预防费用的控制策略和方法。

第24条　沟通和报告。定期向工厂各相关利益部门沟通安全预防费用控制的情况，提供准确的财务报告和分析，向管理层和其他相关人员报告费用支出情况和效果。

第6章　附则

第25条　本办法由采购部、财务部共同负责编制、解释与修订。

第26条　本办法自××××年××月××日起生效。

10.2.3　安全设施成本费用控制方案

本方案可以解决以下问题：一是安全设施成本费用构成及其对应的控制措施不明确；二是安全设施成本费用控制要求不严格、不详细；三是对安全设施成本费用控制工具的使用不到位。

安全设施成本费用控制方案

一、目标

明确安全设施成本费用的控制策略和监控机制，减少不必要的支出，确保成本费用在可接受范围内，并且符合经济效益原则。

二、安全设施成本费用构成

1.消防设施费用。包括火灾报警系统、自动喷水灭火系统、灭火器、消防栓、疏散通道、疏散指示标识等。

2.安全警报和报警设备费用。包括紧急停车按钮、紧急停电开关、紧急报警装置等。

3.个人防护设备费用。包括安全帽、护目镜、耳塞、防护手套、防护鞋等。

4.安全栏杆和护栏费用。用于限制人员进入危险区域，防止跌落和意外接触危险设备或材料。

5.安全标识和标志费用。包括警示标识、禁止标志、指示标志等。

6.监控和安全系统费用。包括闭路电视监控系统、门禁系统、安全闸门等。

7.应急设备和设施费用。包括应急照明、应急通信设备、急救箱、应急洗眼器、安全避难所等。这些设备和设施用于应对紧急情况和提供急救支持。

8.作业环境改善设施费用。包括通风设备、除尘设备、防爆设备等。

三、安全设施成本费用控制措施

1.需求评估和优先排序。对安全设施的需求进行评估，并根据风险和重要性进行优先排序，确保资源的合理配置，将有限的预算用于最关键和紧急的安全设施。

2.成本效益分析。对不同安全设施方案进行成本效益分析，评估投资与预期效果的关系，通过比较不同方案的成本与风险控制效果，选择具有最佳成本效益比的方案。

3.定期检查和维护。定期检查和维护安全设施，发现潜在的问题和缺陷，并及时采取修复措施，确保其正常运行。

4.管理标准和规范。建立适当的管理标准和规范，以确保安全设施的选择、采购、安装和维护符合相关的法规和标准要求，降低质量风险和成本。

5.合理采购和供应链管理。在采购安全设施时，进行供应商评估和选择，确保价格合理、质量可靠，并满足所需的技术要求和性能指标。

6.培训和意识提升。为员工提供相关的安全设施使用和维护的培训，提高其对安全设施的正确使用和保养意识，减少设施误用或损坏，延长设施的使用寿命，降低维修和更换成本。

7.定期评估和优化。定期对安全设施成本费用进行评估和优化，根据实际情况和需求变化进行调整。确保成本控制的持续有效性，并提供改进和升级的机会。

四、成本费用控制问题

1.安全设备采购成本高。安全设备的购买、安装和维护费用较高，可能对成本管理和现金流带来压力。

2.不断更新的技术需求。随着科技的不断发展，安全设备的技术也在不断更新，为了保持工厂的安全性，可能需要定期更新和升级设备，这会增加成本。

3.资金限制。有时现代工厂可能面临资金限制，无法一次性购买和安装所有必要的安全设备，导致在安全设施方面的投资不足，从而增加了安全风险。

4.人员培训和维护成本高。安全设备的使用需要工作人员具备相应的技能和知识，培训员工并确保设备的正确运行和维护需要额外的人力和培训成本。

5.非预期的费用。安全设备可能会出现故障或需要进行紧急维修，这些非预期的费用会对成本管理造成困扰。

6.法规和合规要求。安全设施必须符合法规和合规要求，确保符合法规和合规要求可能需要额外的投资和成本。

五、解决措施

1.实施全面的风险评估和安全审查，确定真正必需的安全设备，避免不必要的投资。

2.通过供应链管理平台，建立供应商档案和价格准入机制，与供应商进行谈判和合作，寻找价格合理且质量可靠的安全设备。建立安全设施的供应商档案制度和价格准入机制，可以按照以下步骤进行。

（1）供应商评估与选择。对潜在的供应商进行评估，评估其在安全设施领域的经验、能力和信誉。考虑供应商的产品质量、技术支持、售后服务等方面，选择合适的供应商作为合作伙伴。

（2）建立档案。建立供应商档案，包括工厂资质、产品证书、质量管理体系认证、历史业绩、安全记录等信息，确保档案完整、准确，并定期更新。

（3）制定价格准入机制。制定价格准入机制，确保供应商的报价合理。可以设定价格区间或参考市场价格，对供应商的价格进行评估和核实。确保供应商的价格合理、透明和公正。

（4）评估供应商绩效。建立供应商绩效评估体系，对供应商的绩效进行定期评估和监控。评估指标可以包括交货准时率、产品质量、售后服务等方面。根据评估结果，对供应商进行分类和排名，作为后续合作和价格谈判的参考依据。

（5）合同管理。与供应商签订合同，明确双方的权益和责任。合同内容应包括产品规格、交货时间、价格、售后服务、违约责任等条款。确保供应商能够履行合同，并对违约行为进行相应的处罚或索赔。

（6）监督与沟通。定期监督供应商的履约情况，确保其符合要求。与供应商保持良好的沟通和合作关系，及时沟通问题和需求，并积极解决合作中的矛盾和问题。

3.利用工厂信息化管理系统，定期对设备进行维护和保养，延长设备寿命，减少维修和更换的频率。

4.定期对员工进行培训和考核，提高员工对安全设备的使用和维护的技能，减少人力成本。

5.研究和应用新的安全技术和解决方案，寻找更经济高效的替代品。

6.遵守相关的法规和合规要求，防止因违规而产生的罚款或法律风险。

六、安全设施成本费用控制要求

1.评估经济效益。确保安全设施的投资与其预期效益相匹配。进行成本效益分析，评估投资和风险控制效果之间的关系，选择具有最佳经济效益的方案。

2.风险管理。根据风险评估结果和工作环境特点，合理配置安全设施，将有限资源优先用于最关键和高风险的区域和设备。重点关注可能导致重大事故和损失的风险点，确保安全设施的覆盖和有效性。

3.确保合规。确保安全设施的选择、采购、安装和维护符合相关法规、标准和行业要求。遵循法律法规，以及国家、地区和行业标准，以保证安全设施符合规定，并降低法律风险。

4.持续改进。定期评估和优化安全设施成本费用控制工作，寻找改进和提升的机会，持续改进安全设施管理流程、培训和意识提升计划，以提高成本效益和工作效率。

5.综合考虑。在安全设施成本费用控制过程中，综合考虑各个因素，如设施的质量、可靠性、维护成本、生命周期成本等，在平衡投资和费用的同时，确保设施的长期性能和可持续性。

6.参与和沟通。加强各级管理层、员工和相关利益人员的参与和沟通，共同制定安全设施成本费用控制策略，获取各方的反馈和建议，增强合作力量和执行力度。

七、安全设施成本费用控制工具

1.成本控制软件。利用成本控制软件来跟踪、分析和管理安全设施成本。这些软件可以帮助管理者记录和监控费用，生成报表和分析结果，以便作出正确的决策，优化成本控制策略。

2.数据分析工具。利用数据分析工具，对安全设施成本数据进行深入分析和挖掘，识别潜在的成本节约机会和趋势。以作出更有效的成本控制决策。

3.预算管理系统。采用预算管理系统来制定、执行和监控安全设施成本的预算。这些系统可以帮助管理者设定预算目标，跟踪实际费用和预算之间的差异，并提供警示和预警机制，确保成本控制在预定范围内。

4.绩效评估工具。使用绩效评估工具来评估安全设施成本控制的效果和绩效。这些工具可以根据设定的指标和目标，对成本控制措施的实施情况进行评估，帮助管理者了解控制工作的成效，并作出相应的调整和改进。

5.项目管理工具。采用项目管理工具来规划、执行和监控与安全设施成本控制相关的项目。这些工具可以帮助管理者制订项目计划、分配资源、跟踪进度和控制成本，并提供项目报告和风险管理功能，确保项目的有效实施和成本控制。

6.实时监控系统。利用实时监控系统监测安全设施的运行状况和能耗情况。这些系统可以实时收集设施的数据和指标，帮助管理者及时发现设备故障、能源浪费或异常情况，并采取措施进行修复和优化，从而降低成本。

10.2.4　安全改善费用控制制度

本制度可以解决以下问题：一是安全改善费用各构成项和与其对应的控制措施不明确、不详细；二是安全改善费用控制工作要求不规范、不严格；三是安全改善费用控制工作不持续、效果不好。

安全改善费用控制制度

第1章　总则

第1条　为了规范、约束和指导安全改善费用的控制工作，减少不必要的支出，提升安全改善费用使用效率，降低改善成本，特制定本制度。

第2条　本制度适用于安全改善费用控制工作的管理。

第2章　安全改善费用构成

第3条　设备和机械安全费用。确保设备和机械的正常运行，采取必要的维护和保养措施，以减少意外事故的发生，包括安全防护装置的安装、机器的定期检查和维修等。

第4条　培训和教育费用。提供适当的培训和教育，使员工了解安全规程和操作程序，学习如何正确使用设备和工具，以及应对紧急情况的方法。

第5条　安全监测和报告费用。安装有效的安全监测系统，及时发现潜在的安全隐患，并向管理层报告，及早采取措施预防事故的发生。

第6条　安全文化建设费用。鼓励建立积极的安全文化，使所有员工都对安全负责，并相互关注和监督，包括奖励安全行为、设立安全目标和指标等。

第7条　风险评估和管理费用。进行风险评估，识别潜在的危险因素，并采取相应的管理措施来减轻风险，涉及改进工作流程、使用更安全的材料或技术等。

第3章　各构成项目的费用控制措施

第8条　设备和机械安全费用控制的内容。

1.定期对设备和机械进行检查和维修，预防意外事故的发生，避免因未及时维护而导致更高的修复成本。

2.优先考虑购买具有高安全性能和较低维护成本的设备和机械。

3.合理安装必要的安全防护装置，遵守相关安全标准，同时避免过度投入，根据风险评估进行合理的配置。

第9条　培训和教育费用控制的内容。

1.针对员工的培训和教育，采用成本效益高的方式，如在线培训、内部培训师授课等，以减少外部培训费用。

2.针对紧急情况的培训，可以开展模拟演练或使用虚拟现实技术等成本较低的方法，提高员工的应急能力。

第10条 安全监测和报告费用控制的内容。

1.建立自动化的安全监测系统，利用传感器、监控摄像头等技术手段，减少人工巡检的成本，并能够及时发现潜在的安全隐患。

2.使用数字化的报告系统，简化报告流程，提高效率，避免不必要的纸质文件和邮寄成本。

第11条 安全文化建设费用控制的内容。

1.制定奖励机制，激励员工参与安全行为，但要确保奖励措施的合理性和公平性，避免过高的经济成本。

2.制定明确的安全目标和指标，进行定期评估和监测，通过内部交流和反馈机制来促进安全文化的建设，减少外部咨询和培训费用。

第12条 风险评估和管理费用控制的内容。

1.在风险评估中，重点关注高风险和频发风险的因素，合理分配资源进行管理，避免对低风险因素过度投入。

2.针对改进工作流程、使用更安全材料或技术等管理措施，进行成本效益分析，选择经济合理的方案，避免不必要的成本浪费。

第4章 工作要求

第13条 预算制定和控制。制定合理的安全改善预算，监控费用的实际支出与预算的对比，要求对安全改善项目和措施进行成本估算，并与财务部门合作，确保费用在预算范围内。

第14条 费用分析和优化。对安全改善费用进行分析，了解各项费用的具体构成和支出情况，要求确定费用的主要驱动因素，并寻找降低费用的机会和策略，可以考虑采用更有效率的安全改善方法或技术，以优化费用支出。以下是一些详细的要求。

1.费用构成和支出情况分析。对安全改善费用进行分析，了解各项费用的具体构成和支出情况，包括设备购买费用、培训费用、安全设施安装费用、维护和保养费用等，通过细致的费用分类和记录，了解每项费用的重要性和规模。

2.确定费用的主要驱动因素。确定费用的主要驱动因素是优化费用支出的关键，包括特定的设备或工作区域的高风险性、过时的安全设施、不合理的工作流程等，通过识别这些驱动因素，有针对性地制定改进措施和策略。

3.寻找降低费用的机会和策略。分析每项费用，寻找降低费用的机会和策略，包括寻找更具成本效益的供应商或服务提供商、采用节能设备或材料、优化设备维护计划等。同时，考虑技术创新和自动化，以提高效率，降低人力资源成本。

4.采用更有效率的安全改善方法或技术。评估当前的安全改善方法或技术，考虑采用更有效率的方法或技术来优化费用支出，可以采用虚拟现实技术进行模拟和培训，使用智能传感器和数据分析来实现实时监测和预警，可以减少人力资源成本和维护成本。

5.定期评估和调整。定期评估费用支出情况，并根据实际效果调整策略和措施，持续监测费用的效益和变化趋势，以便及时采取纠正措施或探索新的费用优化机会。

第15条　成本效益评估。对安全改善项目和措施的成本效益进行评估，要求比较改善措施的费用与预期的风险减少或效益增加，以确定投资的合理性和回报率。

第16条　费用控制策略和措施。制定费用控制的策略和措施，确保费用在可接受范围内，并遵循成本效益原则，明确费用控制的目标和指标，并建立相应的监测机制和报告机制。

第17条　监测和报告。定期监测安全改善费用的支出情况，并进行报告，要求及时发现费用超支或异常情况，并采取纠正措施，监测和报告的过程应透明和准确，以便管理层作出正确的决策和调整预算。

第18条　持续改进。安全改善费用的控制是一个持续改进的过程，要不断评估和优化费用控制策略，寻找降低成本和提高效率的机会，同时，应关注员工反馈和意见，持续改进安全改善措施，提高安全绩效和成本效益。

第19条　在安全改善费用的控制工作中，应遵循以下原则。

1.成本效益原则。确保所投入的安全改善费用与预期的风险减少或效益增加成比例，费用应该合理且可承受，同时能够实现最大的安全改善效果。

2.风险管理原则。将费用控制与风险管理相结合，将有限的资源分配到最需要改善的领域，优先处理高风险的工作场所、设备或操作，以最大限度减少潜在的事故风险。

3.透明与合规原则。确保费用控制的过程透明，并符合相关法律法规和标准，要求准确记录和报告费用支出，遵循内部控制和财务审计的要求。

4.绩效导向原则。建立合适的费用控制指标和目标，以监测和评估安全改善费用的绩效，以帮助确定费用控制的成果，并提供基于数据的决策依据。

5.多部门合作原则。安全改善费用的控制需要不同部门之间的紧密合作，包括安全、财务、生产等部门，要求建立有效的沟通和协调机制，确保各部门在费用控制方面的共识和合作。

6.员工参与原则。鼓励员工积极参与安全改善费用的控制工作，提供反馈和建议，员工是现场成本管理工作的主要参与者，他们的经验和洞察力对于费用控制和改进至关重要。

第5章　附则

第20条　本制度由财务部、生产部共同负责编制、解释与修订。

第21条　本制度自××××年××月××日起生效。

10.3　环境与安全生产费用控制如何"持续改进"

10.3.1　环境与安全生产成本费用控制"持续改进"实施要点

环境保护问题与生产安全问题是一直伴随着工厂生产活动的问题，往往由于投入过于粗放，导致成本过高，需要持续对其进行改进。环境与安全生产成本费用控制"持续改进"实施要点如图10-1所示。

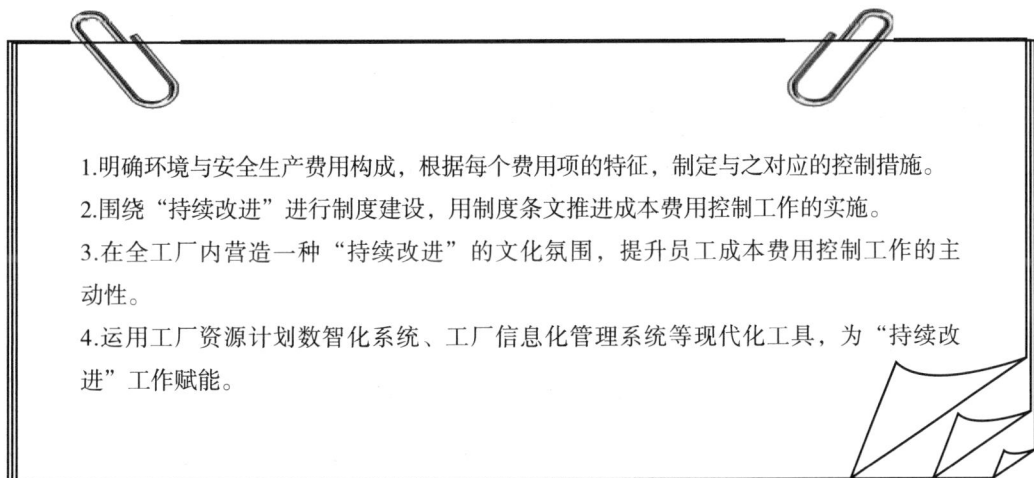

1.明确环境与安全生产费用构成，根据每个费用项的特征，制定与之对应的控制措施。
2.围绕"持续改进"进行制度建设，用制度条文推进成本费用控制工作的实施。
3.在全工厂内营造一种"持续改进"的文化氛围，提升员工成本费用控制工作的主动性。
4.运用工厂资源计划数智化系统、工厂信息化管理系统等现代化工具，为"持续改进"工作赋能。

图10-1　环境与安全生产成本费用控制"持续改进"实施要点

10.3.2　环境与安全生产成本费用控制"持续改进"实施细则

本细则可以解决以下问题：一是安全生产费用构成及控制措施不明确；二是"持续改进"的原则不清晰、不实际；三是"持续改进"的工作要求不规范、不详细；四是对现代化管理工具使用不到位。

环境与安全生产成本费用控制"持续改进"实施细则

第1章　总则

第1条　为了推进环境与安全生产成本费用控制"持续改进"工作，优化环境与安全生产成本费用控制流程，降低生产成本，提高工厂总体效益，特制定本细则。

第2条　本细则适用于工厂环境与安全生产成本费用改进工作的管理，除另有规定外，均需参照本细则执行。

第2章　环境保护费用构成及控制措施

第3条　环境保护费用的构成如下。

1.环境设施投资费用。包括工厂建设或改造环境友好型设施的费用，具体有安装排放控制设备、处理废水和废气的设备等。

2.环境监测与测试费用。包括对废水、废气、噪声等环境指标进行监测和测试的费用。

3.废物处理和处置费用。包括处理和处置工厂产生的各类废物的费用，有废水处理、废气净化、固体废弃物处理等。

4.环境许可和合规费用。包括获得环境相关的许可证和证书所需支付的费用，以及满足环境法规和标准的合规性所需的成本。

5.员工培训与意识提升费用。包括为员工提供环境保护方面的培训和意识提升活动的费用。

6.环境责任和赔偿费用。如果工厂的活动导致环境损害或对第三方造成损害，需要承担环境责任和赔偿责任，这些费用也会包含在环境保护的成本中。

第4条　以下是针对上述六点环境保护费用构成的控制措施。

1.环境设施投资费用的控制措施。在工厂建设或改造过程中，通过精细的规划和设计，选择更加经济高效的环境设施，以降低设备和安装的成本。同时，定期评估和维护这些设施，确保其正常运行并最大限度地延长使用寿命。

2.环境监测与测试费用的控制措施。优化监测和测试方案，合理选择监测频率和采样点位，确保符合监管要求的同时尽量降低成本。利用先进的自动监测系统和在线监测技术，减少人工干预和采样频率，提高监测效率。

3.废物处理和处置费用的控制措施。采取内部废物减量化和资源回收的措施，优化工艺流程、改进原料使用效率、推行废物分类和再利用等，以减少废物产生和处理的成本。与合格的废物处理合作伙伴建立长期合作关系，协商合理的处理费用并确保废物得到合规、高效地处理。

4.环境许可和合规费用的控制措施。及时了解和遵守环境法规和标准，建立有效的合规管理体系。通过合理的规划和管理，避免超出环境许可范围，减少违规和处罚的可能性。定期进行内部审计和自查，发现问题及时整改，避免额外的罚款和费用。

5.员工培训与意识提升费用的控制措施。开展内部培训计划，提高员工对环境保护的认识和意识，可以利用内部专家资源进行培训，或与专业机构合作提供培训课程，以降低培训成本。同时，通过激励机制和奖励措施，激发员工积极参与环境保护工作的热情。

6.环境保护责任和赔偿费用的控制措施。购买适当的环境责任保险，以减轻因环境事故或损害造成的潜在赔偿费用，定期评估环境风险和保险政策的适应性，确保保险费用与风险水平相匹配。此外，建立危机管理计划和紧急响应机制，以减少环境事故的发生，并在发生事故时快速响应和采取措施，以降低事故造成的后果和赔偿费用。

第3章　安全生产费用构成及控制措施

第5条　安全生产费用构成如下。

1.安全设备费用。包括购买和维护各种安全设备、工具和防护装备的成本，如头盔、手套、护目镜、安全鞋等。

2.培训费用。用于进行员工的安全培训和教育活动，包括培训材料制作、培训讲师的聘请、培训场地的租赁等费用。

3.安全管理系统费用。建立和维护安全管理系统的费用，包括安全管理软件、数据库的开发和维护费用。

4.安全咨询费用。如果工厂需要外部安全专家的咨询和指导，会涉及安全咨询费用。

5.安全检测费用。用于进行安全检测和评估的费用，包括安全设备的定期检查、安全演习和模拟测试的费用等。

6.安全维护费用。用于维护和修理安全设备的费用，包括设备维护人员的工资、备件和维修费用等。

7.安全奖励费用。为了鼓励员工积极参与安全管理和提高安全意识，工厂需要设立安全奖励制度，涉及奖金和奖励活动的费用。

8.安全事故和损失的费用。如果发生安全事故或损失，工厂需要支付相关的医疗费用、赔偿金、保险费用等。

第6条　针对上述费用项，工厂可以采取以下控制措施来控制每个费用项。

1.安全设备费用的控制措施。定期评估现有设备的状况，进行维护和修理，以延长设备使用寿命，并避免频繁更换。同时，与供应商进行有效的谈判，争取获得合理的价格和优惠政策。

2.培训费用的控制措施。结合内部培训资源，开展内部培训，减少外部培训的需求。利用在线培训平台或内部专家进行培训，降低培训成本。还可以考虑与其他工厂共享培训资源，以减少成本。

3.安全管理系统费用的控制措施。评估和选择适合工厂规模和需求的经济实用的安全管理系统，避免过度投入。合理规划和组织系统的实施和维护工作，避免重复和浪费。

4.安全咨询费用的控制措施。对多个安全咨询机构进行比较，并选择具有良好声誉，合理收费的机构进行合作。同时，根据实际需求，有针对性地进行咨询，避免不必要的咨询费用。

5.安全检测费用的控制措施。合理制订检测计划，根据风险评估结果确定检测频率，避免过度频繁的检测。建立内部检测团队，进行内部检测，减少外部检测的需求。

6.安全维护费用的控制措施。建立健全设备维护计划，定期检查和维护设备，提前发现和解决问题，避免大修和更换设备的高额费用。与供应商建立长期合作关系，争取获得优惠的维修和备件价格。

7.安全奖励费用的控制措施。确保奖励制度公平合理，根据员工实际表现和贡献进行评估和奖励，避免不必要的开支。通过创新奖励形式，如颁发荣誉证书或其他非物质奖励，降低奖励成本。

8. 安全事故和损失的费用控制措施。实施完善的事故预防措施，包括制定详细的安全操作规程、进行安全培训和意识教育，以减少事故发生的可能性。详细措施如下。

（1）建立有效的事故报告和调查机制，及时记录和分析事故，找出事故根本原因，以避免类似事故再次发生。

（2）定期进行安全演习和模拟测试，以提高员工应急响应能力和事故处理技能，减少事故带来的损失。

（3）购买适当的保险覆盖范围，确保足够的赔偿能力，减轻事故造成的财务负担。

（4）进行定期的安全检查和评估，及时发现并修复潜在的安全隐患，降低事故风险。

（5）建立员工奖励机制，鼓励员工积极参与安全管理和提出改进建议，以减少事故和损失发生的可能性。

（6）加强与相关监管部门的合作，确保遵守相关的安全法规和标准，减少可能的罚款和处罚。

（7）定期评估安全成本的效益，通过成本效益分析确定合理的安全投入，避免过度投入或不足投入。

第4章　改进原则、要求及工具

第7条　从持续改进的角度，环境保护与安全生产成本费用的控制应遵循以下原则。

1.综合管理原则。厂长应将环境保护与安全生产成本费用纳入工厂的整体管理体系中，与其他管理要素相互关联和协调，确保成本费用控制与工厂的战略目标和经营活动相一致。

2.预防为主原则。各部门都要注重预防环境事故和安全事故的发生，通过采取合理的预防措施和安全管理措施，减少环境与安全风险，降低事故处理费用和环境修复费用。

3.循环往复原则。工厂应不断追求成本费用的降低和效益的提升，通过技术创新、工艺改进、管理优化等手段，持续改进环境保护与安全生产成本费用控制的效果和水平。

4.效率优先原则。在改进的过程中，要追求成本费用的最优配置和最大效益，通过提高资源利用效率、能源利用效率等手段，降低成本费用的同时提高生产效率和资源利用效率。

5.参与共享原则。鼓励管理层、相关部门、员工及供应商、客户等各方的参与和共享，形成全员参与的环境与安全生产成本费用控制机制，共同推动成本费用的持续改进和共同受益。

6.法律合规原则。遵守国家和地方的环境保护法律法规和安全生产法律法规，确保环境与安全生产成本费用控制的合规性，防范可能的法律风险和处罚。

7.信息公开透明原则。及时、真实、准确地公开环境与安全生产成本费用的信息，增强社会监督和公众参与，推动工厂对成本费用控制的责任和透明度。

第8条　对于环境与安全生产成本费用的控制，相关控制人员应承担以下具体的工作要求。

1.进行成本费用评估。控制人员应对环境与安全生产成本费用进行全面评估，包括收集和分析相关数据、核算费用、评估成本费用的构成和分布等，评估应基于准确的数据和合理的方法，确保评估结果的可信度。

2.制定成本费用控制策略。基于成本费用评估的结果，控制人员应制定相应的成本费用控制策略。包括明确具体的成本节约目标、制订成本节约的措施和计划，并将其纳入环境与安全管理体系中。

（1）控制人员应该明确具体的成本节约目标。这些目标应该具体、可量化，并与工厂的战略目标和经营目标相一致，具体目标有减少废物处理费用、降低能源消耗成本、缩减环境修复费用等。

（2）控制人员应制订一系列具体的成本节约措施和计划，这些措施应基于实际情况和成本效益分析，确保在达到成本节约目标的同时，不影响环境和安全管理的有效性。

3.优化资源利用和能源效率。控制人员应注重优化资源利用和能源效率，通过改进生产工艺、优化设备配置、提高能源利用效率等手段，减少资源消耗和能源消耗，降低相关成本费用。

4.推动清洁生产和绿色技术应用。控制人员应推动清洁生产理念的落实，引入高效节能设备、减少污染物排放、优化工艺流程，鼓励采用绿色技术和环保设备，降低污染物排放和废弃物产生，减少环境治理和修复的成本费用。

5.强化安全管理和事故预防。控制人员应加强安全管理，制定和落实安全管理制度和标准，提高员工安全意识和技能，加强事故预防措施，减少事故处理和安全修复的成本费用。

6.建立成本费用监控和考核机制。控制人员应建立成本费用的监控和考核机制，定期跟踪和分析成本费用的变化和趋势，及时发现问题并采取相应的措施。同时，对相关部门和人员进行成本费用的考核和评价，激励他们参与成本费用控制和持续改进工作。

7.提供培训和宣传。控制人员应向员工提供必要的培训和教育，增强他们对成本费用控制的意识。同时，通过内部宣传和沟通，提高员工对环境与安全生产成本费用控制重要性的认识和理解。

8.监控和评估。控制人员应建立监控和评估机制，跟踪成本节约措施和计划的实施情况和效果。通过定期的成本费用分析和评估，及时发现问题和瓶颈，并采取相应的调整措施，确保成本控制策略的有效性和可持续性。

9.建立激励机制。控制人员应建立激励机制，以激发员工的积极性和参与度。可设立奖励制度，表彰在成本节约方面取得显著成绩的个人和团队；设立节能减排考核指标，将成本控制的绩效与员工的薪酬和晋升挂钩，从而提高员工对成本费用控制的关注度和重视程度。

10.加强沟通与合作。控制人员应加强与各部门之间的沟通与合作，形成协同效应。

（1）与生产部合作，共同寻找生产过程中的成本节约机会；

（2）与采购部合作，寻求供应链中的成本优化方案；

（3）与财务部合作，共同进行成本费用的核算和分析。

11.培养员工意识。控制人员应加强员工的培训和教育，提高他们的成本费用控制意识和对成本费用控制的重要性的认识。可以组织相关培训课程、工作坊和讨论会，提升员工在成本节约方面的知识和技能，鼓励员工提出成本节约的建议和意见，并给予积极的反馈和支持。

第9条　对于环境与安全生产成本费用的控制，工厂可以考虑引进以下现代化的工具、系统和软件。

1.成本管理软件。引进成本管理软件可以帮助工厂更有效地管理和控制环境与安全生产成本费用。这些软件可以提供成本核算、成本预测、成本分析和报告等功能，帮助控制人员实时监控成本情况、制定成本节约策略，并支持决策和管理。

（1）成本核算。成本管理软件可以帮助工厂进行成本核算，即对环境保护与安全生产活动的成本进行记录和归集。通过该软件，控制人员可以建立成本台账，将各项成本明细按照项目、部门或产品进行分类和统计。清晰地了解不同环节的成本分布情况，为成本控制提供准确的数据基础。

（2）成本预测。成本管理软件可以基于历史数据和趋势分析，预测未来的环境与安全生产成本。通过合理的数据模型和算法，软件可以根据当前的生产计划、市场环境和政策变化等因素，提供相对准确的成本预测结果。有助于工厂在制订预算和计划时考虑成本因素，及早采取相应的成本控制措施。

（3）成本分析。成本管理软件可以对环境与安全生产成本进行详细的分析和比较，通过软件的报表和图表功能，控制人员可以直观地了解不同成本项目的构成和占比，发现成本的主要驱动因素。例如，软件可以帮助识别能源消耗高的设备、废物处理费用较高的环节等，从而有针对性地制定成本节约措施和优化方案。

（4）实时监控。成本管理软件可以帮助控制人员及时了解环境与安全生产成本的变化和趋势。通过软件的仪表盘和报警功能，控制人员可以设定成本的预警值，并在成本超过设定值时及时采取措施。以避免成本超支或不必要的成本浪费，保持成本在可控范围内。

（5）决策支持。成本管理软件为控制人员提供数据支持和决策依据。通过软件的成本分析和报表功能，控制人员可以对不同成本项目进行对比和评估，帮助他们作出正确的决策。软件可以提供成本效益分析、投资回报率计算等功能，帮助评估不同方案的经济性和可行性，从而指导成本节约策略。

（6）成本节约策略制定。成本管理软件可以支持控制人员制定成本节约策略。成本管理软件可以通过对成本数据的分析和趋势预测，帮助确定成本节约的重点领域和具体目标。控制人员可以利用软件提供的数据和报表，识别成本高、效益低的环节，并制定相应的改进和优化方案。除此之外，软件还可以进行成本效益分析，帮助控制人员评估不同节约措施的效果和回报，支持决策的制定和优先级的排序。

（7）数据整合和共享。成本管理软件可以整合和共享各个部门和岗位的数据。有助于促进信息的流通和共享，提高成本管理的协同效应。例如，采购部门的成本数据可以与生产部门的数据进行整合，形成全面的成本视图；财务部门的数据可以与环境与生产安全部门的数据进行关联，进行综合分析和决策。通过数据整合和共享，可以更好地发现潜在的成本节约机会，实现跨部门的协同管理。

（8）提升工作效率。成本管理软件的自动化功能可以提高工作效率和精确度。软件可以自动收集和整理数据，避免烦琐的人工操作和失误的风险。同时，成本管理软件还可以自动生成成本报表和分析结果，节省了时间和人力成本。通过成本管理软件的自动化和效率提升，控制人员可以更加专注于数据的分析和决策，提高成本管理的效果和质量。

2.信息化管理系统。建立环境保护与安全生产信息化管理系统可以提高成本费用的管理效率和准确性。该系统可以集成各个环节的数据，包括资源利用、能源消耗、废物处理、安全事故等，实现数据的统一管理和分析，为成本控制提供可靠的数据支持。

3.能源管理系统。引进能源管理系统有助于工厂对能源消耗进行监控和控制，从而减少能源成本。该系统可以实时监测能源使用情况、识别能源浪费点、制定能源节约措施，并提供能源报表和分析，帮助工厂实现能源效益的持续改进。

4.安全管理系统。现代化的安全管理系统可以提供全面的安全管理功能，包括事故预防、风险评估、应急响应等。该系统可以帮助工厂识别和管理安全风险，提高安全意识和管理水平，减少事故和安全修复的成本费用。

5.数据分析工具。引入数据分析工具（数据挖掘、人工智能等）可以帮助工厂挖掘和分析大量的数据，发现潜在的成本节约机会和优化方案。通过数据分析，工厂可以识别成本费用的关键驱动因素，优化生产流程和资源配置，实现成本的持续降低。

6.物联网（IoT）技术。通过物联网技术，工厂可以实现对设备的远程监控和控制，提高设备的运行效率和故障预测能力。该技术可以帮助工厂实时监测环境和安全指标，提高生产过程的可控性和安全性，减少环境和安全事故的发生，从而降低相关成本费用。

（1）远程监控和控制。通过物联网技术，工厂可以实现对设备的远程监控和控制。传感器和设备可以被连接到互联网，提供实时的数据反馈。控制人员可以通过监控平台或移动应用程序，随时随地监视设备的状态、性能和能耗情况，并及时采取措施来优化设备的运行效率。

（2）运行效率的提升。通过远程监控和控制，控制人员可以监测设备的能耗、运行参数和效率指标，识别潜在的问题和改进机会。通过调整设备的运行模式和参数设置，工厂可以优化生产过程，提高设备的能效和生产效率，帮助降低能源消耗和废物产生，从而降低环境与安全生产成本费用。

（3）故障预测和维护。物联网技术可以通过设备传感器和数据分析，提供故障预测和维护的能力。通过监测设备的运行状况和参数，系统可以分析设备的健康状况，并提前预测潜在的故障。工厂可以及时采取预防性维护措施，避免设备突发故障和停机造成的生产损失和安全风险。

（4）环境与安全生产指标的实时监测。物联网技术可以帮助工厂实时监测环境和安全指标。例如，通过传感器网络，工厂可以监测空气质量、水质状况、噪声水平等环境参数，以及火灾、泄漏等安全风险。这种实时监测可以帮助工厂及时发现异常情况和潜在危险，并采取适当的措施进行干预和管理。通过减少环境事故和安全事故的发生，工厂可以降低相关的成本费用，包括修复和赔偿费用。

（5）数据分析和决策支持。通过数据分析工具和算法，对物联网技术生成的数据进行深入分析工厂可以识别出潜在的成本节约机会、优化生产过程的关键环节，并进行数据驱动的决策制定。例如，基于物联网数据分析的结果，工厂可以优化能源利用、改善废物处理流程、优化设备维护计划等，以最大限度地降低环境保护与安全生产成本费用。

（6）实时警报和响应。物联网技术可以通过设定阈值和规则，实时监测环境与安全指标，并在异常情况下触发警报和通知。当环境或安全指标超出预设的范围时，控制人员可以立即收到警报，采取恰当的紧急措施来避免潜在的环境事故或安全事故。这种实时警报和响应能力可以降低潜在的损失和风险，并减少环境与安全生产成本费用。

（7）整合与协同作业。物联网技术可以与其他管理系统和软件进行集成，实现数据的整合与协同作业。例如，物联网系统可以与成本管理软件、生产计划系统、维修管理系统等相互连接，实现数据的共享和交互。这样，不同部门之间的信息可以实现无缝对接，协同工作更加高效，提高整体的环境与安全生产成本费用控制能力。

第5章　改进工作考核控制

第10条　确定考核目标。明确考核的目标和目的，包括成本费用的降低、环境指标的改善、安全事故的减少等。

第11条　制定指标和标准。基于考核目标，制定适合的量化指标和标准，指标应该能够客观衡量环境保护与安全生产成本费用的控制效果，可以考虑使用成本费用占比、能源利用率、废物处理效率、安全事故率等指标来评估控制工作的效果。同时，建立相应的标准或基准值，将指标与目标进行比较和评价。

第12条　数据收集和记录。建立系统化的数据收集和记录机制，确保数据来源可靠，通过收集相关的成本数据、环境监测数据、安全记录等，形成完整的考核评价依据。

第13条　进行周期性评估。设定考核评估的周期，包括月度、季度和年度，定期对环境保护与安全生产成本费用控制工作进行评估，以跟踪和监测控制效果的变化和趋势。

第14条　数据分析和比较。对收集到的数据进行分析和比较，与设定的指标和标准进行对比，分析数据的差异和变化，识别出控制工作的优势和不足之处，找到改进的方向和机会。

第15条　编制评估报告。根据评估结果编制评估报告，将数据分析的结果、指标达成情况及建议的改进措施进行清晰的总结和呈现，报告中应包括定量的数值指标和标准的达成情况，以及对于未达标指标的解释和改进计划。

第16条　持续改进。根据评估报告的结果和建议，制订改进计划并执行，监测改进措施的实施情况，定期进行回顾和追踪评估，确保环境与安全生产成本费用的控制工作持续改进和优化。

第17条　在环境与安全生产成本费用的控制工作中，可以使用以下具体的量化数值指标来评估和衡量工作的效果。

1.成本费用占比。衡量环境与安全成本在总体成本中的比例，计算环境与安全成本占总成本的百分比，该指标可以反映出环境与安全成本对工厂总成本的影响程度。

2.能源利用率。衡量能源使用的效率和节约程度，计算能源消耗与产出之间的比例，较高的能源利用率表明生产过程中能源利用更高效，成本费用更低。

3.废物处理效率。衡量废物处理的效率和成本控制情况，计算废物处理量与产出量之间的比例，较低的废物处理效率表明工厂在废物管理方面取得了较好的成果。

4.安全事故率。衡量安全事故的发生频率和严重程度，计算单位时间内发生的安全事故数量，较低的安全事故率表明工厂安全管理措施有效，降低了相关的成本费用。

5.环境指标达成率。衡量环境目标的实现情况，设定一系列环境指标，包括排放标准、水质指标、噪声限制等，并计算达到或超过这些指标的百分比，较高的环境指标达成率表明工厂在环境管理方面取得了良好的成绩。

6.故障率和维修成本。衡量设备故障的频率和维修成本，计算单位时间内设备故障数量和相关维修费用，较低的故障率和维修成本表明工厂设备运行稳定，减少了维修和停机成本。

7.环境与安全培训覆盖率。衡量环境与安全培训的覆盖程度。计算参与环境与安全培训的员工比例，较高的培训覆盖率表明工厂注重员工的环境与安全意识培养，减少了潜在的事故风险和相关成本。

第6章　附则

第18条　本细则由安全管理部负责编制、解释与修订。

第19条　本细则自××××年××月××日起生效。

11

工厂物流成本费用 "精益化"

11.1　运输费用控制

11.1.1　运输配送费用控制问题清单

运输配送费用控制问题清单如表11-1所示。

表11-1　运输配送费用控制问题清单

序号	问题	具体描述
1	不确定性成本	运输配送过程中，存在燃料价格波动、货物损耗、交通堵塞等不确定性成本
2	缺乏实时可见性	没有准确的货物跟踪和运输数据，难以及时发现问题并采取措施进行纠正
3	复杂的供应链网络	涉及多个供应商、分销中心和最终用户，存在复杂的网络和环节，协调和管理的难度增加
4	人为错误和失误	运输配送环节涉及多个人员和环节，人为错误和失误的发生无法避免
5	缺乏绩效评估机制	没有明确的指标和评估方法，难以衡量绩效并激励员工改进运输配送效率
6	技术和系统限制	缺乏先进的技术基础设施或系统支持，限制费用控制的效果

11.1.2　运输配送损耗费用控制管理细则

本细则可以解决以下问题：一是货物的包装和保护措施不当；二是运输方式和运输设备的选择和维护不当；三是没有对运输车辆进行有效管理；四是缺乏损耗奖励机制。

运输配送损耗费用控制管理细则

第1章　总则

第1条　为了优化工厂运输配送流程，降低运输成本，提高服务质量，减少损耗和风险，从而实现经济效益和竞争优势的提升，特制定本细则。

第2条　本细则适用于工厂运输配送费用的管理，除另有规定外，均需参照本细则执行。

第2章　优化货物包装和保护措施

第3条　在进行货物配送前，需要先了解货物属性，确定货物的尺寸、重量、易损性、易碎性等特点，根据货物属性的不同，选择适当的包装材料和方法，常用包装材料如下。

1.纸箱。适用于轻型、非易碎货物，提供一定的保护和支撑。

2.木箱。对于重型或易碎货物提供更高的强度和保护性能。

3.塑料薄膜。适用于覆盖、缠绕或保护货物表面。

4.气泡膜。提供缓冲和防震保护，适用于易碎货物。

第4条　根据货物的形状和尺寸设计合理的包装结构，确保货物能够安全装入包装容器中，并使用适当的内衬、填充物、缓冲材料等，减少货物在包装容器内的移动和振动。

第5条　在货物运输前应充分考虑特殊情况，选择合适的包装方式，确保安全运输。

1.对于液体和化学品，货物包装须遵守相关的安全规定和法律法规，确保密封和标识清晰，防止泄漏和污染。

2.对于易燃品，需要采取额外的防护措施，包括特殊容器、防火材料等。

第6条　货物包装上必须清晰标识货物的内容、数量、重量和特殊处理要求，并使用易识别的标签或贴纸标注易碎、轻拿轻放、上下放置等指示，防止货物损耗。

第7条　在进行货物包装之前必须确保包装容器的密封性，防止渗漏和外界物质侵入，并使用适当的固定方法，包括绑扎、封口胶带、托盘捆绑等，对货物进行固定，防止包装在运输过程中松动或倾倒。

第8条　工厂应对从事货物包装工作的员工进行培训，提供操作指南和流程，教授其正确的包装方法和技巧，确保包装工作按照规定进行，防止人工包装失误造成货物损坏。

第9条　定期对货物包装和保护进行风险评估，识别潜在的问题和改进点，收集反馈和意见，了解运输和配送过程中出现的损耗情况，对包装的设计、选择和方法进行持续改进，提高包装的效果，减少货物损耗，节约包装成本。

315

第3章 优化运输网络和设备维护

第10条 在考虑货物特性、紧急程度、运输距离和运输量等因素的前提下，比较不同运输方式的成本，包括运输费用、保险费用、装卸费用等，权衡成本与效益，选择合适的运输方式。

第11条 明确货物的交付时间要求，包括紧急性和可接受的交货时间，同时考虑货物的起始地和目的地之间的距离，选择合适的运输方式。

1.对于急需交付的货物，选择空运或快递服务等快速运输方式。

2.对于非紧急货物，选择较慢但更经济的运输方式，包括海运或铁路运输等。

3.对于较短的距离，选择公路运输。

4.对于较长的距离，选择铁路、海运或空运等更适合的方式。

第12条 利用技术工具和算法进行路线优化，使用地理信息系统（GIS）和运输管理软件等工具，结合交通拥堵、路况、交通规则和其他限制条件，计算出最优路线。

第13条 通过与供应商、承运商和配送中心合作，优化整个供应链的运输路线，减少重复运输和不必要的中转。

第14条 建立实时监控系统，跟踪货物运输的进展和路线状况，并根据实时数据，进行必要的调整和优化，以应对交通堵塞、突发事件或其他变化。

第15条 根据货物的特性，包括重量、尺寸、形状、易损性等，选择适合的运输设备和工具，包括托盘、集装箱、运输车辆、叉车、输送带、起重机等。

第16条 制订和执行定期维护计划，包括检查、保养和修理运输设备和工具，以预防故障和减少损耗，帮助工厂提前发现潜在问题并进行修复，从而减少停机时间和维修费用。

第17条 加强对操作人员的培训，包括设备操作技巧、日常检查程序、故障排除等内容，帮助其掌握正确的设备使用和维护方法，提高其技能水平，减少设备误用和损坏的风险。

第18条 工厂应与设备供应商建立稳定的合作关系，并签订维修合同，以获得专业的维修支持和服务，提高设备维护的质量和效率，减少损耗。

第19条 定期评估运输设备和工具的状况，关注运输设备和工具的技术创新和自动化趋势，考虑是否需要引入新技术和自动化设备，以提高运输效率、减少人为错误和提升安全性。

第4章　优化运输车辆管理

第20条　定期对车辆进行维护和保养，包括更换机油、检查刹车系统、轮胎和照明设备等。确保车辆处于良好的工作状态，减少故障和事故的风险。

第21条　运输车辆配备必要的安全设备和工具，包括灭火器、安全锁、应急救援工具等，确保车辆在紧急情况下能够及时应对，并对乘员和货物提供安全保护。

第22条　对运输车辆进行定位和监控，实时监测车辆的位置、行驶速度和行驶路线等信息，提高运输效率、安全性和货物追踪能力，降低安全风险，减少货物损耗。

第23条　合理进行车辆调度和路线优化，避免空载行驶和路线拥堵，提高运输效率，减少油耗和运输成本。

第24条　通过规范驾驶行为、定期检查和清洁燃油系统、推广节能技术等措施，减少车辆的燃料消耗，降低运输成本和环境影响。

第25条　严格管理车辆的违章行为，制定相应的违章处理制度和措施，及时发现和解决安全隐患，确保运输过程的安全。

第26条　通过对车辆运输数据的分析，识别潜在的改进机会，并制定改进措施，优化车辆管理和运输流程，提高运输效率和成本控制能力。

第27条　加强对驾驶员的技能培训，包括安全驾驶技巧、货物装卸操作、紧急情况处理等，并建立合理的工时管理制度，确保驾驶员休息和驾驶时间的合理安排，防止疲劳驾驶，避免安全事故发生。

第5章　加强质量检验和管理

第28条　制定清晰的质量管理和检验程序，确保每个环节都有明确的操作指南和标准，特别是货物接收、装车、运输、卸货等关键环节。

第29条　根据货物的特性和要求，制订质量检验计划，使用合适的检验工具和设备，对货物进行检查和测试，确保其符合要求和标准。

第30条　建立质量指标和绩效评估体系，对质量管理和检验工作进行持续监测和评估，并定期检查数据，分析质量问题和趋势，识别潜在的改进机会，制定相应的纠正和改进措施。

第6章　建立损耗奖励机制

第31条　建立健全运输配送损耗奖励机制，明确评估指标和奖励标准，提高员工的参与度和积极性。

第32条　根据绩效水平和达成目标的程度，将员工或团队分为不同的等级，并根据每个等级所需达到的具体要求和指标，制定奖励标准，具体可参考以下几种标准。

1.损耗率控制。

（1）金奖。损耗率≤1%，奖金5000元。

（2）银奖。损耗率≤3%，奖金3000元。

（3）铜奖。损耗率≤5%，奖金1000元。

2.损失金额控制。

（1）金奖。损失金额≤10000元，奖金5000元。

（2）银奖。损失金额≤30000元，奖金3000元。

（3）铜奖。损失金额≤50000元，奖金1000元。

3.配送时间优化。

（1）金奖。将配送时间缩短至24小时内，奖金5000元。

（2）银奖。将配送时间缩短至48小时（含）内，奖金3000元。

（3）铜奖。将配送时间缩短至72小时（含）内，奖金1000元。

第33条　工厂应定期评估奖励标准和等级的适应性和效果，并根据业绩变化和行业趋势，对奖励标准和等级进行更新和修订。

第7章　附则

第34条　本细则由物流部负责编制、解释与修订。

第35条　本细则自××××年××月××日起生效。

11.1.3　商品配送费用控制制度

本制度可以解决以下问题：一是运输网络和运输设备配置不合理；二是没有掌握人工成本的控制方向；三是在商品配送前没有对商品进行质量控制；四是商品退换货流程不清晰，成本没有得到有效控制。

商品配送费用控制制度
第1章　总则

第1条　为了规范和管理商品配送费用，降低成本、优化资源利用、提高客户满意度，增强工厂的竞争力和可持续发展能力，特制定本制度。

第2条　本制度适用于工厂配送中心商品配送费用管理的工作。

第2章　优化配送网络

第3条　根据工厂的需求和产品特性，综合考虑工厂的地理位置、客户分布、供应商位置和销售市场等因素，确定最佳的配送中心位置和分布，以便实现更高效的配送。

第4条　根据货物的特性、运输距离和速度要求等因素，评估和选择最合适的运输模式，包括公路运输、铁路运输、海运或空运等，选择最经济和高效的运输方式。

第5条　使用先进的路线规划工具和算法，充分考虑交通拥堵、运输距离、时间窗口和配送量等因素，优化配送路径以减少里程、节约时间和燃料成本。

第6条　合理管理运输资源，包括车辆、驾驶员和装载设备等。在充分考虑装载率、运输能力和效率等因素的基础上，合理分配和调度运输资源，以达到对运输资源地最佳利用。

第7条　利用物流管理系统、GPS跟踪、实时数据分析等现代信息技术，实现对配送网络的实时监控和管理，了解配送网络的瓶颈和改进机会，进行优化决策。

第8条　与供应商、物流公司和零售商等合作伙伴建立协同机制，共享配送网络和资源，提高运输效率和服务水平。

第3章　合理配置设备

第9条　明确工厂的仓储需求，再根据货物的体积、重量和特殊要求，选择适当的仓储设备，包括货架、托盘和储物柜等，以满足货物的储存和管理需求。

第10条　根据货物的特性和数量，选择叉车、输送带、自动导航车等合适的搬运工具，确保设备的灵活性和适应性，以应对不同类型的货物搬运需求。

第11条　根据货物的包装要求和生产流程，选择适当的包装设备，包括封箱机、打包机、气泡膜机等，以提高包装效率和保护货物的安全性。

第12条　在充分考虑货物的运输方式和距离等决定因素的前提下，选择适当的运输设备，包括货车、集装箱、运输船舶、飞机等，确保设备具备足够的载货能力，能够适应不同道路和环境的能力。

第13条　根据工厂的需求和预算，引入自动化设备和自动拣货系统、自动仓储系统和自动导航系统等，提高效率、减少人力投入和错误率。

第14条　在配送中心配置安全设备，安装火灾报警器、监控摄像头和紧急停止按钮等，以确保工作环境的安全和员工的健康。

第15条　对配置的物流设备进行预防性维护，并确保备有必要的备件和维修工具，以减少设备故障和停机时间。

第4章　优化运输车辆及能耗管理

第16条　选择适合的运输车辆类型和规模，考虑货物数量、重量和体积等因素，优化运输路线和规划，减少运输距离和时间，降低燃料消耗和排放。

第17条　定期进行车辆维护和保养，确保车辆处于良好的工作状态，通过检查轮胎气压、发动机运行状况、润滑油等，提高燃油效率和减少故障率。

第18条　工厂可根据自身需求和经济实力引入混合动力车辆、电动车辆或氢燃料电池车辆等绿色车辆技术，减少燃料消耗和尾气排放，降低对环境的影响。

第19条　对驾驶员进行驾驶技巧、车辆操作规范和交通安全意识等方面的培训，提高驾驶员的驾驶技巧和节能意识，以减少燃油消耗和事故风险。

第20条　优化货物负载和组织，最大限度地利用车辆的装载能力，合理安排货物摆放和装卸顺序，减少空运行和多次运输，降低能耗和成本。

第21条　建立燃料管理系统，监控燃料消耗和能源使用情况，采取减少怠速时间、合理使用空调和降低车辆重量等节能措施，以降低能耗和运营成本。

第5章　控制人工成本

第22条　通过合理的人力需求规划，确保配送团队的规模与实际需求相匹配，避免过度招聘或过度雇用的情况，减少不必要的人工成本。

第23条　分析和优化配送流程，确保工作任务的合理分配和优化，减少重复工作和无效的操作，提高工作效率，减少人力投入，降低人工成本。

第24条　为员工提供培训和发展机会，提升员工的专业技能和工作能力，提高员工的工作效率和专业素养，减少错误的重复发生，降低人力成本。

第25条　引入自动拣货系统、智能路线规划软件和实时监控系统等自动化设备和技术工具，减少人工需求，提高拣货和配送效率。

第26条　将部分配送任务外包给专业物流公司，减少直接雇用员工的成本，减少人工操作错误的概率，实现风险转移。

第27条　实施弹性工作制度，根据实际需求调整员工的工作时间和工作地点，更好地匹配工作量和人力资源，减少额外的人工成本。

第28条　建立明确的绩效管理制度，设定具体的绩效目标和评估标准，通过奖金、晋升机会和福利待遇等激励措施，激励员工提高工作绩效，减少人力成本。

第6章　加强质量管理

第29条　明确商品配送的质量标准和操作指导，包括货物外观的完整性、包装要求、温度控制等方面的标准，确保所有配送活动符合规定要求，减少货物损耗，降低退换货发生的概率。

第30条　与供应商建立合作关系前，应对供应商进行评估，评估其产品质量、可靠性和配送能力，选择可靠的供应商可以降低商品质量问题和配送延误的风险。

第31条　建立检查程序，对一定数量的配送货物进行质量检查和抽样检验，以验证整个批次的质量，确保货物符合质量标准和要求。

第32条　利用物联网技术和实时监控系统，对配送过程进行实时监控和追踪，监控货物的位置、状态和环境条件，及时发现异常情况，并采取相应的措施进行调整和纠正。

第33条　为配送人员提供相关的知识和技能培训，加强配送人员对质量控制重要性的认识，使员工能够正确执行质量控制的要求和操作标准。

第34条　建立不良品处理和追溯机制，及时处理和记录不合格的货物，并调查其原因，追究其责任。通过追溯系统，追踪和分析不良品的来源，采取相应的改进措施，防止类似问题再次发生。

第7章　应用先进技术

第35条　引入物联网技术，使用传感器和智能设备来监测货物的位置、温度、湿度等信息，实现实时追踪和监控，提高货物的可追溯性和运输安全性。

第36条　利用大数据分析技术，对配送过程中产生的海量数据进行挖掘，并分析配送路径、货物需求、运输效率等方面的数据，识别潜在的优化机会和改进方案，提高配送效率，降低成本。

第37条　应用人工智能和机器学习技术，使用AI算法优化配送路径规划、智能调度和货物分配，对配送数据进行自动化处理和决策，实现更高效的配送操作和资源利用。

第38条　引入自动化设备和机器人技术，使用自动拣货系统、自动装载和卸载设备、无人机等设备和工具,实现部分或全部的配送流程的自动化,提高配送速度和准确性。

第39条　利用无线通信技术,使用移动设备、传感器网络和无线通信系统,实现与配送车辆、配送员和管理系统的实时连接,提供实时的数据和指导。

第40条　应用区块链技术,通过区块链技术的分布式账本和智能合约功能,实现货物追溯、合同管理、支付结算等方面的安全和透明,实现配送过程中的可信和安全性。

第8章　控制退换货成本

第41条　制定明确的退换货政策,包括退货时间限制、产品状况要求及退款方式等,以便管理退换货过程。

第42条　积极与客户沟通,了解退换货的原因和问题,并寻求解决方案,满足客户的需求,减少退换货的发生,提高客户满意度,降低二次配送费用。

第43条　在接收退换货前,对产品进行检查,确保产品的完好,并核对退换货请求与实际情况是否一致。

第44条　确定在退换货过程中运输费用的责任分担方式,主要有以下几种情况。

1.如果产品是由于原材料质量引起的质量问题导致退货,则由供应商承担运输费用。

2.如果退换货是由客户原因引起的(尺寸不合适或改变主意),则运输费用由客户自行承担。

3.如果是由于工厂生产导致的质量问题,需要将产品召回,则由工厂承担运输费用。

第45条　针对退换货,配送中心应考虑使用普通快递服务等更经济的运输方式,以降低二次配送费用。

第46条　建立物流追踪系统,以追踪和核算退换货过程中的运输费用,记录每个退换货的配送费用及相应的原因,帮助工厂监控和控制成本。

第47条　与供应链合作伙伴进行合作,共同管理退换货过程中的配送费用,降低总体的配送费用。

第48条　对退换货过程进行数据分析,了解退换货的频率、原因和相关的配送费用。基于这些数据,进行产品质量控制等优化措施,以减少退货率,降低配送费用。

第9章 附则

第49条 本制度由配送中心负责编制、解释与修订。

第50条 本制度自××××年××月××日起生效。

11.2 仓储费用控制

11.2.1 仓储费用控制问题清单

仓储费用控制问题清单如表11-2所示。

表11-2 仓储费用控制问题清单

序号	问题	具体描述
1	高昂的租金和运营成本	大型的仓储库房及设施,租金和运营成本相对较高
2	库存管理不当	库存管理不当可能导致库存过高或过低,会增加仓储费用,或增加补货和运输成本
3	仓储设施和管理工具落后	如果设施和工具落后,无法适应市场需求和业务变化,会影响仓储效率和成本控制
4	物流环节不协调	物流环节不协调,任何一个环节出现延误,都可能会导致仓储成本增加
5	存在安全隐患	仓库安全存在隐患,会增加仓储损失和费用,影响仓储费用控制的效果

11.2.2 低库存成本控制方案

本方案可以解决以下问题:一是工厂库存需求预测不准确;二是采购策略的制定不合理;三是库存管理不当;四是生产工艺和技术落后;五是没有构建供应链协同机制。

低库存成本控制方案

一、目标

最大限度的降低库存成本、提高资金流动性，提升生产效率，优化供应链，降低库存风险和实现环境可持续性。

二、现状及问题

1.需求不确定性。不准确的需求预测会导致库存过剩或缺货，增加了库存成本过高和生产停工等风险。

2.供应链协调。复杂的供应链网络，涉及多个供应商和分销商，存在信息传递延迟、沟通不畅和协调困难的问题。

3.产品特性和周期性需求。某些产品具有季节性或周期性的需求，对于这些产品，库存管理需要更加敏捷和灵活的进行管理，以适应市场需求的变化。

4.供应链可见性和透明度。缺乏供应链的实时信息和可视化工具可能会导致库存过剩或缺货的问题，导致生产线停工或仓储成本过高。

三、方案设计与执行

1.准确预测库存需求。

（1）收集数据。收集历史销售数据、市场趋势数据、产品周期性、促销活动、竞争动态、客户反馈等相关数据。这些数据可以来自内部的销售记录、生产计划和库存数据，也可以来自外部的市场调研、行业报告和市场趋势分析。

（2）整理数据。对收集到的数据进行清洗和整理，去除异常值和缺失数据，并进行数据转换和标准化，以便对其进行后续分析和预测。

（3）选择模型。基于清洗后的数据，使用统计分析方法、时间序列分析、回归分析等技术，探索数据之间的关系和趋势。根据数据的特点和需求选择最适合的模型，包括移动平均法、指数平滑法、ARIMA 模型等。

（4）建立模型。根据选择的预测模型，建立模型并进行训练，使用历史数据进行模型参数的估计和调整，以使模型能够较好地拟合历史数据的变化。

（5）预测数据。使用部分历史数据作为验证集，对训练好的模型进行预测，并与实际观测值进行比较，通过评估预测结果的准确性和误差，判断模型的预测能力。

（6）优化模型。根据预测结果的评估结果，对模型进行调整和优化，通过调整模型的参数、尝试不同的模型结构或算法来提高预测的准确性。

（7）应用结果。根据调整和优化后的模型，进行未来需求的预测，并将预测结果应用于库存管理、生产计划和采购决策等方面，以指导企业的运营和供应链管理。

（8）定期更新。定期更新需求预测模型，使用最新的数据进行训练和预测，持续监控预测结果的准确性和误差，及时调整和优化模型，以保持预测的精度和可靠性。

2.优化采购策略。

（1）评估供应商。评估现有供应商和潜在供应商的能力、可靠性和服务水平，建立长期合作关系，并与供应商进行积极的沟通和协商，优化采购合同和交付条件，确保其及时供应和给出优惠价格。

（2）确定采购策略。根据需求预测和销售数据，采用精确的订货点和订货量计算方法，结合供应商的交货周期，确定最佳的采购策略，避免过多的采购导致库存积压，也避免采购不足导致缺货。

（3）优化采购周期。根据产品特性和市场需求，采用经济订货批量（EOQ）模型或其他合适的方法，确定合理的采购周期，减少频繁的采购和库存持有成本。

（4）JIT采购模式。采用JIT采购模式，按需进行采购和供应。与供应商建立稳定的合作关系，实现及时交货和最小化库存。通过减少库存储备和库存风险，降低库存成本。

（5）品类管理。对采购品类进行分类管理，根据不同品类的特点和重要性，制定不同的采购策略，对重要的、关键的品类进行更紧密的供应商管理和库存控制，对非关键品类进行灵活的采购管理。

（6）技术支持和工具应用，借助信息技术和采购管理工具，实现采购过程的自动化和优化，使用采购管理系统、供应商管理软件等工具，提高采购效率和准确性，优化供应链的可见性和控制能力。

3.加强库存管理。

（1）制定库存管理策略。分析产品的需求特点和供应特点，包括销售季节性、需求波动、供应稳定性等，并根据不同产品的特点，制定相应的库存管理策略。

（2）ABC 分析法。采用ABC 分析方法对库存进行分类，将物料按照重要性和价值划分为 A 类、B 类和 C 类。针对 A 类物料，进行更加严格的库存管理和控制，对于 C 类物料则可采取更灵活的管理策略。

（3）安全库存水平。根据供应链的稳定性和需求的不确定性，确定适当的安全库存水平。用于应对需求波动、供应延迟或其他不可预见的情况。

（4）JIT库存管理。采用JIT策略，通过与供应商建立紧密的合作关系，实现按需采购和生产，尽量减少库存储备，避免因库存积压而产生的额外成本。

（5）库存监控和指标。建立有效的库存监控系统，制定关键的库存管理指标，对低周转率的物料进行分析，并采取库存清理、促销活动等措施，提高库存周转率，降低库存成本。

（6）库存优化技术和工具。使用库存管理系统、自动化仓储设备、物联网技术等技术和工具，帮助实时监控库存情况、优化库存存放和取货过程，并提供数据分析和预测功能，以支持更精确的库存管理决策。

（7）培训和人员发展。为库存管理团队提供培训和持续的专业发展机会，确保团队成员具备库存管理的专业知识和技能，能够有效执行库存管理策略，并应对日常操作中的挑战和变化。

（8）返工和废品管理。识别并改进导致返工和废品的根本原因，采取措施改善产品质量和工艺流程，有效管理返工和废品，以减少库存成本。

（9）定期库存盘点和分析。定期进行库存盘点和分析，及时发现库存异常和问题，调整库存策略和管理措施，以提高库存成本控制效果。

4.精益生产和优化工艺。

（1）生产计划与排程优化。根据市场需求和库存情况，采用先进的排程算法和规划工具，制订准确的生产计划，合理安排生产资源和工作流程，最大限度地优化生产效率，提高资源利用率。

（2）连续改进和精益生产。应用流程映射、价值流分析、5S等工具和方法，识别并改进生产中的瓶颈和瑕疵，消除浪费、优化生产流程和改善工作方法，实现生产效率的提升和成本的节约。

（3）自动化和智能制造技术。采用自动化设备、机器人和智能化系统，实现生产过程的自动化和智能化，减少人力成本和错误率，提高生产的准确性和稳定性。

（4）物料管理和供应链协同。采用物料需求计划（MRP）和供应链管理系统，优化物料的采购、入库和使用，并建立与供应商的紧密合作，共享需求预测和库存信息，实现物料的准时交付和最小化库存。

（5）质量管理和缺陷预防。建立质量控制体系和流程，加强质量管理，通过缺陷预防和持续改进，减少生产中的质量问题和废品率。

（6）数据分析和监控。借助物联网（IoT）技术和大数据分析，实现对生产过程的实时监控和预测，识别生产过程中的瓶颈、效率问题和质量异常，并及时采取纠正措施。

（7）加强员工培训。为员工提供必要的培训和技能提升，帮助员工更好地理解工艺流程和操作要求，提高员工的专业水平和操作技能，以提高工作效率和产品质量。

（8）联合设计和协同创新。与供应商、合作伙伴进行联合设计和协同创新。通过共同研发和设计，优化产品结构和工艺流程，提高产品的性能和生产效率。

5.构建供应链协同机制。

（1）供应链可见性。建立供应链可见性，通过信息技术和系统实现供应链各环节的实时监控和数据共享。以更好地了解供应链中的流程和活动，及时发现问题并采取相应的措施。

（2）需求协同。与供应商进行需求协同，分享需求预测、销售数据和市场信息。以便于供应商了解市场需求，提前调整生产和供应计划，满足需求变化。

（3）信息共享。与供应商进行库存管理和衔接的合作，共享库存信息和计划，确保供应和需求之间的平衡，并减少库存风险和成本。

（4）物流协调。与供应商密切协同物流规划、运输安排、货物追踪等工作，确保货物的及时交付和运输的高效性，提高供应链的响应速度和灵活性。

（5）风险管理。共同管理供应链中的风险，包括自然灾害、原材料短缺、价格波动等。建立风险管理机制和应急预案，与供应商共同应对潜在的风险和挑战。

（6）保持沟通。与供应商保持积极的沟通和合作，及时沟通问题，并寻找解决方案，共同推动供应链的优化和协同发展。

四、持续改进

1.建立有效的数据分析和监控系统，定期收集、分析和评估与库存成本相关的数据，识别问题和瓶颈，并及时采取措施进行改进。监控关键指标具体有以下几点。

（1）库存周转率。衡量库存运作效率的指标，用来评估工厂库存管理是否合理、库存利用率是否高效。

（2）库存覆盖天数。衡量库存能够支持销售运作的时间长度的指标，用来评估库存管理的稳定性和可靠性。

（3）滞销库存比例。持有的滞销库存占总库存的比例，用来评估企业库存管理的效果和库存流动性。

2.定期评估现有的库存成本控制方案，通过对方案的评估和效果分析，发现潜在的问题和改进的机会。收集利益相关方的反馈意见，包括供应商、客户和内部团队，了解他们的需求和建议。

3.持续培训和教育。提供持续的培训和教育机会，使团队成员了解现代库存管理的最佳实践和最新趋势，帮助他们掌握库存成本控制的技能和知识，鼓励员工提出改进建议。

4.推动创新和技术应用。鼓励团队成员积极参与创新和技术应用，以改进库存管理的过程和流程，提升库存成本控制的效率和准确性。

5.推广持续改进文化。鼓励团队成员提出改进意见和建议，并积极参与改进项目，对提出有效改进方案的人员进行奖励。

五、成果预测

1.通过优化库存管理和控制，减少库存水平和库存占用资金，从而降低库存成本。通过精确的需求预测和计划，避免库存过剩和滞销现象，提高库存周转率，加速资金的流动。

2.通过供应链协同和合作，优化供应链流程，减少物流时间和生产周期，降低运输和仓储成本。

3.通过准确的需求预测和及时的库存补给，满足客户的需求，减少订单延迟和缺货情况，提高客户满意度。

4.通过优化库存管理和供应链流程，提高供应链的响应速度和灵活性，能够更快地满足市场需求和变化。

5.低库存成本控制可以提高企业的运营效率和资金利用效率，降低成本，提高利润率，增强企业的竞争力。

11.3　物流成本费用控制如何"降本增利"

11.3.1　物流成本费用控制"降本增利"实施要点

物流成本费用"降本增利"能够帮助工厂更好地管理资源，提高运营效率，增强工厂竞争力。物流成本费用控制"降本增利"实施要点如图11-1所示。

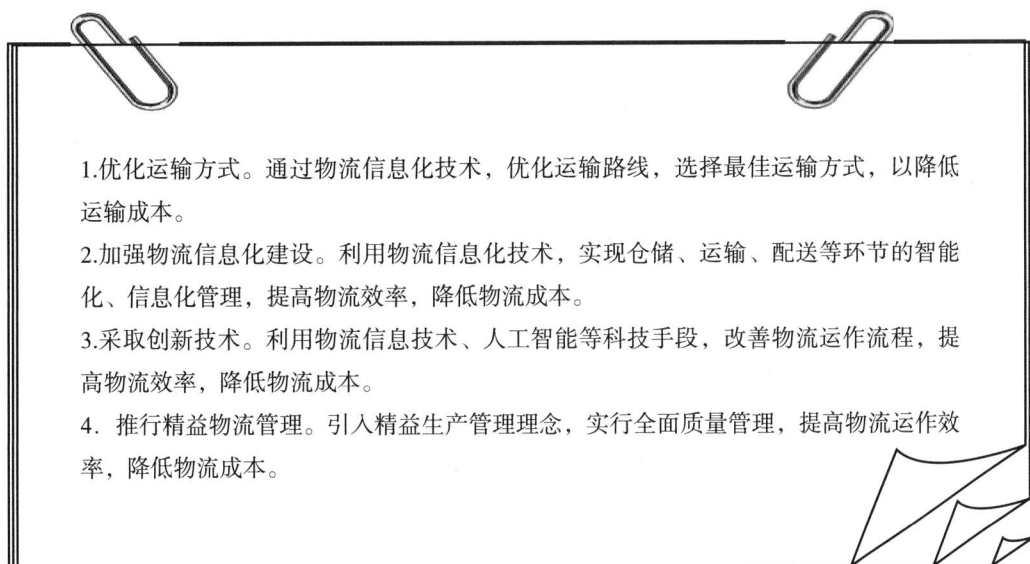

1.优化运输方式。通过物流信息化技术，优化运输路线，选择最佳运输方式，以降低运输成本。

2.加强物流信息化建设。利用物流信息化技术，实现仓储、运输、配送等环节的智能化、信息化管理，提高物流效率，降低物流成本。

3.采取创新技术。利用物流信息技术、人工智能等科技手段，改善物流运作流程，提高物流效率，降低物流成本。

4. 推行精益物流管理。引入精益生产管理理念，实行全面质量管理，提高物流运作效率，降低物流成本。

图11-1　物流成本费用控制"降本增利"实施要点

11.3.2　物流成本费用控制"降本增利"实施方案

本方案可以解决以下问题：一是缺乏有效的供应链管理；二是物流运输成本没有得到有效控制；三是库存管理不当；四是对相关工作人员培训的项目和方向不明确。

物流成本费用控制"降本增利"实施方案

一、目标

优化物流运作和管理，减少物流环节的浪费和低效，提高物流效率，优化资源利用，实现物流成本的降低和利润的增加，从而提升工厂的竞争力和盈利能力。

二、现状及问题

1.现代供应链是全球化的，涉及多个地区和国家之间的物流活动，管理和协调复杂的物流网络需要高度的组织能力和协调能力。

2.工厂面临着供应链中断、运输延误、库存短缺等运营风险。工厂需要采取措施来管理和减轻这些风险，以确保物流的顺畅和生产的连续性。

3.现代物流依赖于供应商、承运商和物流服务提供商等各种合作伙伴，不同合作伙伴之间的利益冲突和沟通问题可能会给实施过程带来困难。

4.引入先进的物流技术和设备需要大量的资金投入，包括购买、安装、培训和维护等方面的费用。对于中小型企业来说，资金压力可能成为限制因素。

5.新技术的应用要求员工具备新的技能和知识，工厂需要对员工进行培训，并给予一定的时间作为适应期，但在此期间会对生产和物流效率产生一定的影响。

6.物流过程中涉及大量的数据传输和信息共享，包括订单、库存、运输等敏感信息。确保数据的安全性和隐私性是一个重要的挑战，工厂需要采取适当的安全措施和合规措施。

三、方案设计与执行

1.优化供应链管理。

（1）对潜在的供应商进行全面评估，包括其质量控制能力、交货准时性、成本效益等方面的考虑，优化供应商选择和合作关系，寻找可靠的供应商并与其建立长期合作关系，以获得更有竞争力的价格和服务。

（2）建立供应链信息系统，实现供应链各个环节的数据共享和实时可见性，并与供应链合作伙伴分享销售预测、库存信息和生产计划等关键信息，以实现更好的协同和协作。

（3）优化供应链流程，减少不必要的物流环节和中间环节，缩短供应链周期，提高物流效率，降低物流成本。

（4）建立供应链绩效评估机制，对供应链中的关键绩效指标进行监控和评估，并强化供应链协调和沟通，确保各个环节之间的协同配合，以减少延误和效率低下的现象。

（5）评估供应链中的风险，并制订相应的风险管理计划，降低潜在风险对供应链的影响，并建立供应链弹性机制，包括备选供应商的选择和供应链的多样化，以应对突发事件和市场变化。

2.控制运输成本。

（1）评估运输方式和运输路线，通过比较不同运输服务商的价格、服务质量和运输时间等因素，选择最具性价比的运输方式和运输方案，以节约运输成本。

（2）通过分析运输路线和网络，避开拥堵区域和高峰时段，寻找最短、最经济和最有效的路线，缩短运输距离和时间，节约运输成本。

（3）优化货物的包装方式，明确容量利用率，合理安排货物的装载顺序和堆放方式，最大限度地利用运输空间，提高装载率，减少空驶和回程空载。

（4）通过调查和比较不同的运输服务供应商，谈判运输费用和服务条款，争取更有竞争力的价格和条件，或通过集货、拼车或合并运输等合作方式，提高运输效率，节约运输成本。

（5）设立准时交货率、货损率、车辆利用率等运输绩效指标，并进行监控和评估，就出现的问题与承运商进行沟通和协商，持续改进运输效率和降低成本。

3.优化库存管理。

（1）确定适当的安全库存水平，避免库存积压和过高的资金占用成本，同时确保足够的库存以满足需求，以应对供应链中断、需求波动等不确定性因素。

（2）分析库存周转率，识别库存滞留和过期风险高的产品，采取促销、调拨或合理定价等措施，节约仓储空间，降低仓储成本。

（3）优化库存储存布局，合理安排货架和仓储空间，提高库存利用率，减少库存积压和占用成本。

（4）与供应链合作伙伴共享库存信息，建立协调机制，以避免过多的库存和供应链中的库存过剩或短缺。

（5）应用物联网、人工智能和大数据分析等现代技术和工具，提高库存管理的准确性和效率，并使用自动化系统和软件来监控库存水平、库存周转率和补货时间，帮助及时作出决策。

（6）定期进行库存盘点，确保库存记录的准确性，根据库存盘点结果，及时发现和纠正库存偏差和损失，制订改进计划，减少库存损失和浪费。

331

4.改进物流流程。

（1）对现有的物流流程进行详细分析，识别瓶颈和问题点。通过流程重组和优化，简化流程、减少环节、消除冗余操作，以提高物流效率和降低成本。

（2）引入自动化设备和信息技术来提高物流流程的效率和准确性。通过使用物流管理系统和仓储管理系统来实现实时跟踪和货物管理的流动，减少人工操作和失误。

（3）通过评估和优化物流网络结构，优化仓库和配送中心的位置，减少运输距离和时间。同时，建立合理的物流合作伙伴关系，通过合作共享资源和运输需求，提高运输效率和降低成本。

5.加强员工培训。

（1）物流管理知识。培训员工关于物流管理的基本知识和理论，包括物流流程、库存管理、运输管理、供应链管理等方面的知识。

（2）运输与仓储技能。提供相关的运输和仓储技能培训，包括货物装卸、仓库管理、货物包装等，以提高操作效率，减少物流损耗。

（3）运输安全与合规知识。培训员工运输安全和合规方面的知识，包括货物安全、驾驶安全、法律法规等，确保运输过程的安全性和合规性。

（4）沟通与协作能力。培训员工有效的沟通与协作技巧，帮助他们与供应商、客户及内部团队进行良好的合作，提高物流效率。

（5）培养节约意识。培养员工的成本意识和节约意识，促使他们能够在物流过程中寻找成本节约的机会，提高降本增利的意识和行动。

四、持续改进

1.确定用于衡量物流成本费用降本增利的关键绩效指标，包括成本节约百分比、交货时间减少、库存周转率等，并将这些指标作为改进的依据和衡量标准。

2.定期回顾降本增利方案的执行情况和成果。评估实施过程中的挑战和成功，并与团队进行分享和讨论。根据反馈和经验教训，制订改进计划。

3.基于回顾和分析的结果，制订具体的改进计划。确保每个改进计划具有明确的目标、可行的行动步骤和时间表。

4.建立监测系统，定期追踪和评估改进措施的效果。根据评估结果，及时调整和优化改进计划。

5.采用PDCA循环方法，持续进行改进，以不断完善和优化方案。

6.通过参观其他先进工厂、参加行业会议和研讨会，与专业人士和同行交流经验，学习和借鉴其他公司或行业的经验或案例，获取灵感和思路。

7.组织定期的改进活动，通过头脑风暴会议、问题解决会议等方式，促进团队合作和创新，找到解决问题的新方法。

8.设定明确的目标和指标，使员工能够理解和追求"降本增利"的目标，并建立有效的绩效评估体系，定期评估员工的绩效表现，将绩效与降本增利的成果挂钩。

五、成果预测

1.通过采用更经济的运输方式和物流方案，改善库存管理和仓储布局，以及优化供应链协同等措施，实现物流成本的降低。

2.通过提高物流效率，缩短物流时间和提高准时交货率，可以提高整个供应链的运作效率，缩短订单处理和配送时间，减少库存积压，提高客户满意度和信任度。

3.通过提供更快捷、更可靠和更个性化的物流服务，满足客户多样化的需求和要求，提高客户满意度和口碑，增强工厂品牌形象和市场竞争力。

4.通过优化物流服务，工厂可以扩大销售规模和市场份额，进一步提高工厂的盈利能力和竞争力。

12

工厂外协外包服务费用"精益化"

12.1 外协研发与生产费用控制

12.1.1 外协研发与生产成本控制问题清单

外协研发与生产成本控制问题清单如表12-1所示。

表12-1 外协研发与生产成本控制问题清单

序号	问题	具体描述
1	外协费用不合理	外协方提供的价格过高或过低，都会影响到外协研发与生产成本的控制效果
2	外协加工质量不稳定	外协方的加工质量不稳定，会影响到产品的质量和交货期，进而影响到工厂的生产效率和质量管理
3	外协方生产能力不足	外协方的生产能力不足，会导致加工时间延迟，进而影响到工厂的生产计划和交货期
4	信息沟通不畅	与外协方之间的交流和沟通如果存在障碍，可能导致延迟、错误和额外生产成本的产生
5	技术协作不到位	外协加工单位的技术水平和管理能力不足，会影响到产品的质量和交货期，甚至会导致生产事故

12.1.2 外协研发成本费用管控方案

本方案可以解决以下问题：一是对外协研发成本费用认知不准确；二是外协研发调研成本控制不力；三是没有实现对外协研发人力成本有效控制；四是外协研发质量成本控制力度不足。

外协研发成本费用管控方案

一、目标

在保证研发质量的前提下，最大限度地降低生产成本、提高生产效率，推动生产创新和升级，提升工厂的竞争力和品牌形象。

二、现状及问题

1.在外协研发项目的初期阶段，由于项目的复杂性、技术挑战、需求变更等，外协研发项目的成本预估往往存在一定的不确定性，使得成本控制变得困难。

2.在外协研发项目中，成本通常涉及人员费用、设备和工具费用、材料费用等多个方面，而委托方可能无法充分掌握和了解这些成本的细节和结构，使得成本管控变得困难。

3.外协研发项目涉及技术、知识产权、合规性等方面的风险。如果风险管理不足，可能导致出现技术问题、知识产权纠纷或法律合规问题，增加额外的成本开支。

4.在外协研发项目中，过度追求成本控制可能导致质量受损，而过度追求质量可能导致成本超支。工厂应合理处理两者之间的关系，取得一定的平衡。

三、外协研发成本构成明细

外协研发成本是为了完成研发任务而产生的各种相关成本，外协研发成本构成明细如表12-2所示。

表12-2 外协研发成本构成明细

成本	具体解释
调研费用	工厂为了进行外协研发活动所支付的各种费用，包括调研计划制订费用、调研人员薪酬、调研设备和软件购买或租赁费用、调研场地和实验室费用、调研样品和试验费用、其他杂项费用等
人力成本	外协研发通常需要雇用专业团队或与外部机构合作，包括人力资源成本，包括工程师、科学家、研究人员等的薪资、培训和福利
物料成本	物料成本是指在研发过程中所消耗的各种原材料、零部件、能源和动力等成本
技术开发与引进费用	在研发过程中，为了开发新技术、新产品、新工艺，或者为了改进现有技术而引进新技术、新流程、新工艺、购买专利等所发生的费用
质量成本	为了保证产品或服务的质量所支出的成本，包括生产过程中的质量控制成本、质量检验成本、质量改进成本等

四、外协研发成本费用控制

1.调研费用控制措施。

（1）在进行外协研发项目之前，工厂需要根据项目的需求和进度，制订详细的调研计划和预算，明确调研的目标、对象、范围、方法、预算和时间等，确保调研工作有序、高效地进行。同时，工厂还需要对调研费用进行严格的预算和报销管理，遵守相关的预算和报销制度，避免因费用超支而影响项目的进度和质量。

（2）工厂需要根据项目的性质和需求，选择合适的调研方法和工具，包括问卷调查、访谈、焦点小组等，以及支持调研工作的数据收集和分析工具，提高调研效率和质量，降低调研成本。

（3）在进行外协研发项目时，工厂应对调研费用进行严格控制，包括对调研人员的薪酬、差旅费用、设备和软件费用等进行严格的预算和报销管理，遵守相关的预算和报销制度，确保调研费用的合理分配和使用。此外，工厂还需要加强对调研场地、实验室等硬件设施的管理和控制，避免因调研场地不符合要求或实验室设备不足而影响调研工作的质量和效率。

（4）根据实际调研结果，工厂应对调研计划和预算的执行进行评估，找出潜在的问题和优化空间，并针对性地制定解决方案和措施，实现最佳的调研效果和成本控制，提高调研效率，降低调研成本。

（5）与项目团队成员保持密切沟通和协作，及时分享调研信息和结果，共同制订调研策略和计划，确保项目决策和实施符合团队共同利益，提高整个项目的效率和质量，从而降低调研成本。

2.人力成本控制措施。

（1）在开始外协研发项目之前，工厂应进行仔细的员工需求规划。评估所需的专业技能和人员数量，并确保人员配置与项目需求相匹配，避免因过多或过少的员工而导致人力资源成本的浪费。此外，工厂可以引入员工调度系统、自动化排班系统等先进的人力资源管理工具和技术，以提高人力资源管理的效率和准确性，降低人力成本。

（2）建立有效的团队合作和协作机制，确保沟通顺畅，减少冲突和误解，最大限度地利用团队成员的能力，提高整体工作效率。

（3）将一些非核心和非关键的任务外包给专业团队或外部机构，减轻内部人员的负担，提高工作效率，并在需要时灵活调整外包服务的规模，降低人员需求，从而降低人力成本。

（4）根据项目的需求和时间周期，采用灵活的雇佣模式，包括雇用临时员工、兼职员工、合同工或外包服务等，并根据实际需求调整人员的工作时间和用工量，降低人力成本。

（5）加强人才培养和引进，通过内部培训、外部培训、学术研究等方式，提高员工的技能水平和综合素质，增强员工的竞争力和适应性，降低人力成本。同时，工厂可以引进高素质人才，提高研发项目的质量和效率，降低人力成本。

（6）建立激励机制和绩效考核制度，并将考核结果与员工的薪酬、晋升、福利等相关联，通过实施项目奖励制度、绩效奖励制度等，对研发团队和个人的工作成果进行及时的认可和奖励，提高员工的工作积极性和创造力，从而降低人力成本。

（7）加强员工沟通和关怀，通过定期组织员工交流会、举办文化活动、关注员工健康和生活等方式，增强员工的归属感和忠诚度，降低员工流失率和离职成本。

3.研发物料成本控制措施。

（1）建立物料库存管理制度，每种物料都建立独立的库存账目，详细记录库存的位置、数量、状态、用途等信息，并及时跟踪物料的进出库情况，确保物料的储存和使用符合要求，避免产生额外的物料成本。

（2）物料采购前，进行充分的市场调研和分析，确定合适的采购计划，包括采购数量、采购时间、采购价格等信息，最大程度地降低采购成本和管理成本。

（3）在研发初期，制订详细的物料使用计划，包括每种物料的使用数量、使用时间、使用频率等信息，确保物料的合理使用，避免物料浪费，降低物料成本。

（4）通过对每种物料的使用情况进行监控和分析，及时发现物料的浪费和不必要的使用，控制物料的使用率，以降低物料成本和管理成本。

（5）通过对研发流程进行优化和改进，减少物料的使用和消耗时间，提高物料的使用效率和研发效率，降低物料成本。

4.技术开发与引进成本控制措施。

（1）在开始外协研发项目之前，工厂须进行详细的设备需求分析，确定项目所需的具体设备和设施，并评估其必要性和实际用途，避免购买不必要的设备，降低设备的采购成本。

（2）制定外协研发项目预算时应充分考虑研发设备和设施的成本，包括购买、维护、耗材和备件等方面的费用，确保在预算范围内进行合理的设备和设施选择。在购买设备时，工厂应货比三家，与多个供应商进行比较，并仔细评估他们的报价和服务，评估内容应包括设备质量、售后支持、保修期限等因素，以获得最佳的性价比。

（3）用租赁设备代替直接购买，并根据项目的时间周期和设备使用频率，评估租赁设备的成本效益，减少初始投资成本，并且在项目完成后可以灵活地终止租赁，降低研发成本。

（4）工厂可考虑购买价格较低的二手设备，并对二手设备进行检查和测试，保证在有限的预算内获得性能可靠的设备。

（5）与其他工厂或研究机构合作，建立共享协议，共享设备和设施，减少设备投资和维护成本，并获得更广泛的设备资源。

（6）在开始外协研发项目之前，评估项目所涉及的知识产权和专利技术的重要性和必要性，确保只购买项目所必需的知识产权，避免购买或使用不必要的知识产权。

（7）在与知识产权持有者进行谈判时，尽可能争取优惠价格或灵活的支付方式，对于购买的知识产权，确保在合同中明确约定知识产权使用的范围、费用和期限等条款。

（8）与其他公司或研究机构进行知识产权共享和合作。共享知识产权可以减少单独购买或许可的成本，并且可以获得更广泛的技术资源和创新成果。

（9）鼓励内部创新和研发，培养内部创新能力和研发团队，减少对外部知识产权的依赖，降低外协研发的成本。

5.质量成本控制措施。

（1）预防成本控制措施。

①选择可靠的外部协助方，确保其具备良好的质量管理体系和技术能力，并与外部协助方建立稳定的合作关系，进行定期评估，确保减少后续的质量问题，从而降低质量预防成本。

②为外部协助方提供必要的培训和指导，使外部协助方了解产品质量要求和标准，通过增强其技术能力和质量意识，预防质量问题的发生，降低返工和修复成本。

③建立有效的过程控制和监督机制，确保外部协助方在生产过程中符合质量要求。包括定期检查和审核，以及过程记录和问题解决的跟踪，以减少不符合项和质量问题的发生。

（2）评估成本控制措施。

①应根据风险和重要性对外部协助方的范围和频率进行精准评估，避免不必要的评估成本。重要的供应商可以进行较频繁的评估，风险较低的供应商，可以采用抽样

评估或延长评估间隔。

②简化评估程序和要求，减少烦琐的文件准备和审批流程。确保评估的目标明确，只收集必要的信息和文件，以降低评估的时间和资源成本。

③制定明确的评估标准和指南，确保评估的一致性和客观性，提供清晰的要求和准则，使评估人员能够准确评估外部协助方的质量水平和合规性。

④根据产品的生命周期、供应链风险和质量历史等因素，确定检验的频率。对于高风险产品或关键环节，可以增加检验频率；而对于低风险产品或稳定的供应链，可以适度降低检验频率，以降低费用。

⑤工厂寻求第三方检验机构进行质量检验时，应向第三方检验机构提供产品规格、要求、标准和检验计划等详细信息，帮助他们更好地评估工作量，并减少后续的沟通和调整，从而降低费用。

⑥根据产品的特点、风险和客户要求，确定需要进行第三方检验的关键环节和重要特性。避免不必要的检验，减少相关费用。

⑦工厂应确保提供给第三方检验机构的样品是符合要求的、完整的和具有代表性的，以提高检验效率，减少额外的工作和费用。

（3）故障成本控制措施。

①与外部协助方建立良好的沟通渠道和协作机制。确保及时的信息交流，快速解决问题，减少生产中的故障和延误，从而降低相关的成本损失。

②建立有效的质量监控机制，包括定期的产品检验、现场审核和供应商绩效评估等。及时发现和纠正质量问题，减少故障的发生和重复出现，以降低成本损失。

③制定明确的问题解决流程，包括问题报告、调查分析、纠正措施和预防措施的落实等，确保及时处理和解决质量问题，避免其进一步扩大和影响生产进程，从而降低相关成本。

④与外部协助方共同设定质量改进目标，并建立激励机制，给予外部协作方一定的奖励和惩罚，激励外部协作方改善质量管理和流程，减少故障的发生，以降低故障成本。

⑤工厂应建立故障损失赔偿机制，包括但不限于赔偿金、回款、第三方检测等方式，以确保供应商承担其责任和义务，降低因故障而导致的损失，保护工厂的利益，降低故障成本。

五、持续改进

1.定期对方案的实施进行评估和分析，收集和分析相关数据和指标，了解其执行情况和效果，识别潜在的改进点和问题，并基于数据作出决策和优化方案。

2.加强对员工的持续培训，关注行业趋势和最佳实践，分享经验和学习，不断提升团队的专业能力和执行能力。

3.根据评估和分析结果，制订具体的改进计划和目标，将改进重点和行动计划明确化，包括改进措施、责任人、时间表和预期结果等，确保改进工作有条不紊地进行。

4.建立有效的监测和追踪机制，监控外协研发成本管控方案的执行情况和效果。定期进行绩效评估，收集关键指标和反馈意见，及时发现问题并采取纠正措施。

5.鼓励团队成员积极参与改进工作，分享经验和成功案例，激励他们不断提出改进建议和创新思路。

6.加强与外部协助方的沟通和合作，建立长期稳定的合作关系，并定期评估外部协助方的绩效和能力，及时调整合作方式和合同条款，确保外协研发成本管控方案的顺利实施。

六、成果预测

1.通过严格的成本控制和合同管理，可以降低外协研发的成本。合理的合作伙伴选择、项目管理和谈判能力的提升，有助于优化成本结构并降低额外的费用支出。

2.通过外协研发成本管控方案，工厂能够更好地管理资源，将资源集中在核心业务上，减少资源的浪费和闲置，提高资源利用效率，从而实现更高的生产效率和利润。

3.通过严格的合同约束和项目管理，工厂可以确保外协研发项目的质量得到控制和监督，减少质量问题和风险，提升产品和服务的质量水平，增强客户满意度。

4.通过实施该方案，可以加强对项目进度的监控和控制，确保外协研发项目按时交付，提高客户满意度，增加业务机会，并降低延迟交付所带来的额外成本和损失。

5.通过建立风险管理机制和合规性控制，工厂可以降低外协研发过程中合作伙伴的不可靠性、技术风险和知识产权纠纷等风险，保护工厂的利益和声誉，减少潜在的法律和经济风险。

12.1.3　外协生产成本费用控制办法

本办法可以解决以下问题：一是对外协生产成本控制不力；二是外协生产中设备和工具使用不当；三是外协生产人力成本没有实现有效控制；四是外协生产质量成本不知从哪方面展开控制。

外协生产成本费用控制办法
第1章　总则

第1条　为了识别和减少不必要的成本，提高生产效率和资源利用率，确保外协生产的产品或服务符合预期质量标准，减少因质量问题而导致的成本损失，特制定本办法。

第2条　本办法适用于工厂外协生产成本管理控制的工作。

第3条　外协生产是指工厂将部分或全部的生产任务，委托给第三方工厂或组织进行生产加工。一般的外协生产对象是专业性强、技术含量高、成本较高、工厂不擅长或缺乏资源的产品或零部件。

第2章　加强外协生产成本控制

第4条　原材料采购成本控制措施。

1.建立准确的物料需求计划，根据生产计划和销售预测进行合理的物料采购规划，避免库存积压和物料短缺，减少采购频次和批次，降低采购成本。

2.简化采购流程，并采用电子采购系统和供应链管理软件，实现采购流程的自动化和信息化，减少审批环节和时间，提高采购效率。

3.对供应商进行评估和尽职调查，评估供应商的质量管理体系、交货能力、可靠性和合作意愿，选择具有良好信誉和稳定供货能力的供应商，减少质量问题和交货延误的风险。

4.与供应商进行有效的采购价格谈判，争取更有竞争力的价格和优惠条件。

5.寻找多个供应商，多元化采购渠道，比较不同供应商的价格、质量和服务，选择最优供应商进行采购，并与他们建立长期的合作关系，减少对供应商的依赖，增加供应商选择的灵活性，降低单一供应商带来的风险。

6.整合采购订单，利用集中采购的优势，获得更有竞争力的价格和优惠条件，实现规模经济，减少采购成本。

7.定期评估供应链，识别供应链中的瓶颈和改进机会，优化供应链流程，减少不必要的中间环节，直接与供应商合作，避免过多的中间商，降低采购成本。

第5条　材料使用控制措施。

1.根据施工方案和进度计划，对材料的用量、额度、批次等进行限制，合理分配各工序所需材料用量，避免材料浪费和超支。

2.优化施工方案，采用新工艺、新技术、新材料等，提高生产效率和产品质量，减少材料的消耗和浪费。

3.加强现场管理，合理堆放材料，避免材料被盗或损坏，并合理安排施工顺序，避免材料使用过度或不足，降低材料使用成本。

4.对于工程变更和现场签证，要严格按照规定的程序和标准进行，确保变更和签证的合理性和有效性，避免不必要的变更，减少材料的耗用和浪费，提高生产效率，降低生产成本。

5.对于材料操作消耗大的工序，工厂应重点进行控制，工序施工过程中如发现材料数量不够，应由材料员报请项目部领料，并说明材料使用数量不够的原因，避免材料的过度使用和浪费。

6.建立材料使用奖惩机制，每阶段工程完工后，由材料员、技术员清点、汇报材料使用和剩余情况，材料消耗或超耗应与员工绩效挂钩，并据此予以一定的奖惩。

第6条　加工费用控制措施。

1.采用先进的设备和技术，优化产品设计和工艺流程，减少不必要的加工步骤和时间，降低生产过程中的能耗和废品率，提高生产效率，降低加工成本。

2.通过监控和分析加工过程中的各项费用，包括人工成本、设备维护费用、能源消耗费用等，找出成本高的环节，并采取措施进行优化和降低成本。

3.合理安排生产计划和排程，避免产能过剩或闲置，降低生产调整和等待时间，确保加工设备和人力资源的充分利用，减少生产成本。

第7条　设备和工具使用费用控制措施。

1.选择适合生产需求的设备和工具，确保其性能和质量符合要求，避免过度投资或购买不必要的设备。具体应注意以下几点。

（1）工厂应更多考虑设备共享和外包的方式，与其他企业或专业服务提供商合作共享设备资源，减少设备购买和维护成本。

（2）在购买或租赁设备时，对不同品牌和型号进行比较，综合考虑性能、质量和价格，选择性价比最高的设备。

2.定期评估设备的性能和使用寿命，及时进行更新和替换老旧设备，定期对设备和工具进行维护和保养，确保其正常运转和高效工作。定期检查和清洁设备，及时修复故障和磨损，延长设备寿命，并减少维修成本。

3.合理安排设备使用时间，确保设备和工具的合理使用，避免过度或不必要的设备运行时间，降低生产成本。

4.加强员工培训，为员工提供适当的培训和技术支持，确保他们正确操作设备和工具，避免失误操作和损坏设备，提高生产效率，降低生产成本。

5.实施有效的能源管理措施，包括优化设备的能源消耗、使用高效节能设备、改善能源利用效率等，降低能源成本。

6.通过设备监控系统和数据分析，及时掌握设备的运行状况和性能指标，识别设备的潜在问题和改进机会，及时采取措施，优化设备使用和维护。

第3章　外协生产人力成本控制

第8条　合理的规划人力需求，确保外协生产项目所需的人力资源与实际需求相匹配，避免人力过剩或不足，减少人力成本的浪费。

第9条　合理优化外协生产的组织结构，确保每个岗位的职责和工作内容明确，避免职责重叠和工作重复，提高工作效率。

第10条　采用有效的人力资源管理措施，包括招聘、培训、绩效评估和激励机制等，以提高员工的工作效率和满意度。合理设定绩效目标，并对员工进行有效的绩效评估，根据绩效结果给予资金奖励或提供培训机会。

第11条　工厂应使用多元化的劳动力资源，包括临时工、兼职工或合同工等。根据实际需求灵活调配劳动力资源，降低固定人力成本。

第12条　引入自动化和智能化技术，减少对人力的依赖。自动化设备和机器人的应用可以提高生产效率，减少人工操作的需要，从而降低人工成本。

第13条　为员工提供必要的培训和技能提升机会，提高他们的工作技能和能力。员工的专业知识和技能提升可以提高工作效率和质量，减少出错率，降低人力成本。

第14条　合理设计薪酬体系，根据员工的工作贡献和表现进行薪酬激励。同时，

345

优化员工福利待遇，提供有竞争力的福利，包括健康保险、培训补贴、休假政策等，提高员工满意度和忠诚度，降低人员流失率，减少人力成本。

第4章　外协生产质量成本控制

第15条　选择具有良好质量管理体系和可靠业绩的外协合作伙伴，评估其质量管理流程、认证和质量记录，并与其进行详细的沟通，确保其能够满足产品质量要求，减少返工次数，降低延误风险，最终实现质量成本的降低。

第16条　制定明确的质量标准和要求，确保在合同中明确产品的质量标准和要求，包括规格、工艺流程、检验标准等，以便供应商按照这些标准提供产品或服务，减少因质量问题出现的返工和延迟交货成本。

第17条　建立质量检验流程，包括原材料、中间产品和最终产品的检验环节。制定合适的检验方法和标准，并与外协合作伙伴共享这些要求，确保产品在生产过程中和交付前经过充分的检验和测试，保证产品的质量。

第18条　强化对供应商生产过程的质量监控，建立供应商质量监控机制，包括监测供应商质量指标、收集质量数据和定期审核，识别潜在的风险和改进机会，并与合作伙伴共同制订改进计划，确保产品的质量。

第19条　建立有效的质量检验和检测程序，对外协产品进行抽样检验和全面检测，确保产品符合规定的质量标准和技术规范，减少次品率和不良品数量，降低质量控制成本。

第20条　工厂应对内部检测设备和技术进行优化和改进，提高检测效率和精度。同时，需要对检测设备进行定期校准和维护，确保设备的精度和可靠性，提高质检效率，降低质检成本。

第21条　对于外部协助生产的质量检测，工厂可以寻求第三方检验方的帮助，以下是一些具体的第三方检验成本的控制措施。

1.选择具有良好信誉和专业能力的第三方机构，确保其能够提供可靠的质量检验服务。了解不同机构的收费标准和检测时间，并进行比较和评估，选择具有经济效益的机构，降低质量检测成本。

2.工厂应根据产品的特点、风险和客户要求，确定需要进行第三方检验的关键环节和重要特性，避免不必要的检验，降低质量检验成本。

3.工厂应与第三方检验机构签订明确的检验费用合同，确保双方权益得到保障，防止出现检验机构虚高检验费用的情况。

4.根据产品的生产计划和供应商的供货周期，合理制定检验时间和频率，避免重复检测和检测资源的浪费及检验不及时导致的质量问题。

第22条　对于需要进行送审的产品，工厂应选择合适的送审程序，确保送审过程顺利、高效，避免因为送审程序不当导致的成本增加。

第23条　为外协合作商提供必要的培训和技能提升机会，培养合作商的质量意识、工艺操作技能和质量改进能力，以提高其质量管理能力。

第5章　附则

第24条　本办法由生产部负责编制、解释与修订。

第25条　本办法自××××年××月××日起生效。

12.2　外包生产成本控制

12.2.1　外包生产成本控制问题清单

外包生产成本控制问题清单如表12-3所示。

表12-3　外包生产成本控制问题清单

序号	问题	具体描述
1	外包费用不合理	外包合同价格过高或过低，都会影响到外包生产成本的控制效果
2	外包供应商选择不当	选择的外包供应商质量不高或服务不好，都会影响到外包生产成本的控制效果
3	产品质量不佳	外包生产缺乏直接的监督和控制，可能导致质量问题、不良品率上升及返工和修复的额外成本
4	风险管理不到位	外包供应商的风险管理不到位，会影响到产品的质量和交货期，进而影响到外包生产成本的控制效果
5	信息传递不畅	与外部合作伙伴之间的交流和沟通可能存在障碍，信息传递不清、误解和沟通障碍可能导致延迟、错误和额外成本

12.2.2　外包进度、质量成本控制方案

本方案可以解决以下问题：一是外包进度没有实现有效控制；二是外包质量成本不知道从哪几个方面进行控制；三是外包项目的验收标准不明确；四是没有建立有效的外包项目质量监控机制。

外包进度、质量成本控制方案

一、目标

实现外包项目的顺利推进，确保外包产品高质量、低成本、准时交付，推动整个外包生产过程的不断优化和提升。

二、现状及问题

1.外包项目往往涉及多个参与方，由于信息不对称或沟通不畅，导致工厂难以准确了解外包项目的进度、质量状况和成本情况，从而难以进行有效的控制。

2.外包项目的成功与否与风险管理密切相关，工厂若不能充分评估和管理与外包项目相关的风险，可能会导致进度延迟、质量问题和额外成本的出现。

3.外包供应商可能存在不同的质量管理标准和实践，工厂缺乏有效的质量控制机制可能导致产品或服务质量波动，增加成本。

4.如果工厂无法充分掌握外包供应商的成本结构和费用细节，可能会导致成本超支或无法实现预期的成本节约效果。

三、外包进度控制

1.在与外包供应商签订合同之前，工厂应确定项目的目标和交付时间，并与外包供应商共同制订详细的项目计划，明确项目的里程碑和关键任务，确保计划包括开始日期、完成日期、关键任务的顺序和时间安排。

2.采用项目管理工具和流程来监控和控制外包项目的进度，包括制订项目计划、分配资源、设定关键里程碑和监测项目进展等，通过建立清晰的项目管理流程，及时发现并纠正出现的延迟或问题。

3.将项目拆分为不同的阶段，每个阶段都有明确的交付要求和时间表。定期进行监控和评估，确保每个阶段按计划进行，并及时纠正所有偏差。

4.工厂应定期与外包供应商对进度进行审查，开展定期会议、电话会议或视频会议

等形式的沟通，在审查会议中，工厂和供应商可以共同评估项目的进展情况，发现并解决进度问题。

5.在外包项目开展过程中，工厂应提前制订备选计划和风险管理策略，灵活应对可能的延迟、质量问题或其他意外情况，降低潜在风险对进度的影响。

6.监测供应商的能力和表现，包括他们的交付准时率、生产能力和项目管理能力。定期评估供应商的能力和表现，以确保他们能够按时交付高质量的产品或服务。

四、外包质量成本

1.外包质量成本的构成明细。

（1）外包预防成本。外包预防成本是为了保证外包供应商提供的产品或服务质量而采取的措施和活动所产生的费用，包括与供应商的质量规划和策划、审核和评估供应商的质量管理体系、确保供应商的员工培训和资质等。外包预防成本旨在确保供应商能够按照预期的质量标准和要求交付工作。

（2）外包评估成本。外包评估成本是为了对外包供应商的工作质量进行检查、测试和评估而产生的费用，包括外包供应商的质量检查、质量验收、产品或服务测试和验证等，通过评估外包成本，可以确保外包供应商交付的产品或服务符合工厂的质量标准，并及时发现和解决潜在的质量问题。

（3）外包故障成本。外包故障成本是由于外包供应商未能满足质量标准而导致的经济损失和时间成本，包括因质量问题而发生的废品、返工、重新委托工作、客户投诉处理、售后支持、赔偿，以及与外包供应商的纠纷解决等。

2.外包质量成本控制。

（1）预防成本控制措施。

①在选择外包供应商时，对外包供应商进行充分的背景调查和尽职调查，确保其具备良好的质量管理能力和项目经验，具体评估因素有以下几点。

a.技术能力。外包商的技术能力直接影响到工厂的生产效率和产品质量，评估外包商的技术能力应包括其IT领域的相关技能和知识，如软件开发和网络安全等。

b.服务质量。外包商的服务质量直接关系到工厂能否满足其需求和期望。工厂可以通过参考其客户反馈、技术开发能力、错误率和专业能力等指标来评估其服务质量。

c.成本效益。在选择IT外包服务提供商时，需要评估服务提供商所提供的服务质量和服务价格是否在可接受的范围内，从而实现预期的收益和效益。其次需要注意到人力成本、硬件成本、软件成本和管理成本等方面的真实成本，以获得更准确的成本预算和财务考虑。

d.信誉度。通过浏览服务提供商的网站、参考其客户评价和相关的认证证书等方式来评估其信誉度和口碑。

②工厂应确保在合同中明确规定质量要求、标准和度量指标，并与供应商达成一致。具体要求应包括产品规格、服务水平、交付时间和质量控制要求等。

③建立有效的质量监控机制来跟踪和评估外包供应商的质量表现，及时发现质量问题并采取纠正措施，以减少返工和废品的产生，从而降低成本，具体应该遵循以下几个步骤。

a.制订详细的质量管理计划，明确质量管理的目标、责任和实施步骤。质量管理计划应该包括质量标准和要求、验收标准、监控方法和措施等。

b.根据外包项目的复杂程度、项目周期和风险等因素，每个阶段进行一次验收，或者每个月对项目进行一次综合评估。监控方法可以包括监控会议、审核进度报告、现场巡查、抽查测试等。

c.建立专门的质量监控团队，成员包括项目经理、质量工程师、监控经理和相关部门的负责人，团队主要负责实施监控、收集和报告数据、分析问题并提出解决方案等，确保外包项目的质量监控工作得到有效实施。

d.监控团队应定期收集和报告外包项目的质量数据，包括测试结果、缺陷记录、用户反馈等。收集数据的方法包括定期监测、质量审计、日常巡检等。报告数据的方式包括正式报告、内部通报、现场督导等。

e.及时分析外包项目中出现的问题，并提出相应的解决方案，包括改进措施、纠正预防措施和追踪验证措施等。在解决问题的过程中，应该确保问题得到彻底解决，不会再次发生。

④通过与供应商合作，共同制定预防措施，避免质量故障的发生，工厂可以为供应商提供培训和技术支持，帮助供应商提高工艺、质量控制和问题解决能力。

（2）评估成本控制措施。

①制订抽样检验计划，从供应商交付的产品或服务中随机选取样本进行检验和测试。采用适当的质量检测工具和技术，确保产品或服务符合质量要求。

②制定明确的验收准则，以评估供应商交付的产品或服务是否满足预期质量标准。确保验收过程透明、公正，并与供应商共同确认验收结果。工厂在制定外包项目的验收标准时，应该遵循以下几个原则。

a.全面性。验收标准应该覆盖项目的各个方面，避免遗漏重要的验收指标。包括功能、性能、安全、可靠性、易用性、可维护性等。

b.可操作性。验收标准应该具有可操作性，即规定的指标和要求应该尽量量化，并且能够被实际验收人员所理解和实现，确保验收人员能够准确地评估项目的质量水平。

c.客观性。验收标准应该基于客观的事实和数据，确保评估结果的公正性和可靠性，避免因主观因素导致的误判和错误决策。

d.可重复性。验收标准应该具有可重复性，即规定的指标和要求应该能够被重复使用，并且能够被不同的验收人员所理解和实现，确保验收结果的可比较性和可靠性。

e.与合同条款一致。验收标准应该与合同条款保持一致，即合同中规定的各项要求都应该在验收标准中得到体现，确保验收人员能够正确地理解合同条款，并且在验收过程中严格遵守验收标准。

③适当采购专用精密仪器设备，合理支配检测试验费，从而规避质量工作失效的风险，降低不良质量成本转移的可能性。

④选择信誉良好、技术实力强、价格合理的第三方质量鉴定机构进行质量检测，并与第三方机构进行积极的沟通和协商，商议合理的服务费用，尝试寻求长期合作，获得更具竞争力的价格。如果有多个产品或项目需要检验和申报，可以尝试协商批量服务的优惠，以降低总体成本。

⑤工厂应向第三方机构提供详细的产品信息、技术规范和相关文件，以减少沟通和重复工作的时间和成本。

⑥与第三方机构建立及时、有效的沟通渠道，确保及时交流项目进展、变更需求和问题解决，以减少潜在的延误和额外成本。

⑦及时向供应商提供评估结果，并指出改进的机会和问题。与供应商合作解决潜在的质量问题，确保不断改进和提升质量水平。

（3）故障成本控制措施。

①在合同中明确规定质量问题的责任和违约责任，确保供应商对质量问题承担相

应的责任，并在发生故障时采取适当的补救措施。

②对质量故障进行仔细分析，确定根本原因，并与供应商合作制定纠正和预防措施，以防止类似问题再次发生。

③建立供应商绩效评估机制，定期对供应商的绩效进行评估，将质量表现作为重要评估指标，并根据评估结果，与供应商共同制订改进计划，推动其持续提升质量水平，常见评估指标有以下几种。

a.质量指标。衡量外包供应商的产品或服务质量的指标，包括产品合格率、缺陷率、客户投诉率等。可以通过抽样检验、质量评估和客户反馈等手段来收集数据。

b.交付准时率。评估外包供应商按时交付产品或完成服务的能力。可以通过比较计划交付时间和实际交付时间来确定准时率，并考虑延误交付的原因和频率。

c.成本效益。评估外包供应商提供的产品或服务的成本效益。可以比较不同供应商的报价、产品质量和交付时间，以确定最具成本效益的供应商。

d.创新能力。评估外包供应商的创新能力和技术能力。考察供应商是否能够提供新的解决方案、改进产品或提升服务水平，以推动工厂的创新和竞争优势。

④根据外包供应商的绩效考核结果，采取适当的奖励或惩罚措施来激励供应商或对不良表现进行纠正，具体奖惩机制如下。

a.奖金或提成。给予供应商_____~_____元的现金或_____%返点作为对其卓越绩效的奖励，鼓励其继续提供高质量的产品或服务。

b.长期合作奖励。对与工厂建立长期稳定合作关系的供应商给予优先合作、合同延长或提供额外的商业机会等奖励。

c.公共认可和荣誉。在工厂内部或行业公众场合对供应商的优秀绩效进行宣传，提升其声誉和知名度。

d.扣罚款项。对供应商的不良绩效进行_____~_____元的罚款，作为对其未达到质量标准或交付延误的惩罚。

e.限制合作权益。对表现不佳的供应商限制其合作权益，包括降低其合作优先级、减少订单量或限制参与关键项目等。

f.合同解除或中止。对于持续出现严重质量问题或屡次交付延误的供应商，考虑解除或中止与其的合作关系。

⑤建立与外包供应商之间的定期沟通机制，通过线下会议、电话、电子邮件、线

上会议等方式，明确沟通的目标，及时反馈和解决质量问题，减少质量问题对成本的影响。

⑥工厂可以与外包供应商合作，鼓励持续改进和创新，通过共同研发新技术、改进工艺和提高效率，可以提高产品质量并降低生产成本，具体有以下两种方式。

a.合作研发。与供应商合作开展研发项目，共同改进产品设计、工艺和制造方法，以提高产品质量和生产效率。

b.创新分享。鼓励供应商分享创新想法和技术，促进共同的创新和改进。

五、持续改进措施

1.建立数据收集和分析系统，跟踪外包进度、质量问题和成本信息。通过收集和分析数据，识别问题的根本原因和瓶颈，并为改进提供支持。

2.根据数据分析结果和关键绩效指标，制定明确的改进目标。包括减少交付延迟的次数、降低质量问题发生率、减少成本浪费等。确保目标具体、可衡量和可达成。

3.组建跨职能的改进团队，由工厂内部和外包供应商的代表组成。团队成员可以共同参与问题识别、分析和解决方案的制定，推动持续改进的实施。

4.采用PDCA循环，对外包项目进度和质量成本控制进行持续改进，不断提高工程的质量和进度。

5.定期评估改进措施的效果，并进行回顾和总结。通过评估结果，识别成功的改进措施和仍需改进的领域，不断调整和完善改进方案。

六、成果预测

1.通过建立有效的沟通渠道、制订明确的项目计划和监控机制，工厂可以更准确地掌握外包项目的进度情况，减少交付延迟的次数。

2.通过建立备选计划和风险管理策略，工厂可以及时应对潜在的延误风险，减少交付风险对项目进度的影响。

3.通过建立明确的质量要求、质量监控机制和供应商绩效评估，工厂可以减少外包产品的质量问题发生率，降低返工和废品的产生。

4.通过与供应商的紧密合作和供应链合作，共同探索降低成本的方法和机会，可以提高供应链的效率和成本效益。

5.通过外包进度控制和质量控制的改进，工厂可以更有效地利用资源，减少生产中的浪费和闲置。

12.3　服务外包费用控制

12.3.1　服务外包费用控制问题清单

服务外包费用控制问题清单如表12-4所示。

表12-4　服务外包费用控制问题清单

序号	问题	具体描述
1	劳务外包费用不合理	劳务外包服务商包括招标费用、外包商服务管理费用等
2	培训外包费用不合理	培训外包费用包括课时费、场地及设施设备费、教材物料费、接待费、讲师工资费等
3	薪酬外包费用不合理	薪酬外包费指因外包商进行职位评估、市场数据管理（进行调查、市场定价工作）、协助进行工资规划（结构调整及奖励预算提案）、汇报而产生的费用
4	装配外包费用不合理	装配外包费包括外包商服务费、装配工工资、运输费、装卸费等
5	知识产权外包费用不合理	知识产权外包费包括专利登记费、申请费、维持费、审查费、复审费、年费、续展费、无效宣告请求费、强制许可请求费等
6	IT外包费用不合理	IT外包费包括应急上门服务费、工程师驻场服务费、远程支持费等
7	绿化外包费用不合理	绿化外包费包括浇水费、清理残花落叶及绿化垃圾费、绿化人员工资及服装费、设备仪器费等

12.3.2　服务外包费用控制方案

本方案可以解决以下问题：一是劳务外包费用、培训外包费用、薪酬外包费用不合理；二是装配外包费用、知识产权外包费用不明确；三是IT外包费、绿化外包费用缺乏控制标准。

服务外包费用控制方案

一、目标

确保服务提供商按照双方协商的服务标准和费用标准提供服务，并有效地管理和监控服务外包过程中的费用，以确保最终支付的费用符合双方的预期和协议。

二、劳务外包费用控制

1.招标费用。通过编写完整的劳务外包招标文件、建立明确的招标标准、选择合适的招标方式（公开招标、竞争性谈判、竞争性磋商、询价、直接委托等），对劳务外包商进行招标，其费用应控制在＿＿＿～＿＿＿元。

2.劳务外包商管理服务费用。劳务外包管理服务费是指劳务外包商为工厂提供劳务外包服务而收取的费用。具体的管理服务费标准可以根据劳务外包的规模、行业、地区等因素进行定向核算，一般在＿＿＿～＿＿＿元。劳务外包商的管理服务收费标准也根据其服务质量、经验、信誉等因素进行调整。

三、培训外包费用控制

1.课程费用。用于支付培训外包商的相关培训课程及相关服务的费用，应控制在＿＿＿～＿＿＿元。

2.场地及设施设备费用。用于支付培训外包商的场地租赁或设备设施投入的费用，应控制在＿＿＿～＿＿＿元。

3.教材、教具、资料费用。用于支付培训外包商的培训所需教材、教具、资料购买的费用，应控制在＿＿＿～＿＿＿元。

4.接待费及人员工资。用于接待外聘培训讲师所产生的交通、食宿等费用及支付给讲师的工资，一般为每人＿＿＿～＿＿＿元/天。

四、薪酬外包费用控制

1.薪酬外包包括工厂职位需求分析、岗位评估，管理市场数据、市场定价工作，协助薪酬规划、调整方案的制定，以及协助、审核发薪等。

2.薪酬外包费用包括外包商服务管理费、人工费等，应控制在＿＿＿～＿＿＿元。

五、装配外包费用控制

1.管理服务费用。工厂应选择行业内信誉口碑较好、装配服务质量高、费用合理的装配外包商，其费用应控制在＿＿＿～＿＿＿元。

2.装配工工资。用于支付外包商装配工工资的费用，一般为每人＿＿＿～＿＿＿元/天。

3.运输费。组件和部件从制造商运输到装配现场的费用，以及运输途中的物流费用，应控制在＿＿＿～＿＿＿元。

4.装卸费。装卸费是指将组件、部件从供应商处运输到工厂所在地并将其安装到指定位置所需要的人工费用或机械费用。装卸费的计算通常根据组件、部件的重量、体积、装卸方式、安装现场的具体情况等因素来确定。应控制在＿＿＿～＿＿＿元。

六、知识产权外包费用控制

1.知识产权外包工作包括专利登记、专利申请、专利维持、专利审查、专利复审、专利权年度管理、专利续展、专利无效宣告请求、专利强制许可请求等。

2.知识产权外包费用应控制在＿＿＿～＿＿＿元。

七、IT外包费用控制

1.IT外包工作包括IT人员应急上门服务、IT工程师驻场服务、IT远程支持等的费用。

2.IT外包费用应控制在＿＿＿～＿＿＿元。

八、绿化外包费用控制

1.绿化外包工作包括绿化人员、服装、设备仪器管理及浇水、清理残花落叶、绿化垃圾等。

2.绿化外包费用应控制在＿＿＿～＿＿＿元。

12.3.3　售后服务外包费用控制方案

本方案可以解决以下问题：一是售后服务供应商服务费用缺乏控制标准及评估考核标准；二是售后服务人工费用明细、标准不合理；三是售后服务设备、材料费用明细、标准不明确；四是售后场地、信誉受损赔偿成本费用明细不详细、标准不合理。

售后服务外包费用控制方案

一、目标

控制工厂在售后服务外包商的费用投入，提高客户满意度，提升工厂形象。

二、售后服务供应商服务费用

1.工厂通过评估售后服务供应商的资质、服务质量、业务范围、费用合理性等，确定合格的售后服务供应商。售后服务供应商管理服务费用应控制在＿＿＿~＿＿＿元。

2.售后服务供应商评估考核标准如表12-5所示。

表12-5 售后服务供应商评估考核标准

指标	内容	得分标准	打分（分）
服务质量（40%）	包括但不限于响应速度、专业程度、服务态度、解决问题的能力、售后服务体系等	根据实际情况打分，每有1项不符合标准扣10分	
信誉口碑（20%）	售后服务供应商应当具有良好的信誉和口碑	1.该供应商在行业内具有极高的知名度、美誉度，90（含）~100分 2.该供应商在行业内知名度、美誉度一般，70（含）~90分 3.该供应商在行业内知名度、美誉度较低，70分以下	
业务范围（10%）	售后服务供应商的业务范围应当多元化	1.该供应商能够全面涵盖各行各业、不同层级岗位，90（含）~100分 2.该供应商能够涵盖多个行业、不同层级岗位，70（含）~90分 3.该供应商涵盖少量几个或单个行业、层级岗位，70分以下	
费用合理性（30%）	售后服务供应商的服务管理费是否合理	根据实际情况进行评分，若服务管理费用超出控制范围，该项不得分	

357

三、售后服务人工费用

1.售后服务人工费是指工厂为提供售后服务的人员而支付的费用，包括工资、社保福利、劳动保护、工伤保险、年假、岗前培训等费用。在确定售后服务人工费时，需要考虑服务内容、服务等级、员工人数等因素。

2.售后服务人工费用明细及控制标准如表12-6所示。

表12-6 售后服务人工费用明细及控制标准

明细	内容	控制标准
工资	包括岗位工资、技能工资、工龄工资、绩效工资等	应控制在____ ~ ____元
社保福利	包括养老保险、医疗保险、失业保险、工伤保险、生育保险、公积金、各类福利等	应控制在____ ~ ____元
岗前培训费	包括岗前培训课时费、教材物料费、场地费、讲师工资费等	应控制在____ ~ ____元

四、售后服务设备、材料费用

1.售后服务设备费用。用于支付售后服务所需的各种仪器设备、工具、车辆等的费用，应控制在____ ~ ____元。

2.售后服务材料费用。用于支付售后服务所需的各种材料、零部件、耗材等的费用，应控制在____ ~ ____元。

五、售后其他费用

1.售后服务场地费用。用于支付售后服务所需的各种场地租赁费用、装修费用等，应控制在____ ~ ____元。

2.售后信誉受损赔偿成本费用。包括因为工厂信誉受损导致的客户索赔、诉讼等需要支付的赔偿费用，以及为恢复工厂信誉而进行的公关、广告等活动所需的费用，应控制在____ ~ ____元。

12.3.4 物业后勤服务外包费用控制办法

本办法可以解决以下问题：一是物业后勤外包人力成本费构成、标准不明确；二是清洁卫生费、绿化维护费、安保服务费的明细、标准不合理；三是缺乏合同风险成本费用、安全风险成本费用、信誉风险成本费用划定及控制标准。

物业后勤服务外包费用控制办法
第1章 总则

第1条 为了提高工厂的物业后勤服务质量，降低工厂物业后勤服务成本，增强工厂竞争力，特制定本办法。

第2条　本办法适用于工厂物业后勤服务外包费用控制工作的管理。

第2章　物业后勤外包人力成本费控制

第3条　岗位工资。岗位工资是对自招自聘生产人员的劳动技能、强度、条件及贡献等因素进行综合评估后，设置的工资水平。岗位等级及工资标准有以下内容。

1.一级：A档为＿＿＿＿＿元，B档为＿＿＿＿＿元，C档为＿＿＿＿＿元。

2.二级：A档为＿＿＿＿＿元，B档为＿＿＿＿＿元，C档为＿＿＿＿＿元。

3.三级：A档为＿＿＿＿＿元，B档为＿＿＿＿＿元，C档为＿＿＿＿＿元。

第4条　技能工资。技能工资是工厂依据员工的学历、职称和工作经验等确定的工资单元。技能等级及工资标准有以下内容。

1.初级：＿＿＿＿＿元。

2.中级：＿＿＿＿＿元。

3.高级：＿＿＿＿＿元。

第5条　工龄工资。工龄工资是按照员工的工作年限，即员工在工厂内工作的时间来计算的。员工在本工厂工作满一年，每月工龄工资为＿＿＿元；一年期后，员工在本工厂工作每满一年，每月工龄工资在一年期工龄工资标准上增加＿＿＿元。

第6条　绩效工资。绩效工资是工厂以月度为周期，根据各物业后勤服务外包人员绩效考核的结果确定的工资单元。绩效考核内容包括物业后勤服务工资完成情况、安全生产、能力态度考查等。员工月度实得绩效工资=岗位工资×30%×员工考核系数。

第7条　社会保险。物业后勤服务外包人员的社会保险（养老保险、医疗保险、失业保险、工伤保险、生育保险等）应由第三方外包商按时缴纳。一般情况下，外包人员的社保缴纳比例为用人单位缴纳工资的20%，个人缴纳工资的8%。

第8条　公积金。物业后勤服务外包人员的公积金也应由第三方外包商负责办理。一般情况下，外包人员的公积金缴纳比例为用人单位缴纳工资的12%左右，个人缴纳工资的8%左右。

第9条　福利费。

1.交通费：＿＿＿＿＿元/月；入职即有。

2.餐补：＿＿＿＿＿元/月；入职即有。

第10条　全勤奖金。当月在工厂规定的上班时间内未出现任何迟到、早退、请假、旷工者，工厂给予全勤奖100元；凡出现1次迟到、早退、请假、旷工情况，即扣除全勤奖。

第3章　物业后勤外包服务费控制

第11条　清洁卫生费。工厂为维护厂区环境（办公区、生产车间、库房、门卫、道路、绿化带等）整洁而开展的厂区清洁工作的费用，应控制在＿＿＿～＿＿＿元。

第12条　绿化外包费。绿化外包费用包括绿化外包人员工资、服装、设备仪器管理及浇水、清理残花落叶和绿化垃圾等的费用。绿化外包费用应控制在＿＿＿～＿＿＿元。

第13条　安保服务费。安保服务费包括支付给安保服务人员的工资福利费用及服装费、培训费等，应控制在＿＿＿～＿＿＿元。

第4章　物业后勤外包风险费用控制

第14条　合同风险成本费用。指因为合同履行过程中存在的风险而产生的成本费用，包括但不限于以下内容。

1.合同谈判风险成本费用。包括谈判过程中的差旅费、会议费、误工费等，应控制在＿＿＿～＿＿＿元。

2.合同执行风险成本费用。包括合同执行过程中可能出现的质量问题、人员问题等导致的成本费用，应控制在＿＿＿～＿＿＿元。

3.合同变更风险成本费用。包括因为需求变更、市场环境变化等原因导致的成本费用，应控制在＿＿＿～＿＿＿元。

4.合同终止风险成本费用。包括合同终止时可能产生的违约金、赔偿金等，应控制在＿＿＿～＿＿＿元。

第15条　安全风险成本费用是指因为安全问题而产生的成本费用，包括但不限于以下内容。

1.安全事故赔偿成本费用。包括在物业后勤外包过程中，因为安全事故导致的人身伤害、财产损失等需要支付的赔偿费用，应控制在＿＿＿～＿＿＿元。

2.安全培训费用。包括在物业后勤外包过程中，为提高员工安全意识而进行的安全培训所需的费用，应控制在＿＿＿～＿＿＿元。

3.安全设备维护费用。包括在物业后勤外包过程中，为保障安全设备正常运行而需要支付的维护费用，应控制在＿＿＿～＿＿＿元。

4.安全管理成本费用。包括在物业后勤外包过程中，为确保安全管理工作顺利开展而需要支付的管理费用，应控制在____～____元。

第16条　信誉风险成本费用是指因为工厂信誉问题而产生的成本费用，包括但不限于以下内容。

1.信誉受损赔偿成本费用。包括在物业后勤外包过程中，因为工厂信誉受损导致的客户索赔、诉讼等需要支付的赔偿费用，应控制在____～____元。

2.信誉受损恢复成本费用。包括在物业后勤外包过程中，为恢复工厂信誉而进行的公关、广告等活动所需的费用，应控制在____～____元。

3.信誉受损补救成本费用。包括为弥补信誉受损所进行的改善措施、赔偿等所需的费用，应控制在____～____元。

第5章　附则

第17条　本办法由物业后勤部、财务部共同负责编制、解释与修订。

第18条　本办法自××××年××月××日起生效。

12.3.5　物流服务外包费用控制制度

本制度可以解决以下问题：一是仓储费分类不清晰、明细费用标准不合理；二是库内操作流程不完善、各流程产生费用标准不明确；三是运输费、装卸费缺乏控制范围。

物流服务外包费用控制制度

第1章　总则

第1条　为了合理设定物流服务外包费用水平，提高物流效率，降低物流成本费用，提升工厂竞争力，特制定本制度。

第2条　本制度适用于工厂物流服务外包费用控制工作的管理。

第2章　仓储费控制

第3条　仓库租金费用由库内软硬件设施、租仓面积大小、仓库类型（常温、恒温、冷藏、冷冻）及区域位置决定。

1.库内软硬件设施在____～____种，租仓面积在____～____平方米，仓库类型为常温，区域位置交通情况（近、较近、远、较远），仓库租金费用应控制在____~____元。

2.库内软硬件设施在____~____种，租仓面积在____~____平方米，仓库类型为恒温，区域位置交通情况（近、较近、远、较远），仓库租金费用应控制在____~____元。

3.库内软硬件设施在____~____种，租仓面积在____~____平方米，仓库类型为冷藏，区域位置交通情况（近、较近、远、较远），仓库租金费用应控制在____~____元。

4.库内软硬件设施在____~____种，租仓面积在____~____平方米，仓库类型为冷冻，区域位置交通情况（近、较近、远、较远），仓库租金费用应控制在____~____元。

第4条　仓储外包人员工资费用。仓储外包人员工资包括岗位工资、绩效工资等，应控制在____~____元。

第5条　仓储外包人员福利奖金费用。仓储外包人员福利奖金包括交通补贴、餐补、高温补贴、特殊岗位补贴、年终奖、全勤奖等，应控制在____~____元。

第6条　仓储燃料费。仓库内使用的各类燃料的费用，包括天然气、柴油、汽油等，其费用应控制在____~____元。

第7条　仓储修理费。仓储设施在正常使用过程中出现损坏而产生的修理费用，应控制在____~____元。

第8条　仓储保险费。为仓储货物提供保险所支付的费用，应控制在____~____元。

第9条　仓储折旧费。仓储设施由于使用时间长而造成的损耗折旧费用，应控制在____~____元。

第3章　库内操作费控制

第10条　入库费。产品入库有接单审单、检查车辆、卸货、验收清点货品、系统指导上架、贴标签扫描、单据处理和入账确认等环节，因此而产生的入库费应控制在____~____元。

第11条　产品分拣费。分拣费指将订单中的产品按照不同的属性或分类进行分拣的费用，应控制在____~____元。

第12条　验货费。验货费指对产品的质量、数量、规格等进行检验的费用，应控制在____~____元。

第13条　货品包装费。产品包装费指将商品进行包装的费用，包括包装材料、人工等的费用，应控制在＿＿＿～＿＿＿元。

第14条　货品称重费。货品称重费指对商品进行称重，以确保商品的重量和数量与订单一致，其费用应控制在＿＿＿～＿＿＿元。

第4章　配送费控制

第15条　运输费。运输费是指将产品从仓库运输到目的地的费用。运输费的计算一般根据货品的重量、体积、运输距离与方式等因素来确定。运输费应控制在＿＿＿～＿＿＿元。

第16条　装卸费。装卸费是指将产品从仓库运输到目的地并将其安装到位所需要的人工费用或机械费用。装卸费的计算通常根据设备的重量、体积、装卸方式、安装现场的具体情况等因素来确定。装卸费应控制在＿＿＿～＿＿＿元。

第5章　附则

第17条　本制度由物流部负责编制、解释与修订。

第18条　本制度自××××年××月××日起生效。

12.4　外协外包服务费用控制如何"降本增利"

12.4.1　外协外包服务费用控制"降本增利"实施要点

通过外协外包专业化的服务，来提高工厂生产效率和产品质量，从而提高工厂的市场份额。外协外包服务费用控制"降本增利"实施要点如图12-1所示。

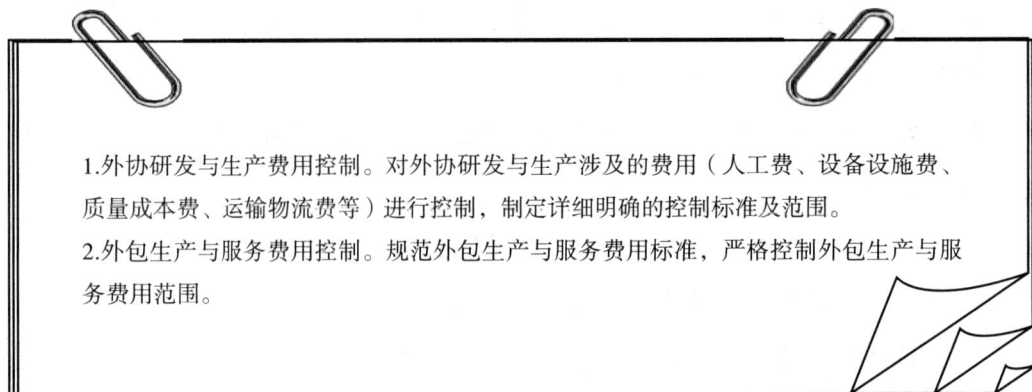

图12-1　外协外包服务费用控制"降本增利"实施要点

12.4.2　外协外包服务费用控制"降本增利"实施细则

本细则可以解决以下问题：一是外协研发费用明细、标准不合理；二是外协生产费用构成明细不合理、标准不明确；三是外包生产费用构成明细没有准确划定及费用标准不合理；四是服务外包费用明细没有明确划分、缺乏费用控制范围。

外协外包服务费用控制"降本增利"实施细则

第1章　总则

第1条　为了通过控制外协研发与生产费用、外包生产与服务费用，达到实现工厂外协外包服务费用"降本增利"的目的，结合工厂实际情况，特制定本细则。

第2条　本细则适用于工厂外协外包服务费用"降本增利"工作的管理，除另有规定外，均需参照本细则执行。

第2章　外协研发费用控制

第3条　外协研发人工费用控制。外协研发一般指雇用外部专业团队或机构进行协作研发，外协研发人工费涉及外协研究人员的项目奖金、培训费用等。

1.根据外协研发项目立项评估难易程度和项目等级系数等因素，确立该项目的总奖金包，再对外协研究人员进行奖金分配，该项费用应控制在＿＿＿～＿＿＿元。

2.根据外协研发项目的情况，对外协研发人员进行相关培训，该项费用应控制在＿＿＿～＿＿＿元。

第4条　外协研发调研费用控制。外协研发调研涉及产品市场需求调研、竞品分析调研、用户需求调研、技术创新调研、成本效益分析调研、法规和政策调研等。

1.产品市场需求调研费用。用于了解市场上现有产品的分布、特点、销售情况等，调查市场对新产品的需求情况和竞争情况，确定产品开发的方向和重点，该项费用应控制在＿＿～＿＿元。

2.竞品分析调研费用。用于对市场上的主要竞品进行调研，包括竞品的产品特点、市场占有率、用户评价等，分析竞品的优势和劣势，找出自研产品的差异化竞争点，该项费用应控制在＿＿～＿＿元。

3.用户需求调研费用。用于通过问卷调查、用户访谈等方式，了解用户对现有产品的使用情况、需求和反馈意见，以及对未来产品的期望和要求，为产品研发提供重要的参考和依据，该项费用应控制在＿＿～＿＿元。

4.技术创新调研费用。用于了解行业技术发展趋势和新技术、新材料的应用，跟踪国内外新产品开发的动态，为工厂研发方向、开发重点、产品创新等提供技术支持和创新思路，该项费用应控制在＿＿～＿＿元。

5.成本效益分析调研费用。用于对新产品研发的成本和收益进行分析和评估，确定项目的可行性和投资回报率，为工厂决策提供数据支持和参考，该项费用应控制在＿＿～＿＿元。

6.法规和政策调研费用。用于了解国家和地区相关法规和政策，包括环保、知识产权、专利等，确保工厂研发方向和产品开发符合法律法规要求，避免因违规而导致的风险和损失，该项费用应控制在＿＿～＿＿元。

第5条　外协研发设备、物料费用控制。外协研发物料包括原材料及零部件、生产设备和仪器、包装材料及其他物资等。

1.原材料及零部件费用。包括各种金属、塑料、橡胶、玻璃等基础材料，以及各种零部件和半成品等的购买，该项费用应控制在＿＿～＿＿元。

2.生产设备和仪器费用。用于支付制造产品的各种机械设备、检测仪器、工具等的费用，应控制在＿＿～＿＿元。

3.包装材料费用。包括购买各种纸质、塑料、金属等材料，用于产品的包装和保护，该项费用应控制在＿＿～＿＿元。

4.其他物资费用。包括购买办公用品、工装模具、实验耗材等，用于支持研发项目的日常运作，该项费用应控制在＿＿＿～＿＿＿元。

第6条　外协研发质量成本费用控制。外协研发质量管理涉及外协研发质量策划、设计评审、过程控制、试验验证等。

1.外协研发质量策划费用。制订外协研发质量管理计划，明确质量目标、质量标准和质量管理流程等，该项费用应控制在＿＿＿～＿＿＿元。

2.外协研发设计评审费用。对外协研发过程中设计方案的技术可行性、安全性、可靠性、性能指标、操作便利性、符合法规要求、设计优化等进行评审和审核，该项费用应控制在＿＿＿～＿＿＿元。

3.外协研发过程控制费用。包括制定和执行研发规范、标准程序、工艺控制和变更管理等。该项费用应控制在＿＿＿～＿＿＿元。

4.外协研发试验验证费用。使用科学方法与工具试验验证研发质量的可靠性、安全性、有效性等。该项费用应控制在＿＿＿～＿＿＿元。

第7条　外协研发技术开发与引进费用控制。

1.外协研发技术开发费用。用于外协研发技术研究、咨询及提供技术解决方案等的费用，该项费用应控制在＿＿＿～＿＿＿元。

2.外协研发技术引进费用。包括购买专利、聘请技术专家、收集技术资料、购买进口技术设备等，该项费用应控制在＿＿＿～＿＿＿元。

第3章　外协生产费用控制

第8条　外协生产人工费用控制。外协生产人工费用涉及外协生产相关的工资、福利、奖金、津贴等，应控制在＿＿＿～＿＿＿元。

第9条　外协生产设备、物料费用控制。外协生产设备、物料费用涉及原材料及零部件、生产设备和仪器、包装材料及其他物资等所需费用，应控制在＿＿＿～＿＿＿元。

第10条　外协生产质量成本费用控制。外协生产质量成本费用涉及生产工艺标准制度、工艺升级改造、设计评审、试验验证等所需费用，应控制在＿＿＿～＿＿＿元。

第4章　外包生产费用控制

第11条　外包生产人工费用控制。外包生产人工费涉及外包生产相关人员的工资、福利、奖金、津贴、劳动保护等费用，应控制在＿＿＿～＿＿＿元。

第12条　外包生产设备、物料费用控制。外包生产设备、物料费用包括生产设备、原材料、零部件、包装材料、办公用品、测试仪器、仓库用品等所需的费用，应控制在＿＿＿～＿＿＿元。

第13条　外包生产质量成本费用控制。外包生产质量管理包括对外包方的选择和评价、外包产品质量的确认、质量记录与纠正等。

1.外包方的选择和评价费用。包括对外包方进行评估、样机试制、小批试用等所需要的费用，应控制在＿＿＿～＿＿＿元。

2.外包产品质量确认费用。外包方交付的产品应当符合工厂内部规定的质量标准和要求，并经过必要的检验和试验验证，产生的费用应控制在＿＿＿～＿＿＿元。

3.外包生产质量记录与纠正费用。工厂对外包方提供的质量记录进行审核和评价，对外包方实施的纠正和预防措施进行监督和评价，产生的费用应控制在＿＿＿～＿＿＿元。

第14条　外包生产运输和物流费用控制。外包生产运输和物流费用包括运输费用、仓储费用、配送费用、物流信息系统费用、专业培训费用等，应控制在＿＿＿～＿＿＿元。

第5章　服务外包费用控制

第15条　基本服务外包费用控制。基本服务外包包括劳务外包、培训外包、薪酬外包、知识产权外包、IT外包等。

1.劳务外包费用。包括招标费用和劳务外包商管理服务费用。

（1）招标费用包括编写完整的劳务外包招标文件、建立明确的招标标准、选择合适的招标方式等所产生的费用，应控制在＿＿＿～＿＿＿元。

（2）劳务外包商管理服务费用指劳务外包商为工厂提供劳务外包服务而收取的费用，根据其服务质量、经验、信誉等因素定价，应控制在＿＿＿～＿＿＿元。

2.培训外包费用。包括课程费、场地费、物料物资费、接待费、人工费等，应控制在＿＿＿～＿＿＿元。

3.薪酬外包费用。包括外包商服务管理费、人工费等，应控制在＿＿＿～＿＿＿元。

4.知识产权外包费用。包括专利前景规划、专利登记、专利申请、专利审查、专利续展、专利无效宣告请求、专利强制许可请求等所需的费用，应控制在＿＿＿～＿＿＿元。

5.IT外包费用。包括IT人员应急上门服务、IT工程师驻场服务、IT远程支持等所需的费用，应控制在＿＿＿～＿＿＿元。

第16条　售后服务外包费用控制。售后服务外包包括售后服务供应商选择评估、人工及岗前培训、设备材料选择及其他工作等。

1.售后服务供应商选择评估费用。工厂通过评估售后服务供应商的资质、服务质量、业务范围、费用合理性等，确定合格的售后服务供应商。该项费用应控制在____~____元。

2.人工及岗前培训费用。工厂为提供售后服务的人员支付的工资、社保福利、劳动保护、工伤保险、年假、岗前培训等费用，应控制在____~____元。

3.设备材料选择费用。用于支付购买售后服务所需的各种仪器设备、工具、各种材料、零部件、耗材等的费用，应控制在____~____元。

第17条 物业后勤服务外包费用控制。物业后勤服务外包费用包括人工费用、清洁绿化安保费用等。

1.人工费用。包括物业后勤服务人员的岗位工资、技能工资、绩效工资、社保公积金、福利奖金等，应控制在____~____元。

2.清洁绿化安保费用。工厂为维护厂区环境整洁、安全而开展的厂区清洁、绿化、安保工作的费用，应控制在____~____元。

第18条 物流服务外包费用控制。物流服务外包费用包括仓储费、库内操作产生费用及配送费等，应控制在____~____元。

第6章 附则

第19条 本细则由成本部负责编制、解释与修订。

第20条 本细则自××××年××月××日起生效。

368